纪念刘朝阳先生文集

——刘与力

刘雪莱　主编

天津出版传媒集团
天津人民出版社

图书在版编目（CIP）数据

纪念刘朝阳先生文集 / 刘雪莱编 . -- 天津 : 天津人民出版社 , 2022.5
ISBN 978-7-201-18195-0

Ⅰ . ①纪… Ⅱ . ①刘… Ⅲ . ①刘朝阳（1901-1975）—纪念文集 Ⅳ . ① K825.46-53

中国版本图书馆 CIP 数据核字 (2022) 第 018613 号

纪念刘朝阳先生文集
JINIAN LIUCHAOYANG XIANSHENG WENJI

出　　版　天津人民出版社
出 版 人　刘　庆
地　　址　天津市和平区西康路 35 号康岳大厦
邮政编码　300051
邮购电话　（022）23332469
网　　址　http://www.tjrmcbs.com
电子邮箱　tjrmcbs@126.com

责任编辑　李　荣
封面设计　郜晓秋

制版印刷　永清县晔盛亚胶印有限公司
经　　销　新华书店
开　　本　880毫米 ×1230毫米　1/16
印　　张　17
字　　数　125 千字
版次印次　2022年5月第1版　2022年5月第1次印刷
定　　价　128.00 元

刘朝阳先生（1901—1975）

前　言

刘朝阳先生1975年8月30日去世，至今已四十多年了。二十世纪七十至九十年代，其二女儿刘小丽女士和女婿阮慎金先生在忙于整理、收集并申请出版朝阳先生有关论著的过程中，得到其姐刘马力女士和姐夫郜大琪先生的全力相助。她们先后去上海、北京、南京等地的图书馆、相关高校及天文台查询、收集父亲生前论著，还走访了有关专家学者。刘马女士力说，正是在这个过程中，她才认识到父亲对祖国科技事业的可贵贡献与执着精神。郜大琪先生也深受感动，在认真学习与研究的基础上，撰写出长篇文章《岳父刘朝阳先生》。如今，刘马力、郜大琪夫妇都已年过九十高龄。他们觉得，应该将身边保存的有关资料汇集成册，既是对已故父亲的深沉怀念，也可给国家与后人留下一份相对完整的研究资料。根据她们的建议，我们编辑了这本**《纪念刘朝阳先生文集》**。

编者　2018年11月

目 录

第一部分

学术界对刘朝阳先生的评论与报道

《中国科学家传略辞典》刘朝阳条目

摘自《中国科学家传略辞典》现代第三辑

刘朝阳，物理学家。浙江省义乌县山口富村人。1923 年入厦门大学教育系学习，兼攻数学、物理、天文诸科。1927 年毕业于厦门大学并获学士学位。

1927—1930 年间，先后在中山大学、清华大学、燕京大学任教。在此期间，陆续发表了有关物理、天文历法等方面的论文十余篇。在 1929 与 1930 年发表的《电磁与引力》与《安斯坦新场论之基本算理》，较早地介绍了爱因斯坦的相对论，是我国最早向国内介绍这一新理论的少数学者之一。在十余篇论文中，关于我国古代天文历法方面的尤多，如《史记天官书考》《殷历质疑》《再论殷历》《三论殷历》《年代学》《从天文历法推测尧典之编成年代》等论文，考证研究了祖国古代历法和天文学史，批判了日本饭岛忠夫所谓“坚信中国天文学思想不少来源于西方”的谬误观点。这些论著引起中外学者的重视，著名英国学者李约瑟所编的《中国科学技术史》仅第四卷“天学”中即附录了刘朝阳的有关论文 12 篇，并在该卷多处给予较高评价，认为“对中国古代天文学来说，《天官书》是一种最重要的资料。”“关于《天官书》的真伪问题，已通过刘朝阳的透彻研究而得到有效解决。”德国学者 W·EBERHARD 对此极力赞扬，并译成德文加以介绍。

1931—1937 年，刘朝阳任青岛观象台研究员，主要从事天文学方面的研究。在此期间的论著有《地磁力之新周期》《1924 年以来之磁暴》《1936 年 6 月 19 日日全蚀之青岛地磁》等。前一篇曾由吴有训在第五届太平洋科学会议上代为宣读，受到重视。此外并发表了《方阵力学》《台拉克关于电子之新理论》等篇，及时地介绍了当时理论物理的一些新理论。1938 年在云南昆明任北平研究院物理研究所研究员。

1939—1943 年先后在中山大学、贵阳师范学院任教授。1943—1946 年在四川华西大学任教授兼中国文化研究所研究员。在此期间，他除任教外，主要从事天文与历法史方面的研究，著有《周初历法考》《夏书日食考》《晚殷长历》《甲骨文之日珥观察记录》《殷历余论》等多篇著作。这些论著对祖国古代天文学和历法进行了更广泛、深入的考证和研究，引起中外学者的普遍注意和重视。李约瑟在《中国科学技术史》中认为：“在关于各时期的专门研究中，值得提出的有沙畹、刘朝阳和饭岛忠夫等关于商、周的文章。”并称道：“人们从卜辞收集到大批天文历法资料，特别是郭沫若、刘朝阳以及董作宾所作的高度系统化的工作是值得注意的。把这些资料全部研究过之后，我们将会拥有比任何前辈学者更加可靠的事实根据”。1946—1952 年，在上海同济大学物理系任教授，在此期间曾发表《论 Dirac 相对论波浪方程式内之σ、θ及α诸方阵》《从 Dirac 相对论波浪方程式看中微子与磁游子》等论文。

1952—1958 年，在南京大学物理系任教授兼任中国科学院天文研究所研究员。在此期间，刘朝阳根据自己多年对我国古代天文历法的考证和研究心得，发表了《中国古代天文历法研究的矛盾形势和今后的出路》一文，综述了研究中的矛盾形势，探讨了今后研究的方向。

1958—1975 年，在江西大学物理系任教授、理论物理教研室主任，除任教外，还撰写了《热力学与统计物理学导论》《物态》《太阳的温度》等多篇教学参考资料。他还将历年潜心研究的理论物理方面的成就写成系列专著，先后发表了《非厄密σ、ρ矩阵的狄拉克相对论波动方程》《经典热力学的根本问题》《光的本质问题》《一些正反粒子的平衡温度》《量子力学的一些根本问题》等多篇论文。在理论物理的几个重要方面提出了自己独特的见解。

刘朝阳精通德、英、法、俄诸文，在数学方面造诣也很深，治学极其严谨，对中外的天文与理论物理诸家学说兼收并蓄，明辨是非，从不阿附一家之言。每篇论文，不论长短，都究微索真，观点明锐，创见出新。

刘朝阳从 1929 年起就是中国科学社社员，1932 年起为中国物理学会、中国天文学会会员。新中国成立后，1953 年曾任中国天文学会筹备委员兼任《天文学报》编辑委员会委员。1963 年为江西物理学会筹备委员，1965 年被选为江西物理学会副理事长。

刘朝阳自幼立志探求科学真理。新中国成立前，时代的变迁、战争的危害、生活的颠沛、条件的艰苦……均未动摇他献身科学事业的意志与决心。新中国成立后，在党的关怀下更加努力工作，在教学、科研上均做出了贡献，多次被评为先进工作者与劳动模范，并被选为江西省第三届人大代表。晚年虽身负重病，仍壮心不已，为加紧改写二十余万字的新著《相对论的根本问题》，在 1975 年病危中还争分夺秒地思索与写作。原拟在上述理论物理有关“本质”与“根本问题”类论著完成之后，着手写一部新体系的《理论物理学》，不幸终因病情日益恶化，于 1975 年 8 月 30 日晚倒在书案前，在探求科学真理的漫长道路上战斗到最后一息，为祖国的科学教育事业贡献了自己的一生。

卢嘉锡*的评述

摘自《刘朝阳中国天文学史论文选》的序

刘朝阳教授是20世纪前半期最先以近现代自然科学知识为手段，从事中国天文学史研究，并取得许多重要成果的少数几位学者之一。

刘教授主要研究中国上古天文学史，尤其在整理研究卜辞和金文的天文历法资料方面有重要贡献。例如，殷墟甲骨自清末被发现以来，治之者盛极一时，但重点多在文字考释兼及经史诸学。他与董作宾等先生一道，则从历法角度另辟蹊径，将卜辞中零星散乱的月日干支资料加以系统整理，深入地讨论和总结了殷商时期的历法，从而开创了卜辞研究的新方向，受到国内外学术界的重视。英国李约瑟博士在《中国科学技术史》中对此给予很好的评价，他说："人们从卜辞中收集到大批天文历法资料，特别是郭沫若、刘朝阳以及董作宾所做的高度系统化的工作是值得注意的。把这些资料全部研究过之后，我们将会拥有比任何前辈学者更加可靠的事实根据。"

刘教授对于上古天象资料的收集整理和天文文献的断代研究也做出了重要贡献。他从事天文学史研究工作时，正逢古史辨派和疑古考信思想最为活跃的时代。他从中吸取某些合理部分，论述了《尧典》《周髀》等重要典籍的产生时代及有关问题。他还从对比研究入手，详细研究了《史记・天官书》的科学内容及其价值，肯定了它的可靠性。对此，李约瑟博士也曾给予很高的评价："关于《天官书》的真伪问题，已通过刘朝阳的透彻研究而得到有效解决。"

朝阳教授博学多识，讷于言而敏于思，为学极专挚。他在科学上有敏锐的洞察力，特别喜欢做探索性的工作，从不阿附时流好尚，也不因循陈说旧义，在很多问题上都有独到的见解。由于所依据的资料、思想观点与思想方法以及分析和处理问题的角度等种种方面的不同，他提出的一些看法曾引起不少争议，这是科学发展过

* 卢嘉锡，中国科学院原院长。

程中的正常现象。学术争论是推动科学发展的一种积极因素，通过不同学派和不同学术观点的争论，相互启发，开阔视野，从而获得更正确、更全面、更深入和更具普遍性的结果，在科学史上这种事例是俯拾即是的。

朝阳教授的这些研究论文大多发表在距今半个世纪以前，但他提出的许多观点和结论已经经受住了考验，显示出他的真知灼见。随着研究工作的进展和新资料的发现，其中某些观点和结论虽然需要进一步推敲，但仍不失为一家之言。他所收集和整理的丰富资料仍有重要的价值，其研究方法至今仍有值得借鉴之处。

李鉴澄* 的评述

摘自《刘朝阳中国天文学史论文选》的前言

刘朝阳先生已经故世二十多年了，作为我国天文学史研究领域中的一员主将和“开路先锋”，生前发表了几十篇内容极为丰富的科学著作和学术论文。这些重要的论著在我国近代的天文学史研究中曾经起到了“奠基石”的作用，它是天文学史研究的一笔宝贵财富。朝阳先生在晚年，曾表示希望将他的一些著作汇集出版，于种种原因，当时未能见诸于世。今天，我们把他的主要天文学史方面的论文汇集起来，编选整理出版这本《刘朝阳中国天文学史论文选》，这也是对朝阳先生为我国天文学史研究所做的杰出贡献的一个最好的纪念。我相信，这本学术著作对于青年一代了解我国天文学史研究的发展过程，对于我们今后的中国古代天文与历法的科学研究工作，都会具有重要的参考价值。

朝阳先生，1901 年 11 月出生于浙江省义乌县山口富村的一个农民之家，家境十分清贫。1921 年考入陈嘉庚先生创办的高等师范学院，翌年，该校改名为厦门大学，在教育系学习，兼攻数学、物理、天文诸科。当时他与我同堂上课，同窗二载半。我们之间结下了深厚的友谊，成了终生的好友。学生时期，朝阳沉默寡言，潜心学习，博览群书，刻苦攻读，在许多学科上成绩突出，还通晓英、法、德三国语言。他在学生时代，生活非常清苦。记得每年暑假，他都去杭州求职，充任一些暑期学校的教师，以求得一点薄薪，来贴补学习费用的不足。1927 年他以优异成绩在厦门大学毕业并获得学士学位。当年，他谋得广州中山大学语言历史研究所的职位，全力从事中国天文和历法史方面的研究工作。从 1927 年到 1930 年间，他先后发表了天文学史的研究论文十余篇，其中《＜史记·天官书＞之研究》《＜周髀算经＞之年代》《殷历质疑》《再论殷历》《三论殷历》等为该时期的重要著作。这些论文考证了祖国古代历法和天文学史，批判了日本饭岛忠夫所谓“坚信中国天文

* 李鉴澄，北京天文馆顾问。

学思想不少来源于西方"的谬误观点。他在学术方面不泥古、不盲目崇拜当时的权威，富于独创精神，敢于独树一帜，因此他的这些论著引起了中外学者的广泛重视。

从1931年到1937年间，朝阳任青岛观象台研究员兼任山东大学教授，从事地磁、天文学方面的研究，主要论著有《地磁力之新周期》《1924年以来之磁暴》等。在此期间，朝阳还把青岛观象台每年的地磁记录经亲手整理后，在美国出版的《天电与地磁》季刊发表。

1938年他在昆明任北平研究院物理研究所研究员，发表了《＜左传＞与三正》《三正说之由来》《昆明之经纬度》等论文。

1939年到1943年，他先后在中山大学、贵阳师范学院任教授，1943年到1946年在四川华西大学任教授。在此期间，除任教物理外，仍从事天文与历法史方面的研究，著有《周初历法考》《＜夏书＞日食考》《晚殷长历》《殷历余论》多篇著作。这些论著对祖国古代天文学和历法进行了更加广泛深入的考证和研究。

朝阳自20世纪20年代末开始发表天文学史方面的论文，至1946年基本结束。他在天文学史的研究范围，基本上集中在中国上古时代，其内容大致分为卜辞、金文天文历法研究、上古天文文献断代以及历法和天象记录研究三部分。本选集主要汇集了朝阳在这个时期的主要著作共十八篇，基本上能反映出他在天文学史研究中的成就和他的主要学术观点。

陈久金[*]的评述

转自《刘朝阳上古天文文献的断代研究及其他》

在辛亥革命和五四运动的推动下，中国开始将西方近现代的自然科学系统地引进中国，培养出一大批具有较深厚自然科学基础的知识分子，其中有一部分人将其学得的知识用于中国科学史的研究，在中国掀起了一个研究科学史的高潮。其中朱文鑫、董作宾、刘朝阳等人，便是这个潮流中的主将，也是将现代最新自然科学知识用于科学史研究的开路先锋。我们今天有机会能够将刘朝阳的主要天文学史论文汇集起来，编选出版一本集子，应是很荣幸的事。

新中国成立后，刘朝阳曾经积累了许多有关天文学史的研究心得，可惜未能见到了“科学的春天”的曙光。刘朝阳自20世纪20年代末开始发表天文学史的研究论文，至1946年已经基本结束。因此，他天文学史的研究生涯大致处于抗日战争时期。刘朝阳天文学史的研究范围，几乎全集中于中国上古时代。就其内容而言，大致可分为卜辞金文天文研究、上古天文文献断代和天象记录研究三部分。

刘朝阳首先是从《史记·天官书》开始他的研究工作的。《<史记·天官书>之研究》是一篇具有较深功底的长篇论文，它对《天官书》中的各个方面作了系统的研究，然后又与《淮南子·天文训》《汉书·天文志》《周髀算经》作对比研究，分析了它的科学性和所具有的时代特征。

20世纪二三十年代，在中国学术界出现一股疑古风潮，刘朝阳也卷入风潮之中。他所作的天文文献断代考证，在他整个研究生涯中占有相当的比重，而这些断代考证，与疑古风潮有着密切的关系。他的《<史记·天官书>大部分为司马迁原作之考证》，就是因当时有一些人否定《天官书》是司马迁的原作而写的。刘朝阳将《天官书》的具体内容放在当时历史环境中作具体分析，论证了它确实是司马迁所

* 陈久金，中科院自然科学史所原副所长。

作。我们完全赞同他的这一观点。从这点来看，刘朝阳既主张用科学的观点重新考订传说中的历史事件发生的时代，对存在疑古的古代文献重新加以断代，但又反对毫无科学根据地乱怀疑。由此可知，刘朝阳在这股疑古风潮中的立场是较为正确的。

《周髀算经》是中国上古一部重要的综合性的天文著作，很受人们的重视，但其著作年代却难以判定。据宋李籍《周髀音义》说，其传自周公，周人志之。这是古人具有代表性的意见。刘朝阳将书中出现的各种天文学内容，放在当时的历史环境中进行分析，得出《周髀算经》大约成书于东汉初年的结论。我们认为，这种意见大致是正确的，其研究方法也较为可取。刘朝阳的这一研究结果与当时钱宝琮的结论大致相合。

在刘朝阳对《尧典》进行断代研究之前，国内外学者就曾依据岁差原理对其四仲中星的测定年代发表过很多意见，其中竺可桢的观点具有代表性。他认为星鸟、星火、星虚均为周初之天象，只有星昴合于唐尧之时。这些研究打破了《尧典》四仲中星为尧之时实测天象之传统观念。刘朝阳接受了这一事实，同时再以《尧典》中出现的“十有一月朔巡守”“期三百有六旬有六日”“以闰月定四时成岁”等纪事，研究了朔日、闰月和回归年这些名词和概念在中国出现的年代，最后将《尧典》定为春秋前期的作品，这一结论也应大致无误。

刘朝阳因受胡天游以岁差解释《左传》三正与火出的影响，接连著文三篇，论述夏商周三代所谓改正朔之事，实出虚无。他认为，由于岁差的关系，夏初时三月初昏东方初见之大火星，至商代就应在四月见，在春秋时就应在五月见，实是自然之变迁。自夏初至春秋时，大约有一千五百年，依岁差原理，大火星应晚出二十余天，如连头至尾估算，就有可能跨越三个月。不过，现代科学史家大多不信此说，这不仅是由于夏末至周初只相距六百余年，难以积成两个月的误差，同时其他文献的三正交替之说并不一定源于火出时间，而是可能另有依据。但不管此说是否成立，其作为一个新的探索方向和思维方法还是值得赞许的。

刘朝阳还利用古代文献记录和卜辞资料研究三代的天象记录，尤其是日食记录，对于历史断代有着重要的意义，所以至今仍是一个很热门的研究课题。因此，在有关的文献整理和研究中，刘朝阳的工作起到了开创新的研究方向的作用。

殷墟甲骨卜辞的出土，才开始了殷商历法的研究。早在19世纪末，就已有零星甲骨卜辞在社会上流传，但直至20世纪20年代，才开始有组织的发掘，因此，利用卜辞系统地研究殷朝历法，实际始于董作宾和刘朝阳。他们二人既是同行挚友，又是学术上的争论对手。刘朝阳以《三论殷历》和《晚殷长历》等，与董作宾的《殷历谱》相抗衡，各自创立自己的学派。我们在读了董作宾的《殷历谱》以后，再读一下刘朝阳的《三论殷历》，当是很有兴味的事情。

时代在前进，科学在发展。刘朝阳的天文学史论文发表已有四五十年的历史，读起来虽免不了有陈旧的感觉，但许多论文至今仍有重要的参考价值。刘朝阳的史学功底很扎实，故他的论文大都搜集了很丰富的史料，很多史料都是不常见的，所以至今读起来仍有新鲜感。

无论多么出色的科学家所作的科学工作，都将受到时代的限制，我们也应将刘朝阳的工作放到当时历史环境中进行分析。那么，刘朝阳在天文学史文献断代研究，三代日食的整理研究和卜辞、金文天文资料整理研究方面的历史作用和贡献，都是不应埋没的。

肖良琼*的评述

摘自《刘朝阳关于甲骨文和金文中殷周天文历法的研究》

刘朝阳先生是最早运用近代科学原理检验我国古代科技成就及其历史发展的科学家之一。20世纪20年代末，他致力于中国古代天文学史的研究。他的文章“究微索真，观点明锐，创见出新”。可惜他明锐的创见每每与权威学者不一致，因此也常常不易被接受。可贵的是，即便如此，他也不轻易放弃自己的看法，而是认真考虑。每有新材料，或其他学者有新的见解，他经过反复思考之后，就对自己的旧说加以修正和补充。

他研究中国古代天文学史成就，始于利用古书记载的天象，考订古书的成书年代。最早的代表作是考订《周髀算经》《尚书·尧典》的成书年代。这个工作与当时历史学界的古史辨派的疑古考信的精神是一致的。甚至可以说是在顾颉刚先生的直接影响下开展的。古史辨派在破除“三代盛世”的迷信、反对封建道统方面，有很大贡献。但是，在破除“三代盛世”迷信的同时往往矫枉过正，有时不免有否定过头的偏差。在刘先生早期的文章中，也不免受其影响，将我国古代天文成就估计过低。既然古史辨派的疑古是为了考信，而不是否定一切，后来研究深入了，或者是发现了新材料，便将那些过头话纠正过来。刘先生也是这样。例如，他最初认为甲骨文中所反映的殷历很疏阔，便得出商代的天文知识水平也很低的结论。后来他知道商代甲骨文中已有可推算出是什么年月发生的日月食的记录，至晚到春秋时期已能精确地测定太阳年的长度等资料，就纠正旧说，认为他过去的看法未免是“厚诬古人”。因为历法的疏密与天文知识水平的高低，两者之间，不能简单地互为因果。他这种勇于自我批评的态度，表现出一个科学家探究真理的坦诚和执着。正因为如此，他也不迷信国内外任何权威学者的论断。例如，王国维是学术界公认的权威学者，他的《生霸死霸考》一文，采用他首创的“历史二重证》法”即“取地下

---

* 肖良琼，中国社科院历史研究所研究员。

之实物与纸上之遗文互相释证”的方法，以西周四分月相说取代了以往学者的定点说，曾轰动一时。刘先生最初同意了日本学者新城新藏对四分说的修正，即“初吉”是朏，西周以朏为每月的第一天，但仍然肯定王氏的四分月相说。后来刘先生逐一验证了这二位学者立论的自相矛盾之处。根据王引之《经义述闻》中“吉为日之善者，其在上旬者谓之初吉”的解释，说明“初吉”为若干吉日。即某月上旬以十干纪日中的任何一日，都可能是初吉，而不是将一个月的前七天都当作初吉。从而否定了由王国维提出，经新城新藏修正，而为他自己所同意过的西周金文中的“四分月相说”。刘先生关于初吉的新说，当时不知何故，未能引起学术界的重视。经过了许多年，《中国天文学史》一书运用近年新出土的铜器铭文，重新论证了这个问题，得出了与刘先生相似的论断（见该书第 20 页）。黄盛璋先生于 1958 年写了《释初吉》一文，与刘先生的结论一致，备受国内外学者赞同，时间比刘先生晚了十四年。又如，《竹书纪年》懿王元年有“天再旦于郑”一语，刘先生即曾指出“这也是周代一个日食记录”，可惜从来没有人注意到。1987 年美籍华裔学者周鸿翔教授考证了这次日食记录，被认为是很大的科学发现,而刘先生的文章却未引起很大的反响。

刘先生的卓见，在当时未被接受的原因是多方面的。原因之一是因为他是自然科学家，有时不能准确引用或解释原始资料，也就是通常说的第一手资料。他所根据的某些专家学者的解释，有的是过时了，有的是释错了，有的尚存在分歧，甚至今天也还没有定论。例如，春夏秋冬四季，在甲骨文中有无反映的问题，就众说纷纭。最早的时候，有学者认为有此四字，如刘先生所引叶玉森的考释，但今天已被学者肯定的只有春秋二字。而叶玉森所释的夏字，现在都释为秋字，有时也作为人名，所以运用这些材料的论点，便很难成立了。至于春字，有的学者释为载，而另有春字。冬实则是终字，不过尽管甲骨文中没有表示四季的字，却不等于商代没有四季之分。杨树达先生即曾对照《淮南子》等书指出由胡厚宜先生首先考证出来的商代四方风名与四方神名，其中四方风就表示四季。又如记载日珥的那片甲骨，当年有许多学者专家都认为是日珥，刘先生也用了很多的精力去论证它，现在一致认为那是拓印不清楚，导致解读上的错误。又如“日月又食”那条记载，不少人认为是占卜日月食的。郭沫若首先提出了怀疑，刘先生和别的学者曾将月释为夕，认为是占卜黄昏时的日食。现经胡厚宜先生考证，从卜辞辞例分析，这条卜辞是命辞，而不是验辞，是占卜日或月如果发生蚀，是吉利还是不吉利，没有确切的日期，不能作为那天发生了日食的记载。诸如此类的问题，我们不能苛求于作者。更不应为此而忽视了他们从自然科学家的角度所提出的合乎科学的论断和疑问。正是这些疑问，促进了深入研究，最后取得实事求是的科学结论。

刘先生最引人瞩目的研究，是与董作宾关于殷历的讨论，有必要专门介绍一下。我们知道，从 1928 年开始，中央研究院历史语言研究所考古组开始有计划地发掘河南安阳殷墟，挖出了一大批甲骨，其中有不少关于天文历法的重要资料。董作宾亲自参加了发掘，他首先对这些珍贵的历史资料进行了认真的研究，有不少创见，《卜辞中所见之殷历》是其中之一。为了共同探究殷历，董作宾在该文发表之前交给刘先生看，并嘱他写一点意见，态度是非常坦诚的，表现出在学术上自由探讨的学术民主的学风，是很值得倡导的。刘先生本着科学家对科学负责的态度，也非常坦诚地阐述己见，写成《殷历质疑》一文，发表在顾颉刚先生主编的《燕京大学学报》第十期上。随着讨论的深入，二人相持不下，遂有刘先生的《再论殷历》和《三论殷历》以及《殷历余论》和总结性的《周初历法考》等文的发表，董作宾最后写成《殷历谱》及《中国年历总谱》等专著问世。由于董作宾亲自参加了殷墟发掘，又是甲骨文专家，甲骨文中的天象记录也都能得到天文学上的印证，于是董作宾关于殷历的见解，在学术界占了优势。以致刘先生关于我国古代历法研究中的合理成分也被忽视了，如前面所引的对初吉的考证，即是一例。就是在殷历的研究中，他提出的立论和疑问，至今也未能推翻或尚待继续深入研究。现在简要介绍一下刘先生的看法，以便判断其学术上的得失。

关于殷历，刘先生的主要看法如下："殷朝的历法大概是这样一种东西：一年通常有三百六十日，平分为十二月，每月常为三旬，整三十日，没有固定的闰月，但有时或因特种关系另外附加十日或三十日"（《周初历法考》），从而"月次和天气的关系不时要发生变化，故甲骨文中每季、每月皆有卜雨、卜受年的记载。但甲骨文中已有"至日"和日月食，故可以推想当时必已能知一太阳年之长度"，"大概殷人区分时间，乃有两个系统，各自独立而互相平行，一为适合与太阳年之实用四季，一为干支纪日，十干之次序似与一月中日次有某种固定关系。此为属于六十进位制之一完整系统。彼与日月运行似无多大关系"（《殷历余论》）。这个假设，并非是不存在的。"经过按卜辞辞例将相互衔接的卜旬卜辞加以排比的结果，我们吃惊地发现，殷历可以有连续十个月以上都是每月三十天（见拙著《卜辞文例与卜辞的整理和研究》刊于《甲骨文与殷商史》第二辑）”。常玉芝在《晚期龟腹甲卜旬卜辞的契刻规律及其意义》一文中，也有类似的发现，不过她以晚殷为“使两个祭祀周相当于两个太阳年，从而保持周祭与太阳年的日数基本平衡”，使周祭有三十六旬型的，也有三十七旬型的。她避开了将这三十六旬或三十七旬如何分配在十二个月或十三个月里的问题，而她所引用的卜辞却表明连续五个月都是每月三旬，也就是每月三十天。不过卜辞中，也确有十干与一月中的日次无关的例子。胡厚宜先生曾于《一甲十葵辨》一文中指出，在二期（祖庚、祖甲时期）卜辞中，甲申和乙酉日干相次，但分属三月和四月庚午、辛未相次，而分属十月及十一月辛丑、壬寅相次，分属十月、十一月，则乙酉、辛未、壬寅皆得为一月之首，可以说明殷历并非每月皆为整齐的三十天。刘先生则另有解释，理由并不充分。他执着于每月皆是三十日的看法，尽管他又有殷历有两个完全独立而相互平行的系统的假设，而没有用卜旬卜辞和每月皆有三十日来说明殷历存在六十进位制的历法系统，以及与此平行又有合天的太阳年系统。六十进位制的干支纪日法，相沿至今，它与太阳年的纪年，太阳月的纪月互相参照，而自成系统。也许最早的六十进位制的历法并不曾与日月的运动周期协调配合，到了商代，才将它配合起来，方法还不很周密，于是出现了一些今天难于解释的问题。

至于六十进位制的干支纪日法，不仅见于殷墟卜辞，亦曾普遍使用于我国古今各种历法中。例如，陈久金、卢央、刘尧汉的《彝族天文学史》一书，曾论证我国西南地区的彝族祖先，曾使用过单纯的太阳历，也用干支纪日。《管子•幼官》也有类似的记载。

虽然许多人不同意刘先生文章中的某些论点，但是像商代为什么每月皆卜雨？卜受年？这类问题和天文气象有什么关系？卜旬卜辞和祭祀、历法的关系等，仍需继续探讨。

为了弄清殷历，刘先生仔细地研读了董作宾的《殷历谱》。他首先指出征人方日谱中，库 1672 与续 3，29，6 两片卜辞应分属两个王世，董作宾将他们排于一个王世是错误的。最近李学勤根据库 1672 的原骨拓本（见《英国所藏甲骨录》）也指出这个问题，并正确释读为征林方，而不是征人方。刘先生虽不懂甲骨文，但他严格地按照科学方法客观地思索，常常能敏锐地发现问题。

又如“三正”的问题、“火历”的问题，今天已有学者得出和刘先生类似的看法，就不一一枚举了。遗憾的是，他的历法研究止于40年代，他敏锐地发现了问题，提出了进一步深入研究的设想，却没有继续研究有关问题的文章发表。据说刘先生晚年仍有不少看法，没有来得及阐述他的新见解。

受刘先生的友人李鉴澄先生及其家属的嘱托，以及我自己在排比卜辞时，也发现了连续十个月每月皆是整齐的三十日的现象，我改变了昔日的成见，仔细拜读了刘先生的文章，并从《甲骨文合集》核对了部分资料。为什么没有全部核对，是因为原文征引的材料，有的是转辗抄录，出处有误，原书也不易查找。《甲骨文合集》经过复原整理、缀合，也有所取舍，仅凭释文，也很难查对，但在上述的介绍中所引的材料都是经过核对的，并无虚夸之词。我想读者从刘先生的文章中，既可重温殷历讨论的历史，也可从一些尚待解决的问题中，受到启发。学问之事，后来居上，但也不应“厚诬”前人，都应当实事求是地给每一位专家学者应有的评价，更重要的是客观冷静地、执着地探索真理。

孙熙民*的评述

转自 1984 年《江西大学学报》自然科学版第一册刊登的<校阅后记>

刘朝阳教授遗著**《关于相对论的一些根本问题》**，自 1982 年 9 月在《江西大学学报》（自然科学版）第六卷三期起陆续发表，至本期已全部刊完。这是党的十一届三中全会以后，江西大学党委认真贯彻党在发展科学事业上的“百家争鸣”方针的结果；也是对在校执教多年的老教授生前学术研究成果的珍重。对此，谨表示深切的感谢与敬意。

据校者所知，早在二十年代末至三十年代初，刘先生就对相对论发生浓厚的兴趣并先后撰文介绍，是较早向国内介绍相对论的少数学者之一。此后几十年中仍不断深入研究，对中外有关诸学说兼收并蓄，明辨是非。五十年代后期起，又结合对近代理论物理的研究，攻读《自然辩证法》等马、恩、列和毛主席著作，深为辩证唯物主义哲学真理所折服。此后，刘先生试图用辩证唯物论的宇宙观重新思考、剖析与探究近代理论物理体系中的一些重要方面，发现其中一些根本问题而深感实有建立更科学的理论物理新体系之必要。尝语人云，解决这些问题是如此重要，即使我不提出，将来也必然会有人提出的，念工作之艰巨，更须众人及早努力。因而自六十年代初起，即将历年潜心研究的成果写成《经典力学根本问题》《光的本质问题》《量子力学一些根本问题》等系列专文。接着又着手写这篇《关于相对论一些根本问题》，至 1974 年才完成初稿。怀着强烈的科学使命感，进行改写，1975 年撑着重病之躯还夜以继日的工作，终因病情急剧恶化于同年 8 月 30 日晚倒在书案前。留下了一份未改写完的遗稿和一个未实现的关于建立理论物理新体系的宏愿。

学报上发表的“相对论的根本问题概述”和“以太与真空”是刘先生完成的改写稿，以下从“洛伦兹变换”到“狭义相对论问题的总结和广义相对论的问题”均根据初稿校阅发表的。这样将改写稿与初稿合成一份稿子，前后可能有欠衔接处，

*，孙熙民，同济大学教授。

文章深度也可能不太一致，请读者见谅。

刘先生一生治学严谨，每篇论著不论长短，总要反复充实、推敲，究微索真，不达观点明锐、创见出新和论据确凿完善，绝不轻易发表。但本篇却为例外——尚未改写完就成了难以变更的遗稿了。校者水平有限，校阅整理过程中有疏忽差错，在所难免，请读者指正。

校阅中除改动一些手误和删去少量与文章无关的文字外，均保持遗稿原文，以便于国内外从事这方面研究的学者探讨。**（1984年刊登于江西大学学报自然科学版第1册）**

《江西日报》的报道

《江西日报》1962 年 5 月 14 日

数十年辛勤劳动的结晶

江西大学刘朝阳教授著书立说

【本报讯】江西大学物理系刘朝阳老教授，近三年来，利用课余时间，从理论上系统的总结了他长期从事热力学与统计物理学的教学经验和科学研究成果，著书立说。目前，已经相继完成了共达一百一十多万字的《热力学与统计物理学导论》《物态》和《太阳的温度》等三本书稿的编著。

作者所著的《热力学与统计物理学导论》。是作为一门高等学校基础理论教学参考书编写的，全书分二十四章，四十多万字，内容涉及的方面比较广泛。按照作者的意图，本书主要是论述热力学与统计物理学传统的各种主要理论，指出其中矛盾的问题所在，提出自己探讨研究中获得的新的见解，解决经典热力学理论上某些自相矛盾的问题；《物态》一书也有四十多万字，这本书运用热力学和统计力学的理论，研究世界上人们生活中常见的气体、液体、固体各聚集态的物质方程式的理论，并为研究热力学中解决具体问题，提供了必要的物态方程式。在三十五万多字的《太阳的温度》一书中。也是运用热力学的方法，研究太阳内部状态和太阳各部分（光球、色球、日冕、太阳中心等）的温度，这对进一步探讨研究地球的温度、气象学有重要的理论价值。

六十一岁的刘朝阳教授，编著这三部书经过了长期艰苦的努力。他 1927 年毕业于厦门大学，在大学中就学习了这门学科,后来在三十五年的大学教书生涯里，专门致力于热力学和统计物理学的教学，又有十四年的历史，积累了丰富的教学经验。他在执教这门基础理论课程中，发现了这门经典热力学的理论自身存在着某些根本性难以说清的矛盾。不仅给教学造成难以自圆其说的困难，而且使学生对于“熵”

或热力学第二定律无法彻底了解。刘朝阳教授认为，回避这些质难问题，对学生是一种不负责的表现，也是对待科学不严肃的态度。因此，很早他就开始了对经典热力学理论上存在的问题的探讨研究，试图加以解决，并先后撰写和发表了许多有关这方面研究的心得、见解的专题论文。曾引起了科学界和教育界的注意。最近脱稿的这三本书，就是在这个基础上，在新中国成立后，党和各方面热情鼓励、支持、帮助下，他的辛勤劳动结晶。

刘朝阳教授探讨研究、著书立说一直是踏踏实实，刻苦治学，自己认真研究，又虚心各方求教。几年来，他为搜集研究资料，充实论据，曾阅读几十种中外有关书籍杂志，盛夏酷暑，严冬寒夜，埋头研究，坚持写作。对于在许多重大问题上自己获得的新的发现和见解，总是交给同行和同学讨论。广泛征求意见，充实自己的研究内容。仅在过去南京大学和在江西大学任教中，对这门科学的研究，他就先后做了很多次学术报告，邀请兄弟院校从事这门科研教学工作的同行和学生，参加讨论。从 1959 年起，在江西大学相继举行的这方面专题报告会，就有“经典热力学的基本概念”“卡诺循环作为一种理想的工程循环”“质量与能量的关系”“统计力学的根本问题”和“基本粒子的二象性及以 h 为微宏观的区别标准问题”等专题报告。通过争鸣辩论，从中吸取材料，听取各种不同意见和看法，丰富和扩大自己对问题的分析，充实自己的著作，提高质量。他的这种勤勉治学精神，深受青年教师和学生的称赞。

刘朝阳教授结合教学，曾对国内外研究热力学与统计物理学各学派的论点和见解作了详细对比分析研究，在著书的过程中，他阅读了马克思、恩格斯、列宁和毛主席的许多经典著作，来指导研究和写作。作者在《热力学与统计物理学导论》一书的序言中说，他根据恩格斯在《自然辩证法》一书中关于分子的热运动与质点的机械运动有本质区别的提示，认为热力学和统计物理学都是研究物质系统内部分子热运动的理论，应当统一起来，成为一门学科。而在国内外研究热力学与统计物理学的学派中，有的学派却把热力学看成是宏观的，把统计物理学是微观的；有的学派又认为热力学只有实践基础，没有理论基础。相反的还有的把热力学看成是“万能”的学科，认为以能量的互相转化，可以解决宇宙中的一切问题。因此，他们长期以来都把热力学与统计物理学分开来研究的。刘朝阳教授在书中详细论述了与上述学派不同的论点，认为热力学与统计物理学都是宏观的，都是研究分子热运动的，是一门完整不能分开的学科。既有理论基础，也有实践基础。但热力学不是一门“万能”的学科，更不能以能量的互相转化去推论、解决宇宙中所有问题。依据这一论点，他在书中对于热力学与统计物理学的一些基本概念作了新的阐述，明确划分了一般物质量系统的对外运动状态、微观与宏观的方法、平衡状态与不平衡状态、可逆过程与不可逆过程等基本概念，提出了一些新的看法。并在教学中作了讲授，对于扩大学生对各学派论点的了解，丰富学习内容，提高教学质量，活跃学术研究，都起了良好的作用。**（子杰、光曾）**

《光明日报》对“天再旦”的报道

一、关于“天再旦”

“天再旦”这个词语，出自我国古书《竹书纪年》中。千百年来，中国的专家学者们都不曾注意过它的真实含义。

实际上，它也是一种天文现象——指的是“天刚亮不久（日出前）出现的日全食过程”。由于这种天文现象出现的机会非常稀少，很少有人见到过，人们心中都没有概念。

二十世纪四十年代，刘朝阳先生第一个注意到了它，并对“天再旦”作出了上述的确切解读。

半个多世纪之后的 1997 年 3 月，当我国浩大的《夏商周断代工程研究》的科考人员在大西北边陲又一次观测到“天再旦”后，中科院陈久金先生曾兴奋地打电话给刘朝阳先生的家属：“朝阳先生的‘天再旦’说法得到了证实，祝贺你们。”

刘朝阳先生早年对“天再旦”的解读 ，得到我国科学界的实践验证和认可后，它便成为《断代工程研究》的重要抓手——由此，可以从天文学角度，通过对天体运行规律的精确计算，回推出“天再旦于郑”的可能年代，再结合历史档案的记录，便可断定西周懿王登基的时间（因为，“竹书纪年”中有“懿王元年天再旦于郑”的明确记载）。这样，《断代工程研究》中两个关键时间点之一的“懿王元年的确切年代”也就能被科学地敲定。

看来，刘朝阳先生虽然没有赶上本次《断代工程研究》过程，他当年的论著已经为本次《断代工程研究》提前准备好了入门的钥匙。

本文集编者

二、《光明日报》的报道

《光明日报》讯（记者杨永林、特约通讯员韩宏）“天再旦”天象再一次呈现于我国西北边陲。西北大学博物馆馆长周晓陆副教授日前向记者披露。今年3月9日清晨，他在新疆塔城观测到了几千年前古籍中曾记载过的“天再旦”现象，并获得了珍贵的数据和资料。据此写成《塔城日食观测与近三千年公案》报告，已呈给有关部门。中科院陕西天文台刘次沅研究员说。这是20世纪内在东亚大陆上可以看到的最后一次“天再旦”现象。其他几次将发生在大洋上空。

刘次沅研究员说，3月9日不仅塔城观测到了“天再旦”现象，北部的阿勒泰（北纬48度，东经88度）有比塔城更为强烈的“天再旦”感觉。乌鲁木齐、富蕴等地也程度不同地感觉到了“天再旦”现象。目前，进一步的研究分析工作正在进行中。

“天再旦”意谓天亮了两次，最早见于古书《竹书纪年》中“懿王元年天再旦于郑”的记载（郑即今天陕西凤翔或华县）。1944年，我国天文学家刘朝阳指出：“天再旦”是日出前发生的一次日全食。日出前，天已发亮，这时日全食发生，天黑下来；几分钟后全食结束，天又一次放明。

由于某一地点发生日出时日全食的机会极少，加之全食发生时仅有几分钟，能看到这时发生“天再旦”的人廖若晨星，因而迄今无人准确描绘“天再旦”具体情况，也没有人反映过“天再旦”发生时的具体感受。

国家“九五”重点科研项目“夏商周断代工程”将“懿王元年天再旦”作为一个重要研究专题。现代科学家可以推算出何时在“郑”发生了造成“再旦”的日食，从而推定西周“懿王元年”，最终确定中国确切纪年史究竟早于传统的中国确切纪年开始（即公元前841年西周共和元年）多少年。但天文计算确定懿王元年的重要前提是，天文事件究竟给人类造成了什么样的感觉。因此，实地观测“天再旦”对确定懿王元年非常重要。

刘次沅研究员系“懿王元年天再旦”专题的负责人。据他介绍，3月9日他们组织在新疆阿勒泰至阿克苏一线共布设了20多个观测点。据周晓陆讲，他当时在中心观测点塔城（东经82度58分，北纬46度45分）成功地观测到了“天再旦”天象。

中国社会科学院历史研究所所长，“夏商周断代工程”专家组组长、首席科学家李学勤教授获悉此事后说：“这次成功观测对整个研究很重要，有利于推算西周懿王元年究竟在哪一年。”刘次沅研究员称。此次新疆实地观测对“西周懿王元年天再旦”之谜的破解迈出了扎实的关键的第一步。

刘次沅研究员认为，运用现代天文测算，古文献及青铜器研究，再结合这次新疆的多点实地观测，最终是可以确定懿王元年的。目前有公元前 899 年 4 月 21 日和公元前 925 年 9 月 3 日两个时间可能性较大。倘是公元前 899 年，我国有确切纪年史就应在公元前 841 年基础上前推 58 年；若是公元前 925 年，就应前推 84 年。也就是说，无论最终确定两者中的哪一个，我国有确切纪年史都要在共和元年基础上向前推移半个多世纪。（**《光明日报》1997 年 4 月 17 日**）

《中国科学技术史》引用的刘朝阳论著书目及相关评述

一、李约瑟与《中国科学技术史》

翻开人类文明史，从古埃及文明到古印度文明，再到美索不达米亚文明（位于亚洲西部底格里斯河和幼发拉底河流域崛起过的古代文明，它包含了巴比伦文明、波斯文明和希伯来文明等），都异常灿烂辉煌，让后人叹为观止。比较起来，中国古代文明同样耀眼夺目，她的四大发明（造纸术、印刷术、火药和指南针），在世界科技发展进程中，还曾独领风骚数百年。

不过，伴随着欧洲的文艺复兴，科技发展后来居上并率先完成工业革命的近代西方世界，凭借其坚船利炮轰开闭关自守的中国大门之后，趾高气扬的西洋人，再也不屑提及中国科技。

难得的是，20 世纪后半叶，有一位名叫**李约瑟**的英国学者，倾其大半生精力来了解中国，研究中国，他为世人献出的巨著**《中国科学技术史》**，引发了海内外学者的广泛关注，更令华人读者肃然起敬。

这也不免让人萌生遐想：这样一部发掘中华民族科学技术史的巨著，怎么没出自国人之手？

本文集编者

二、《中国科学技术史》引用的刘朝阳论著书目

在编撰《中国科学技术史》过程中，李约瑟引用了大量古今中外的史料和论著。仅在第四卷《天学》中，便涉及九十多位近现代中国学者的论著。从被引用的论著数量看，竺可桢先生和刘朝阳先生位列前两位。前者十三篇，后者十二篇。下面即为引用的刘朝阳先生论著书目。

中文论著：

刘朝阳(1)，**《甲骨文之日珥观察记录》**，宇宙，1945，15，15.

刘朝阳(2)，**《Oppolzer 及 Schlegel 与 Kuhnert 所推算夏代日食》**，宇宙，1945，15，29

刘朝阳(3)，**《天文学史专号》**，中山大学语言历史研究所周刊，1929，No.94-96,1-69.

刘朝阳(4)，**《史记天官书考》**，中山大学语言历史研究所天文学史周刊，1929，No.73-74,1-60.

刘朝阳(5)，**《殷历余论》**，宇宙，1946，16，5

刘朝阳(6)，**《周初历法考》**，华西大学文史集集刊，B 辑，No.2，1944

刘朝阳(7)，**《晚殷长历》**，华西大学文史集刊，B 集，No.3，1945

刘朝阳(8)，**《殷末周初日月食初考》**，中国文化研究会刊，1944，4，85；1945，5，1

刘朝阳(9)，**《夏书日食考》**，中国文化研究会刊，1945

刘朝阳(10)，**《从天文历法推测尧典之编成年代》**，燕京学报 1930，（No.7）

英文论著：

Liu Chao-Yang（1）***"On the Observabilities of α Scorpii in the Three Dynasties"***（heliacal rising of Antares）.SSE,1942, 3,2

(Crit.W.Eberhard,OR,1949,2,184;A.Rygalov,HH,1949,2,416)

Liu Chao -Yang（2）***"Fundamental Questions about the Yin[Shang] and Chou Calendars."*** SSE,1945,4,1.

Also separately,enlarged,as SSE/M(ser.B),no.2

（rev,Eberhard,OR,1949,2,179）

三、《中国科学技术史》对刘朝阳论著的评述

P38“刘朝阳（3）曾摘要介绍并批判了饭岛忠夫的观点。饭岛忠夫坚信中国天文学思想有不少来源于西方”。

P70“对中国天文学来说，《天官书》是一种最重要的资料”,“关于《天官书》的真伪问题，已通过刘朝阳（3、4）的透彻研究而得到有效解决”。

P161“人们从卜辞中收集到大批天文历法资料，特别是郭沫若（3）、刘朝阳（1、2）以及董作宾在《殷历谱》中所作的高度系统化的工作，是值得注意的。把这些资料全部研究过之后，我们将会拥有比任何前辈学者更加可靠的事实根据”。

P527“在有关各个时期的专门研究中，值得提出的有纱畹[Chavannes（13）]、刘朝阳（5、6、7、2）和饭岛忠夫（6）等关于商、周的文章”。

P603“关于在日食时对日冕的观测，刘朝阳（1）认为公元前第二世纪的殷墟甲骨上可能有最早的记载。日冕很容易用肉眼看到。一世纪时，和王充及张衡同时代的普鲁塔克（Plutarch）已有论述（1），后来开普勒也曾读到它。刘朝阳研究的甲骨残片，其年代可能是公元前1353年、前1307年、前1302年或前1281年。因此，这里涉及的日食并不在董作宾（1）已考证确定了的范围之内（3）。甲骨上所留的字迹，释文为：“三焰食日，大星”，即三条火焰吃掉了太阳，大星星出现（3）。因此假定这是太阳突出物或日冕流光的记录，似乎并不是没有理由的。”

学者同仁眼中的朝阳先生

——李珩先生访问记

（郜大琪　刘马力）

一九八三年二月十八日晚上八点多，孙老师（孙熙民——同济大学教授）和仲萍小妹、同我们（马力和大琪）访问了上海天文台顾问李晓昉（李珩）老先生。他住在上海市永嘉路555号的二楼上。

事先，孙老师作了介绍。他说，李老先生出身四川望族，是四川著名才子，绝顶聪明。他跟他爱人罗玉君都在法国留学。罗研究文学，译过司汤达名著《红与黑》。李珩先生从事天文研究，著作很多，是天文界的老前辈。他担任过上海天文台研究员，《天文学报》主编等职，现在是天文台顾问。最近上海表彰十二名科学家，他是其中之一。

这天，我们走进李先生家里，罗玉君首先认出了马力：“啊，是马力！”并掉过头向李先生喊：“马力来了！”语调中压抑不住激动。她说，在青岛时马力还很小呢，现在竟也老了。

李先生现年88岁。他在青岛观象台工作时，跟我父亲共事。抗日战争时期，他任四川华西大学教务长，引荐我父亲担任物理系主任，新中国成立后，他任《天文学报》主编，我父亲是编委。

李先生曾患中风，说话时气促音短而发抖，手也在抖。听说，他有时脑子迷糊，但谈起几十年前的事却滔滔不绝。罗先生今年78岁，思路敏捷，口齿清晰。

这里记录的是李先生说话的主要内容，他说：“你父亲很聪明，很有才能。新中国成立前的大学他几乎都教转过来了，他很聪明。他写作能力很强。他写量子力学有一摞（用手比画很高）。光发表在《天文学报》第一期第一卷的一篇文章就二十万字（他从书房里取出这一期书刊，翻给我们看那篇文章叫《中国古代天文历法史研究的矛盾形势和今后出路》一篇就二十万字呀，稿费几百元。他发表过很多文章，稿费几千元。如果不爱买书，他就发财了。有的稿子还直接用外文写的呢。

“当时他很有名，最大的毛病是脾气坏，脾气很坏，很怪。他跟董作宾是死对头，董的文章一发表，立刻就有文章批他。脾气很坏。在四川，我介绍他到华西大学，他跟闻戴脊打架，把人脸打破了，血直流。脾气太坏，闹得很厉害。闻来找我，我只好两边作揖。他就因为脾气太坏，被有的大学退聘。他的文章不许人批评，他不服人家指点，谁批评他都不服。他自己未得到名师指点，全是自己钻，自成一家之业，十分聪明，写起书来就一大摞。但他的文章是东拼人一篇，西拼人一块，逻辑是混乱的，是他自己的逻辑。刘朝阳的逻辑——你们不要见怪——他不听人批评，文章不许改；见解不对，不许驳他，这是他最大的毛病。那篇文章他就不肯改。登在《天文学报》第一期上，20万字，给我惹起很多祸事。人家说我偏护刘朝阳，在国外也有人反对。脾气坏是他最大毛病。怪诞，看书很多，这一篇文章就参考二十三篇文献，看得多，写得快，要是他在国外，他会是个大科学家。他是英雄豪杰、怪杰。他缺少名师指点、自己钻的。”

罗先生插话说：“他非常勇敢，敢向人挑战，很勇敢。”

李先生又说：“出书（古天文历法），不必多此一举。他已经很有名了，不必再扬他的名，他的名气已经很大了。李鉴澄跟我商量过出书，我说，不必操神。甲骨文，殷商的，没有人看得懂。这是很专门的东西，一百年之后，还有人引用。”

罗先生插说：“知音很少，他是曲高和寡。”

李说：“没有书店接受，要贴钱，不是一般人看懂的。”

罗说：现在书店自负盈亏，不超过五万册、不印。现在印的常是小本书，薄本，要销路。”

李说：“不必印，书店不能赚钱，不肯贴。”

马力把《太阳的温度》等三篇散失的文章篇名给他看，问他知不知道。他说：“《太阳的温度》在青岛写的。”答非所问地又把编目退给了马力。

他一个人断断续续谈了三四十分钟，许多话是重复的。由于激动，脸发红，气更促，我们就告辞出来了。

第二天，孙老师就李老师的讲话谈了以下意见（大意）。

1. 你父亲并不是对什么人都不好，都脾气坏，也不都是因此被退聘。在同济，他并无对手。王复三（？）复旦的两级教授，威某某，安徽大学教授，郑某某，华东师大教授，夏某某，测绘学院院长，葛正权，原国防医学院院长，郑某，四川大学工学院长、理学院长、内蒙古大学物理系主任，你父亲小时的同学等，都跟你父亲友好。山东大学校长陆侃如青年时看牙病，住在你父亲家，睡地板。划右派后，你父亲几次在上海谈到很伤心。他跟人吵闹是有原因的。如齐泮林，曾任国民党中央政治学校教务长，党棍。你父亲早就跟他不对，他到贵阳师院做院长，你父亲自然要离开。王作齐（？）是二陈系统的，你父亲也跟他不好。你父亲攻击的人有的是政治上的、做官的、有的是学术之争，这是自然的，并不是对人。有个曾韦清的人专门跟你父亲作对，你父亲文章一出，他就攻击，这是学术观点的争论。竺可桢（当时是科学院院长）一直想要你父亲去搞天文。他请李珩动员，请你父亲担任古天文学研究室主任。李先生去过几次，你父亲跟他吵了一架。你父亲说："我从未做过官。我教书吃饭，教书是我的衣食，自由，我好搞研究，我不想做什么主任官"。李珩对你父亲自然有意见。再如郭某某，地位仅次于苏步青在复旦。你父亲看不起他，说他是投机。你父亲认为他是为了适应政治，很生气。你父亲是拥护黑洞学说的。他认为学说不能搞到政治里去。政治气候有变化，自然学说怎么变呢？所以，他并不是跟人作对，而是认为有的人人品不好，政治上看不惯，才攻击。至于学术上的观点嘛，本来就是有争论的。他离开南大是受多方面人事排挤，当时是浙大来的人。

2. 你父亲学术研究很突出，他很聪明。教书，实事求是说口才不太好（李珩先生则口才很好），但听你父亲课的人多极了，他靠的是学术渊博。他全部心思是用研究上，不是用在教学上，这自然不同了。可惜在当时他的研究没有条件。他开的课程都是开拓性的，在厦大，他学的是历史。从历史转到古代天文，他并不是学天文。毕业后，他搞的是气象研究。他又教过数学，他数学很好。又钻研量子力学、统计力学。又教过热力学。还教古天文学。你们看，都不是他大学学的，教的课都是新的，常变。他不断地学，学术渊博，看书很多，他学了英文，又学了几国文字，还直接用外文写作。要是他在外国，靠他的聪明、勤奋、真是个大科学家。可惜在国内他没有研究的条件。

3. 关于出书，还是找印刷厂印，省钱，二三十万字限制（指江大印刷厂）太少，几篇文章就二三十万，不行，可以考虑分集。最好在上海印刷厂，技术条件好，即使稍多一些钱，也值得。要不要删掉与人论战的语气，我认为不必，学术上本来就有论战，谁能说自己观点都对？去掉了论战，棱角都磨没了，文章就没有战斗性，也不鲜明了。这意见可以请北京李先生研究，他主编，他决定。

访问结束了。一次访问，引出两位先生的话题。李先生、孙教授都是熟知朝阳先生的，所以描绘得形象生动，个性鲜明，细节逼真。至于对朝阳先生性格的解读有所不同，恰恰反映了学界对朝阳先生的重视与关注。

第二部分

刘朝阳先生的论著

刘朝阳生平论著年表

1. 十九世纪后半期的西洋史学

1927 年 12 月中山大学《语言历史研究所周刊》第 1 集第 6 期

2. 考古学上的证据（译文）

1928 年 2 月中山大学《语言历史研究所周刊》第 2 集第 18 期

3. 秦前之数学（下编）

1928 年 3 月中山大学《语言历史研究所周刊》第 3 集第 19 期

4. 仞

1928 年 5 月中山大学《语言历史研究所周刊》第 3 集第 28 期

5. 整理中国算学材料之提议

1928 年 5 月中山大学《语言历史研究所周刊》第 3 集第 29 期

6. 土耳其语内的汉语名字

1928 年 6 月中山大学《语言历史研究所周刊》第 3 集第 32 期

7. 蔗糖考

1928 年 6 月中山大学《语言历史研究所周刊》第 3 集第 33 期

8. 几何原本

1928 年 10 月中山大学《语言历史研究所周刊》第 5 集第 52 期

9. 中国与波斯

1928 年 11 月中山大学《语言历史研究所周刊》第 5 集第 55 期

10. 再补裘论中国算学书目

1928 年 12 月中山大学《语言历史研究所周刊》第 6 集第 61 期

11. 中国天文学史之一重大问题——《周髀算经》之年代

1928 年中山大学《语言历史研究所天文学史专刊》94-96 合刊

12. 关于算学之中国故事

1929 年 1 月中山大学《语言历史研究所周刊》第 6 集第 65、66 期

13. 《史记·天官书》之研究

1929 年 3 月中山大学《语言历史研究所：天文学史专刊》

14. 《史记·天官书》大部分为司马迁原作之考证

1929 年 8 月中山大学《语言历史研究所：天文学史专刊》94-96 合刊

15. 近来中国和日本关于中国古代天文学的研究（将德文译成中文）

1929 年中山大学《语言历史研究所天文学史专刊》94-96 合刊

16. 泽文：算理相对论（英国天文学家 Eddinton 著）

中山大学《自然科学》专刊

17. 周刊首期纪念号卷头语

1929 年 10 月中山大学《语言历史研究所天文学史专刊》3 集

18. 中山大学图书馆所编医学书目（续）

1929 年 11 月中山大学理科印行

19. 安斯坦新场论之基本算理

1929 年中山大学《天文专刊》5 卷 4 期

20. 电磁与引力

1929 年 12 月中国科学社《科学》14 卷 8 期

21. 波动力学

1930 年 5 月中国科学社《科学》14 卷 12 期

22. **从天文历法推测《尧典》之编成年代**

1930 年《燕京大学学报》第 7 期

23. **年代学（上）、（下）**

1930 年清华大学印行

24. **殷历质疑**

1931 年《燕京大学学报》第 10 期

25. **地磁力之新周期（英文版）**

1931 年青岛观象台印，1933 年于太平洋科学年会宣读后由多伦多大学于 1934 年出版

26. **再论殷历**

1932 年《燕京大学学报》第 13 期

27. **狄拉克关于电子之新理论**

1932 年 9 月中国科学社《科学》17 卷 2 期

28. **方阵力学**

1933 年 3 月中国科学社《科学》17 卷 10 期

29. **近十年来之时政**

1933 年青岛观象台印，

30. **三论殷历**

1935 年中山大学《语言历史研究所：史学刊》第 1 卷第 2 期

31. **1924 年以来的磁暴（英文版）**

1936 年青岛观象台印，曾在中国物理学会上宣读

32. **1936 年 6 月 19 日日全蚀之青岛地磁**

1936 年青岛观象台印，在中国科学会社第二届年会上宣读

本论文的英文版发表在美国《地磁与大气电学》1937年6月第二期（42卷第203至204页）

33. 《左传》与三正

1938年云南大学学报

34. 昆明之经纬度

《宇宙》第10卷

35. 三正说之由来

《宇宙》第12卷1、2期

36. 三朝代关于天蝎座的观测（英文版）

1942年华西大学《中国文化研究所集刊》第3卷

37. 三代之火出时间

1943年华西大学《中国文化研究所集刊》第1-4合刊

38. 殷末周初日月食初考

1944年华西大学《中国文化研究所集刊》第4卷

39. 周初历法考

1944年华西大学《中国文化研究所集刊》乙种第2册

40. 夏初日食考

1945年华西大学《中国文化研究所集刊》专刊第5卷

41. 晚殷长历

1945年华西大学《中国文化研究所集刊》乙种第3册

42. 甲骨文之日珥观测记录

1945年南京大学天文学会期刊《宇宙》第1-3号

43. Opplzer及Schlegel与Kuhnert所推算之夏代日食

1945 年《宇宙》第 15 卷

44. **小乙正羌方考（英文版）**

1945 年华西大学《中国文化研究所集刊》第 3 卷

45. **关于殷周历法之基本问题（英文版）**

1945 年华西大学《中国文化研究所集刊》第 4 卷

46. **殷历余论**

1946 年《宇宙》第 16 卷 1-3 号

47. **论 Dirac 相对论波浪方程式内之σ、θ及α诸方阵**

1946 年至 1952 年科学社会《科学》31 卷第 1 期

48. **从 Dirac 相对论波浪方程式看中微子与磁游子**

原文曾于 48 年在中国科学社南京联合年会上宣读

49. **中国古代天文历法研究的矛盾形势和今后的出路**

1953 年南京大学天文学报 1 卷 1 期

50. **恒星质量随其中心压力变化的几种特别情形**

在南京大学物理系任教时的完整手稿(18 页)

51. **关于武王伐纣这一战役的天象记事**

1954 年寄“天文学报”后被遗失

52. **新热力学**

1957 年 7 月 著于南京大学物理系

53. **热力学与统计物理学导论**

1958 年 著于南京大学物理系

54. **非厄密σ、ρ矩阵的狄拉克相对论波动方程**

1958 年 7 月《科学》34 卷 3 期

55. **物态**

1959 年 2 月 完稿于江西大学物理系

56. 太阳的温度

1962 年 5 月完稿于江西大学物理系

57. 经典热力学的根本问题

1963 年 9 月《江西大学学报自然科学版》

58. 光的本质问题

1964 年《江西大学学报自然科学版》2 期

59. 量子力学的一些根本问题

1964 年《江西大学学报自然科学版》

60. 一些正反粒子的平衡温度（与陈福生合写）

1964 年《江西大学学报自然科学版》

61. 对邵金山的答复

1966 年

62. 关于相对论的一些根本问题（遗稿）

1983 至 1984 年在《江西大学学报自然科学版》各期连载

63. 刘朝阳中国天文学史论文选（国家出版基金项目）

2000 年河南大象出版社出版

注：

1. 于作者一生几经战争与动乱岁月，论著、手稿与有关记录等均多失落， 就连一些省级图书馆所收藏的期刊与论著亦有因战争而失散或被毁的，因而上面所列仅为作者子女在他去世后若干年内从国内部分省市与高校图书馆查到的，并非作者论著的全部。

2. 上表所列篇名中属未发表的文稿，另附有关说明于后。

未发表的论著书目简介

一、年代学

1. 《年代学》是刘朝阳先生在清华大学执教时编写的一门新学科教材（上下册，共二十六章，1930年由清华大学印行）。李鉴澄先生认为，这是我国学者中尚无人涉及的首创著作，应全文收入《刘朝阳中国天文学史论文选》中。后因下册文稿已丢失难觅，李鉴澄先生研究后在《刘朝阳中国天文学史论文选》中以第十三篇论文《古书所见之殷前历法》，收入了《年代学》的第十一章内容。特此说明。

这里提供的是《年代学》原文稿第一至第三章的影印件。

2. 《年代学》目录

清華大學印　　# 年代學　　劉朝陽著

第一章　緒論

通常皆以年代學爲Chronology之譯名。按此字之語根Chrono，來自希臘文之χρόνος，其義乃泛指時間。又德國學者往往別名Chronologie爲Zeitkunde。故若嚴格言之，此處所謂年代學，有時或不如逕稱之曰時間學。

依據伊特勒Ludwig Ideler之意見，年代學乃研究日，月，歲等時間單位及彼此之比例，各種民族如何應用此等單位於時間之度量之科學。爲便利起見，此種科學可以分爲理論與應用兩方面：屬於理論方面者，稱爲數學的年代學mathematische Chronologie，係從天文學方面，專門研究諸凡有關時間單位之規定及比較之天體運動，故又稱爲天文學的年代學astronomische Chronologie；屬於應用方面者，稱爲歷史的年代學historische Chronoeogie，或簡直稱作應用的年代學technische Chronologie，乃專門研究各民族如何區分其時間以及如何可使各種事件皆有正當之時間比列（參看彼著Handbuch der mathematischen und technischen Chronologie第一册第五，六頁柏林August Rücker,1825）。靳策兒F. K. Ginzel亦謂，數學的年代學注重天文學方面所有對於日月之運動之知識，與計算時間之學問有關係者，應用的年代學則注重各民族所有各種歲時之性質以及其內部之分記（靳策兒所著亦名Handbuch der mathematischen und technischen Chronologi 參看第四頁，1906，來比錫，J. C.Hinrichs）。唯一般人所認識之年代學，往往單指第二種而言，例如大英百科全書即以年代學爲研究時間之科學，其目的在於依照先後之次序，排列及表明世界史上之諸事件，並確定彼等相去之時距（看Chronology條），又哈維R. Harvev直謂，彼等何時踐位，在位如何長久，此一部分歷史即名爲年代學云（Philad. 15）。

年代學一名詞，在吾國學術界雖似頗爲生疏，然實際上，數千年來關於此方面之研究，實已不能謂爲十分沈寂，惟似從未曾有通論之書籍，試就各時代各國學者之著作，採集其結論而爲有系統之敍述者。至在西洋，則自十六世紀以還，此類著述即已層見迭出，其內容亦日新月異，後來者通常皆駕乎前人之上，此因天文學上之計算，爲時愈晚而愈精密，考古學上之發見，亦愈近而愈且明確也。今試舉其特別重要者。一五八三年斯卡力 Josef Justus Scaliger（一五四〇至一六〇九）有 De emendatione temporum 一書，在巴黎出版，實首先奠成科學的年代學之基礎。逾十三年，彼又著 Thesaurus temporum，在來丁 Leyden 出版。同時加爾味蘇 Sethus Calvisius 著 Opus chronologicum，一六〇五年在來比錫出版，亦大値得注意。此外又有裴塔伏 Dionysius Petavius（一五八三至一六五二）者，在神學方面之意見，與斯卡力立在反對之地位，亦曾致力於年代學方面之研究，著成 De doctrina temporum 二册，一六二七年在巴黎出版，又二年，著 Uranologion 以補充前書；彼不僅批評斯卡力之著作，而有相當之修正，且亦時多新穎之見解；一六三一年，彼又撮其大要而編成 Rationarium temporum 一書，在巴黎出版。以上所述各書，出版皆不僅止一次，間有多至五六版者，銷行之廣，即足徵當時學者對於此種學問，早已引起相當之注意而發生頗大之興趣也。十八世紀中葉，法國之年代學界又有一種巨著出現，卽 L' Art de verifier les dates et les faits historiques，起稿者原爲但丁 D. Maur d' Antine，未及編成，即已逝世，其後乃由克萊曼斯 D. ch Clemencet 與杜蘭 D.-Ursin Durand 及克萊曼 D. Francais Clement 先後續成之，其第一版於一七五〇年出世，一八一八至一八四四年即印行第四版，凡開本都四十四册，四開本十一册。此書所收材料，非常豐富，允爲史學家與年代學家之絕好參攷書，惟其關於日月蝕之部分，乃以哈萊 E. Halleys 之日月蝕表爲依據，在今視之，此表實已過於疏闊，不復適用矣。一八二五至一八二六年間，伊特勒之 Handbuch der mathematischen und technischen Chronologie 出版，後三年，彼又撮其大要而著成 Lehrbuch der Chronologie。伊特勒此書實爲當時年代學界最好最可靠之著作。此後一八四三年，勃林克邁爾 E. Brinckmeier 有 Praktisches Handbuch der historischen Chronologie（來比錫）

，翌年馬察嘉絲 W. Matzkas 有 Chronologie in ihrem ganzen Umfange（維也納），一八八三年，勃羅克曼 F. J. Brockmann 有 System der Chronologie（司徒嘉德 Stuttgart），一八九五年，維斯立新諾 W. F. Wislicenus 有 Astronomische Chronologie（來比錫），一八九九年，勒爾書 B. M. Lersch 有 Einleitung in die Chronologie（佛賴保 Freiburg）。馬察嘉絲與維斯立新諾之著述，在當時之數學的年代學上面，佔得極重要之地位。至於最近，則以上引靳秉兒教授之 Handbuch der mathematischen und technischen Chronologie（共三册，1906.1911,1914出版）與諾易格僕教授 P. V. Neugebauer之Astronomische cronologie（柏林，Walter de Grucyter，一九二九）二書，最爲出名；前者儘量利用考古學上之新發見，就前此之資料而加以修正與擴充，試與伊特勒之舊著作一比較，即可使人明白應用年代學方面之進步，後者儘量應用天文學上之新知識，使各種天象之推算愈益精確，試參看維斯立新諾之原書，即知彼亦大可代表理論年代學方面之成績矣。

年代學爲歷史學之輔佐科學，而其基礎則完全建築於天文曆法上面。專門屬於天文曆法之問題，治史學者每因非所素習，或不甚感興趣，或限於時間與精力，常不能爲詳盡之討論。幸自十九世紀中葉以還，研究數學的年代學者，已應時勢之需要，對於有關史學之諸天象，依據天文學之推算，努力製作各種表格，以備史學家之參攷，此種表格便於檢查，有如辭典，蓋亦研究年代學者所不可少之一種工具也。惟推算天象之精確程度，乃隨天文學而日益進步，故此種表格之內容，有在當時原算最爲精確，而在今日則已過於疏闊者。例如丹格伏脫 O. Danckwortt 之 Sterntafeln Von 46 Fundamentalsternen für die Jahrhunderte Von－2000 bis＋1800（來比錫，一八八一年），漢森 P. A. Hansen 之 Ekliptische Tafeln für Konjunktionen des Mondes und der Sonne（來比錫，一八五七），拉格托 C. L. Largeteau 之 Tbales abregées pour le calcul des équinoxes et des solstice 及Tables pour le calcul des syxygies écliptiques ou quelconques（巴黎，一八五〇），萊曼 P. Lehmann 之Tafeln Zur Berechnung der Mondphasen und der Sonnen-und Mondfinsternisse（柏林一八八二），諸易格僕之Abgekürzte Tafeln der Sonne und der grossen Planeten 及Abgekürzte Tafeln des Mondes（柏林，一九〇及一九〇五），瑟蘭R. Schram 之 Reduktionstafeln für den Oppolzersche-n Kanon zum übergang auf die Ginzelschen empirischen Korrektion（維也納，一八八九）及 Hilfstafeln für Chronologie（維也納，一八八三），維斯立新諾之Tafeln zur Berechnung der jährlichen Aufgänge und Untergänge der Gestirne及上述 Astronomische Chronologie內所有諸表（來比錫，一八九二，一八九五，），大部皆已不復適用。又如靳策兒之 Spezieller Kanon der Sonnen—und Mondfinsternisse für das Ländergebiet der klassischen Altertumswissencchaften und den Zeitraum Von 900 v. Chr. bis 600 n. Chr.（柏林，一八九九），奧僕策 Th. v Oppolzer 之 Syzygientafeln für den Mond（來比錫，一八八一）及 Kanon der Finsternisse（維也納，一八八七）與瑟蘭之 Tafeln Zur Berechnung der näheren Umstände der Sonnenfinsternisse（維也納，一八八六），亦已陳舊，惟在某種情形之下，尙有相當之用處。至於新製之表，正可供人檢查者，有瑟蘭之Kalendariographische und chronologische Tafeln（來比錫，Hinrichs一九〇八），瑟羅脫 J. F. Schroeter之 Speziller Kanon der zentralen Sonnen—und Mondfinsternsternisse welche innerhalb des Zeitraumes von 600 bis 1800 n.Chr, in Europa sichtbar waren（克立斯坦尼亞 Kristiania, J. Dybwad,一九二三），旭赫K. Schoch 之 Planetentafeln für Jedermann（柏林，Linser—Verlag G. m. b. H.一九二七），Die Neubearbeitung der Syzygientafeln Von Oppolzer（基爾 Kiel一九二八，Mitteilungen des Astronomischen Recheninstituts Berlin—Dahlen Bd. 2 Nr. 2）及附於 S. Langdon 與 J. K. Fotheringham之The Venus Tallets of Ammizaduga,（牛津大學出版，一九二八）之諸表，與諸易格僕之 Tafeln zur astronomischen Chronologie(I. Sterntafen Von- 4000 bis zur Gegenwart. II. Tafeln für Sonne-,

Planeten und Monde nebstTafeln der Mondphasen. III. Hilfstafeln zur Berechnung Von Himmelserscheinungen. Anhang 來比錫 Hinrichs，一九一二，一九一四，一九二二，一九二五）。又上舉諾易格僕之Astron. Chronologie 第二册，皆爲天文曆法之表，其精確之程度，較諸他人，有過而無不及，其第一册所述關於前人製作諸表之用法與批許亦頗周詳妥當，殊有一讀之價值也。

年代學之範圍，旣頗廣大，吾人限於時間，勢必不能就其全體而作均稱之研究。故本篇之內容，對於理論方面，將僅取天文曆法之基本知識，加以淺顯之說明；對於應用方面，則以中國爲主體，詳細討論秦漢以前之年代學問題，而於世界其他古國，如巴比論，埃及，印度之天文曆法及紀年之方法，曾經世人認彼爲與中國似有互相影響之關係，或可用作比較之資料者，亦將約略加以叙述焉。

第二章　年代學與歷史學之關係

紹特韋爾James Shotwell 之言曰：「時間爲歷史之基礎，猶空間爲地理學之基礎，物質爲物理學之基礎也。假使歷史而無眞確規定時間之法，則歷史資料，將如未經測量之地或未經分析之物矣」（見何炳松郭斌佳合譯西洋史學史第一編第四章）。按年代學之使命即爲就歷史上之事件而求規定其眞確之時間，故彼與歷史學之關係，正如測量學之於地理學，或分析學之於物理學。

歷史之已紀明各事件發生之時間者稱爲紀年史。人類之有正式的紀年史，爲時極晚。蓋初民之時間觀念非常幼稚，除因日之出沒而知一日及月之圓缺而知一月外，其他較大之時間單位如季候與年歲，皆不能有明確之分辨，必須經過長時期之經驗，始有比較近似之推算。故自有文字紀錄，至有紀明年月之文字紀錄，其間相去殆已頗爲長久；至自紀明年月之文字記錄發展而爲有系統之紀年史，又須經過若干年代。今之歷史，敘述埃及巴比侖在西紀前二三千年以上之史事，某某王朝共歷幾年，前後銜接之次序如何，似皆已極明瞭，讀者或疑此與上文之言發生衝突，實則不然；蓋今日所有關於古代埃及巴比侖之歷史知識，全爲攷古學者間接逆溯而得之結論，並非當時即有如此整齊之紀年史也。據今所知，紀明年日之文字，似以埃及之巴勒摩碑石 Palermo stone 爲最早，此碑係埃及第五王朝所刊勒，爲時當在西紀前二七五〇至二六二五年間。中國之甲骨文，有時似亦已有紀明年日者。甲骨出自殷墟，自爲殷代之遺物，依據普通之信仰，殷朝自湯、至紂，其時亦當爲西紀前一七六六年至一一五四年。至於正式之紀年歷史，今尚存在者，在中國似宜首推春秋，其所紀錄，起於隱公元年，止於哀公十四年，以西曆表明之，當爲西紀前七二二年至四八一年，故當爲西紀前四八一年以後之作品。

紀年史上既已紀明史事發生之時間，則自有紀年史以後，所謂年代學者，似即無復用武之餘地矣。按諸事實，抑又不然。凡史紀年，皆有標準，即所謂紀元 epoch 。古史所用之紀元，往往極爲紊亂。如古埃及當初紀年，並不按年直數，而以大事，征戰，君王在位之年代，或以徵稅等事爲標準；國家組織完備以後，司庫員每二年將王室所存之物點數一次，其在位年代，又即以「第一次點數之年」，「第一次點數後一年」，「第二次點數之年」區別之。又如巴比侖人與亞述人，常以大事名其年，某年當以某事或其人得名，如今歲爲某某執政之年，或爲攻陷某城之年。希臘羅馬亦曾以在位官長之名爲年代之名；羅馬以執政官consul而名，雅典與斯巴達則以第一任之行政官Frist archon或first ephor而名。今欲於事過境遷之後，將此紀元不同之紀年，連成整齊之系統，則於如何計算，如何銜接種種問題，皆極不易解決，殊有詳細考証之必要。又如中國紀年，向以天子爲標準，故似較易應付，然在古時，各地諸侯往往各自有其紀年，直至漢朝，尚是如此（淮南王安即自有獨立之紀年），天子之紀年與諸候之紀年有時不免互相混淆；又至後代，常有改元之事，史家紀法，亦無定則，故顧昆山謂：「史家所用月日有即書者，有追書者，有竟書者，有重書者，有割幷年號者，有一年兩號者，紀年之法，參差不齊，爲治歷者上溯古初所不可不知之例」。是則雖有紀年之歷史，亦仍有未能眞確規定史事之時間者也。

其次，史家所紀之年，必用當代當地通行之曆法，而自有史以來，同一地方之曆法變化，已甚多端，各地方之曆法差異，亦甚嚴重，故如何可將彼以當時當地之曆法所紀之年日，化爲與現在通行之曆法相當之年日，又成爲一問題。有在古時曾經通用之曆法，今已完全忘而僅知其一個名字，亦有稍知大概而不能攷究其詳細之內容者，如中國相傳，漢朝以前有六種曆法，即黃帝曆，顓頊曆，夏曆，周曆，殷曆，魯曆，此等曆法之同異，至今猶是糾纏不清。而此種曆法問題若不解決，則所謂歷史，縱已紀明年日，亦仍不能確定史事之時間。又如漢書高帝紀「春正月」，顏師古注曰「凡此諸月號，皆太初正曆之後，記事者追改之，非當時本稱也。以十月爲歲首，即謂十月爲正月。今此眞正月，當時謂之四月耳。他皆類此。」叔孫通傳「諸侯羣臣朝十月。」師古曰，「漢時尚以十月爲正月，故行朝歲之禮，史家追書十月。」注曰「漢元年冬十月，五星聚於東井，當是建申之月。」劉攽曰「按曆太白辰星去日不過一兩次，今十月而從歲星於東井，無是地理也。然則五星以秦之十月聚東井耳。秦之十月，今七月，日當在鶉尾，故太白辰星得從歲星也。」此處本已紀明年日，顧在事實方面，仍復發生問題，而此問題之解決，似亦大有待於天文曆法於之研究。又如陳垣在陳氏中西回史日曆所舉之例，陸九淵與施閏章之卒，依據曆法計算之結果，與普通計算而得者不同，此等事實亦足徵明，有紀年史之後，年代學之研究，對於歷史學仍有極大之貢獻也。

復次，時代愈古，歷史之記載通常皆愈簡畧而爲愈不可靠，故在今日而欲研究遠古之史事，以求明白當時之活動眞相，則於正式的歷史之外，常須憑藉其他之書籍，以爲輔佐或旁証之資，而古代之斷篇零簡，因此亦遂成爲彌可珍貴之史料。此等史料之中，固亦間有可以確定其時代者，但亦常有不能確定其年日者，如國人所認爲較古之各種典籍，往往皆有考慮之餘地，而年代學之研究，此處亦遂可以大顯其功效。例如詩小雅十月篇之「十月之交，朔日辛卯，日有食之，亦孔之醜」，相傳爲刺周幽王之作，惟初無相當之証據，可以堅人之信仰，且亦不知其究指何年，此種証據今可從天文方面求得之，蓋據吾國歷代學者之攷証，皆認周幽王六年十月辛卯確有一次日食，而西洋學者研究之結果，亦謂西紀前七七六年八月二十九日之日食，中國北部確能見到也。又如波盧塔Plutarch曾有 de facie in orbae lunae 一種著作（在Opera moralia內），初不知其果爲何時之作品。有盤托 Pomtow者，對於波盧塔之生平，曾作詳細之研究，據謂波盧塔之出世，以紀元後二十五年爲有最大之或然度，且有充分之証據可以証明，至少在紀元後一百二十五年，彼猶健在人世；盤托又從各方面得知波盧塔原特非 Celphi人，且常往於特非與嘹羅諾Chäronea兩地，彼之著作大半爲前半世做成，又彼似於紀元後六十七年左右，在特非研究數學，因有感於日蝕，而作De facie云。案此論文內確有關於日蝕之記述，謂其時間正爲中午，天驟晦暗，幾如黃昏，許多較大之星，遍時皆可看見。依據天文方面研究之結果，知紀元後七十一年三月二十日，上午十一點鐘，確有一次日蝕，爲金環蝕，特非與嘹羅諾兩地皆可看到。是波盧塔所記，必爲此次日蝕，而De facie之著成，乃在波盧塔年方二十六歲之時，與盤托之論証完全符合也。波盧塔曾取希臘與羅馬之著名人物，兩兩比較而著成平行史傳 Parallel Lives 一書，在史學界頗爲出名。

又歷史家之知識與眼光，以及所憑藉之材料，皆受時代之支配，而歷史之讀者，亦各有其注意之焦點，故某時代之歷史家所著成之歷史，往往不能滿足後此各時代之讀者。蓋有當時認爲極重要之事件，加以極詳盡之記述，而在後世視之，或以爲無關輕重而厭其多此一舉者，亦有當時認爲不甚重要之事件，不値得詳細之說明，常故意删去其先後之因果與發生之時間，或漫不經意而致於遺漏，而後人則認爲非常重要，亟須求知其因果而確定其時間者。對於第二種情形而言，彌補之道，固有多端，而天文曆法之研究，亦常爲極得力之一種方法。例如謨罕默德爲回教之教主，在宗教史上之地位何等重要，而其出世之年日，似乎向未曾有明確之記載。相傳彼生於西歷紀元後五七一年；惟皆認爲不能十分確定，常有發生疑問者。案亞拉伯之著作家，曾謂謨罕默德生前，木土兩星聚於天蠍宮 Scorpion。今試在天文學方面詳加研究，即知耶穌紀元後五七一年二月半至三月半，此兩行星確在天蠍宮內極爲接近，似可証明此一生日之頗可相信也。

又史料之取舍，必須經過一番嚴謹之選擇，而後所著之歷史，方有頗大之可靠性。顧在昔時，歷史家對於此點，往往不大注意，有取自不翔實之記載者，有濫用神話與傳說者，而此種歷史之讀者，有時遂不得不再肩負辨別是非之責任。使所懷疑之記述，若有關於天象之說話，則專從天文曆法方面研究此種說話之是否合於事實，亦可爲一有力之論據。例如耶穌紀元前第三第二兩世紀間，羅馬與迦太基 Carthage 曾有多次之戰爭，即所謂 Panic Wars 者是也。據曹諾拉 Zonaras 言，紀元前二〇二年，羅馬之蕭標 Scipio 曾與迦太基之哈尼波 Hannibal 戰於 Zama 地方，在此役中，迦太基軍士皆無鬬氣，因適値日全蝕云。依據許多人之考証，謂所謂 Zama，應在北非洲；而據天文學家之研究，則紀元前二〇二年，只有十月十九日，曾有一次日蝕，惟僅蝕去一微小部分，並非全蝕，且決非北非洲所能發見。故 Zama 之戰事，殊未可以相信，至多亦僅能承認日蝕之事，只爲當時之預言或謠詠也。

此外歷史上尚有許多記述，必須經過年代學之研究而始能明白其事實。亦有許多錯誤，只有年代學之討論可以試爲相當之訂正者，例實甚多，姑不詳舉。要之，年代學能爲史事規定眞確之時間，故堪稱爲歷史學之輔佐科學，此種輔佐工作，對於古史——尤其是中國古史——特別見得重要，飯島忠夫曾謂「中國古史之資料，最古且亦最重要者，厥爲儒教之經典。經典寓理想，而歷史則傳事實。經典所錄不必盡爲事實。故欲闡明中國古代之事實，必須先事批判儒教之經典。儒教經典所寓之理想，卽爲儒敎之哲學，倫理學，政治學等。此諸學者皆與天文曆法之學互相提攜，全體具有占星術之色彩。故以現今之天文學知識，論究中國古代之天文曆法，推定其成立之年代，對於儒教經典完成年代之決定，爲一最有力之根據。明瞭儒教經典之完成年代，則中國古代史之批判之第一步工作斯成就矣。」云。(見伊著古代史論 序文)

第三章　年代學與其他科學之關係

歷史的年代學之一重大使命，爲求眞確規定歷史上各種事件之時間關係。狹義之歷史，乃以特種之文字紀錄爲限。人類在有此種文字記錄以前，即已早有各種活動。現代學者日事開拓知識之領域，對於史前之人類活動，不僅亦欲求知其梗概，且欲求使此種知識之內容，造到頗大之眞確程度。考古學之主要研究，即在此一方面進行。故考古學與歷史學之目的，同爲要求明白人類之過去活動，惟其時間之遲早，相差一個階段，其所用之材料，在性質上，亦遂因此略有區別而已。

至於廣義之歷史，乃泛指人類之全個過去，故即在有文字記錄以前之各種活動，亦皆包括在內，因此通常所謂考古學，實不過爲較早之一段歷史研究。在他方面，間亦有人主張廣義之考古學，以彼爲關於人類一切之過去之研究者，英之牛頓 Sir Charles Thomas Newton ，謂考古學之資料，含有：（1）口述的Oral，即風俗習慣口碑等，（2）記載的Written，即文書文獻（4），記念物的Monumental即遺物遺跡，即其一例（參看彼之On the Study of Arshaeology, 1850）。案就此種意義言之，考古學與歷史學二者幾已彼此相混，無復重大之差別矣。

又通常認作歷史之特種文字記錄，未必即能賅括吾人所求知之一切過去活動，且亦不免或有錯誤之處。考古學之研究，不時可以實物上之証據，補塡其遺漏而訂正其錯誤，間亦可以解決歷史上而之懸案。故考古學與歷史學之間，實有非常密切之關係與非常相似之性質，而爲歷史學之輔佐科學之年代學對於攷古學亦遂負有相似之使命而發生非常重要之關係，例如古代歷法之研究往往可以幫助考古學者攷定各種古物之年代，恰如彼之幫助歷史學家辨別史事之年代。劉師培之周代吉金年月攷（見國粹學報第六年第十一號）與吳其昌之金文曆朔疏證（登燕京學報第六期），皆據三統厤以考究周代之銅器，雖就此一問題而論，三統曆之有效期限，或不無可以懷疑之處，要已可以表明，年代學之工作，在此方面，亦確有相當之用處者。又如天文學家研究歲差 Precession 之原理，可以推算極星

Polar star 之轉換，因得求出西紀前三千年左右，極星應爲天龍星座Draconis之星，而埃及之金字塔所開洞口，恰朝北向，其斜角且正對準此星，故可推測此種建築，當時實與天象之觀察有關，因此亦遂可以使人憑藉此種遺跡而更明了古代埃及人之活動眞相焉。

在他方面，攷古學對於年代學，亦有極重大之貢獻。蓋在古代，各民族在各時期皆各有其分配時間之曆法，並各用其曆法以紀年。此等曆法之詳細節目 通常不見於歷史之記錄。至於史前之各種原始曆法，不能憑藉普通之歷史而明白其內容，史前之年代問題，亦不能憑藉普通之歷史而解決其糾紛，則更無論矣。惟有攷古學之研研，往往可以彌補此一方面之缺陷。彼蓋於正式的書籍之外，另闢一條路逕，供給許多資料，俾可用作年代學之探討。此種探討今已確有極好之成績。其最著者，如阿拜多斯 Abydos ，薩卡剌 Sakkara ，卡納克 Karnak 諸地之碑刻 實伎吾人明白古代埃及之一段年代，卡諾帕斯之法令 Dekret von Kanopus 以及厄利蕃泰尼之碑石 Stein von Elephantine，可使吾人窺測古代埃及之曆法，貝希斯敦Behistan之石刻，可伎吾人想像古代波斯之曆法，而培曹爾特C. Bezol.' ，羅靈遜H. C. Rawlinson'，斯屈拉斯美 Strassmai r，湯姆生R. C. Thomson諸人在殘碑斷碣上面所尋得之材料，實奠成古代巴比倫 Babylon之年代學，尤爲世人所公認者；吾國之科學的考古學，今始逐漸發達，應用此方面所得之知識，以研究史前之年代，此種工作將來必有良好之結果，而董作賓之卜辭中所見之殷曆(將發表於中央研究院歷史語言研究所出版之安陽發掘報告)，不過爲其嚆矢耳。

抑就某種意義言之，考古學本身實可稱爲年代學之一種或一部分。蓋考古學之研究，實不僅欲憑藉古人之遺物遺跡，以明了古人之活動，且欲因此得知，所謂古人，究竟生存於何年代，而此物此跡，又爲何年何日之活動之遺痕。故求規定古物之年代，通常皆爲考古學上非常重要之工作。考古學所用幾用特殊研究法，如層位之研究 Stratigraphical Method 與型式之研究 Typological method，亦即以此爲其最後之目。的惟因遺物遺跡之性質不同，所得之結論，亦殊不能常爲非常明確，蓋有因某種關係，只能求出一種古物與其他古古物之先後次序，而不能求出彼之確實年代者，此正如古史上面有幾事件，無從考究其發生之時間，迄今猶爲不能解决之懸案也。

古史與考古學之研究，往往有賴於古字學 Paleography 。此因關於古史之一種材料，皆出於古人之著作，而此等着作之原來形式，乃以當時通用之古文字記述之。至於古代之器物，若有文字，亦皆爲古文字。故古字之知識，幾爲必不可少之工具。吾人觀於上文之叙述，知年代學所用之材料，在某種情形之下，殆即歷史學與考古學所用之材料，而古字學之於年代學 亦遂如彼之於後二種學問，往往佔得重要之地位。例如晉太康二年，汲郡民不準，盜發魏安釐（又作僖）王冢，得玉尺玉律及竹簡，凡數十車，簡長二尺四寸。所謂竹書紀年，即係此次出土者。據今所知，此書追紀夏至周末，雖不能謂爲十分可靠，然欲研究上古之年代及曆法，此實爲一絕好之參考資料。顧其原文，皆爲古篆，使當時若非先能詮釋此種篆文，必致無從入手。又如今欲研究殷商之年代問題，則甲骨文之知識，定有極大之益處，此乃非常明顯之事實也。

又吾國之文字構造，皆有形義，故若研究諸凡有關天文或曆法之文字，追溯其原始之樣式，則專就此等文字之構造，加以解剖，往往亦可洩露古人對於天文曆法方面之基本觀念與原始知識。飯島忠夫之於「辰」字（參看彼著支那古代史論第五章日月五星之運行與十二辰十二次二十八宿，第五八頁，或支那曆法起源考第十七章支那古代關於食朔之知識，附辰，第五七一至五七七頁），新城新藏之於「朔」，「戌」等字（參看彼着東洋天文學史研究第一篇東洋天文學史大綱第十頁至第十一頁或第三篇二十八宿之傳來，第二一二頁至第二一四頁；後者參看同書第九篇干支五行說與顓頊曆，第六五四至六五五頁），即其好例也。

此外如民俗學與人類學，有時亦爲年代學之益友。案宗教學之研究，有所謂比較的方法Comparative method者，乃假定原始人同有少數之基本概念，故考察現代尚未十分進化之野蠻民族，體會其幼稚之信仰，可之使人明了通常所謂文明人之祖先當初所有之原始宗教，其內容究竟爲如何。對於此種方法，頗多懷疑之人，謂其假定之少數基本概念，根本並未存在。惟就時間之計算而言，因其採用之標準，古今中外莫不相同——如以日之出沒爲一晝夜，月之圓缺爲一月，地球繞日一週爲一年等——故關於計算時間之單位，彼此皆爲大同小異，換言之，即確有共同之少數基本概念之存在，因此比較方法之應用，似比任何其他學問爲更少反對之口實，而民俗學與與人類學研究野蠻民族所得之知識，其關於天文與曆法之一部分，有益於年代學之研究，實爲意中之事。英國有尼兒遜Martn P. Nilsson者，曾著原始之時間算法 Primitive Tim -Reckoning（一九二六年出版）一書，其主要之旨趣，即爲研究野蠻民族之天文曆法之觀念，以推溯遠古之天文曆法云。

至於年代學之能在歷史學內劃取一定之地域而獨樹一幟者，卽因彼之背後，有天文學，可以供給充分之實力。故應用年代學雖非純粹研究天文之科學，却亦不能完全屏絕天文而不談—豈僅不能完全屏絕之，抑且以愈多應用爲愈妙，故研究年代學者之不能不具有某種限度之天文知識，自又爲非常分明之事勢。案年代學所討論之問題，實係處處皆有天文學之踪跡　惟就其功用之性質而言之，大致可以分爲下述之兩種。其一，爲歷史所記述之事件，年代愈古，則不能確知其究係何時發生者亦愈多，至在史前，更無論矣。在他方面，歷史之著成時間愈早，則關於天象之記述，似亦愈多，此因古代尙無純正之天文學，只有迷信之占星學，以人類之動作，爲有關天象之變化，或以天象之變化，爲人事之朕兆，故凡遇有不常見之天象，往往看作極重要之事件，而加以極鄭重之記述，此中外同然者。夫在現代天文學家之眼光中，大多天象，皆可計算其重復出見之週期，至於十分精確之程度，既非變異，又與人事毫不相干，宜覺前此歷史家記述此種天象之爲多事而又可笑。然在現代歷史學家之眼光中，則正因古代歷史之多載此種天象，而現在又有方法可以精確計算重復出見之週期，故可加以利用，以爲解決古代許多史事之年代問題，此正爲一意外之收獲也。其二爲各地各代之史事，皆系以各有之年歷，種類旣繁，不特不易排比各地之史事，且亦難於計算相距之年數，故爲便於歷史之研究起見，不可不求將此等曆法一律翻譯爲現在通用之曆法，庶能將各地各時之史事皆以現在通行之一種紀元紀述之。然古代之曆法，有因歷久而完全失傳者，是又不能不設法探測其內容之大概。凡此關於曆法研究，亦天文學之範圍內事也。

天文學爲年代學之基礎，故與天文學有密切關係之科學，與年代學亦皆發生間接之關係，其最顯著者乃爲數學，此因比較高深之天文學說，其本資往往即爲純粹之數理，而數學之發展，向來亦大有賴於天文學之研究，上文所稱理論年代學之名爲天文學的年代學，而又或名爲數學的年代學者即此故也。惟自天文學家造成諸表以總括推算之結果，研究歷史的年代學者，只須略具基本之數學知識，即已儘夠應用矣。

二、近十年来之时政（摘录）

按语：《近十年来之时政》（摘录）与“万国经度测量纪念碑”

20世纪二十至三十年代，全球开展过两次**“万国经度测量”**工作，中国地区的测量点均设在青岛观象山。为纪念那两次卓有成效的测量工作，1986年，中国天文学会与青岛市人民政府决定在青岛观象山上树立一尊**“万国经度测量纪念碑”**，并由青岛观象台负责整理当年经度测量的史料。

青岛观象台的时任台长**孙寿甡**先生，曾给刘朝阳先生的家属来函寻觅相关资料：“1933年全球第二次万国经度测量，只留下记载，没有测量报告和资料。最近北京天文馆告诉我您的地址。当年，令尊是那次万国经度测量的参加者和负责人，请您协助我们提供数据或线索……刘朝阳先生为我国近代天文学的发展付出了可贵的辛劳。青岛观象台因几易国帜，又经十年动乱的浩劫，资料损失严重。希望您能提供刘先生所存的有关青岛台及刘先生著述的资料，复印件也好。不胜感谢。

孙寿甡　1987年6月17日”

这里影印的是刘朝阳先生当年在青岛观象台工作时撰写的论文“近十年来之时政”中有关“万国经度测量”工作的段落。

有关"参加万国经度测量"

（摘自刘绍知先生在青岛观象台工作时发表的论文《近十年来之时政》）

測量經度即等嚴審測量各地所有標準時計之日差率因而求出某一時間各地地方時之精確差數故亦屬於時政之範圍惟經度之測量不僅須知本地精確地方時且須得知所欲比較各地之精確地方時故不得不另行設法收取他處發生之報時信號本臺於十五年十一月參加萬國經度測量之工作乃用青耳通默無線電機所能收到各地放出之調節信號同時即以一手按一電鍵使打一點於記時器之紙條上以與本臺之標準時計互相比較二十一年十月與十一月闔舉行全國預測亦係如此去年十月至十一月重複參加萬國經度測量之工作則不僅改用新中星儀與新記時器且於無線電機之外設法一簡大之機關使其直接通至新記時器俾能自動畫成曲線於記時紙上故又可以免去一重人差此後收取他處之地方時自又可以較諸前此爲更精確矣案本臺第一次參加萬國經度測量之結果已詳載於十六年出版之參加萬國經度測量成績報告書二十一年參加全國經度預測之結果已整理完畢正待付梓去年參加第二次萬國經度測量之材料則正在整理中

编者

三、恒星质量随中心压力变化的几种特别情形

二十世纪九十年代末，**蒋世仰**先生曾应邀翻阅过这篇论著（成稿于二十世纪五十年代）。他认为：“讨论的思路基本上是对的，推导和结果也大多是符合恒星物理学原理的。但过分局限于普通恒星，对于白矮星和中子星的讨论较少。这主要是局限于当时天文学发展的实际情况，在那时，这篇稿件完全值得发表。但是与今天的情况相比，已显得过于常规，许多结果均可以在恒星物理学的教科书或专门论著中找到。因此已失去了再发表的价值。这不能不叫人感到遗憾。”

这里影印的是本篇论著的手迹。

蒋世仰：恒星物理学家，北京天文台恒星物理研究所主任。《中国大百科全书》天文卷恒星和星际物质部分副主编。

恒星質量隨其中心壓力變化的幾種特别情形

劉朝陽
（南京大學物理系）

I.

如所周知，一般恒星内部的物質，由于温度很高，雖在很高的壓力之下，大都仍可，而且經常被人當作理想氣体看待（但是，有時須看作退化的氣体，見下III）。从熱力學的觀点看来，一個理想氣体系統的狀態通常能須取决于質量M，体積V，温度T和壓力P这四个變數，但因这四者間還有一個物態方程来表明其函數的関係，实际上可以消去一個變數，仅有三個基本變數。不過恒星内部的物質畢竟要比理想氣体複雜一点，單因為席瓦西爾 K. Schwarzschild[1] 指出恒星内部的平衡主要為輻射平衡之後，恒星内部的壓力推算，就不能僅僅限於氣壓，還須计入輻射壓，前者和温度的関係當然就是理想氣体的

$$p_g = \frac{k\rho}{\mu}T = \beta P, \tag{1}$$

後者則為斯忒藩玻耳兹曼定律所規定的

$$p_r = \frac{1}{3}aT^4 = (1-\beta)P, \tag{2}$$

这里P為總壓，k為氣体常數，μ為平均分子量，ρ為密度，a為斯忒藩常數。恒星内部的總壓就等於氣壓和輻射壓这兩部分之和。若用指標c来表明恒星中心的各物理量，依據恒星内部流体静力平衡及温度和密度都不會朝外加大等简单假定，还可以容易導出[2]，恒星中心的平衡壓力為

$$P_c = \left[\left(\frac{k}{\mu_c}\right)^4 \frac{3}{a}\,\frac{1-\beta_c}{\beta_c^4}\right]^{\frac{1}{3}} \rho^{\frac{4}{3}}, \tag{3}$$

並可求得，在平衡時，恒星的質量M和其中心壓力P_c之間存在着这樣一種関係：

$$M \geq \left(\frac{6}{\pi}\right)^{\frac{1}{2}}\left[\left(\frac{k}{\mu}\right)^4 \frac{3}{a}\,\frac{1-\beta_c}{\beta_c^4}\right]^{\frac{1}{2}} \frac{1}{G^{\frac{3}{2}}}, \tag{4}$$

式内G為引力常數。愛丁頓 A. Eddington[3] 曾應用愛門登 Emden 的理論，求出一種多方氣体的恒星質量為[4]

$$\frac{M}{\odot} = \left[\frac{1}{0.003094\,\mu_c^4}\,\frac{1-\beta_c}{\beta_c^4}\right]^{\frac{1}{2}}, \tag{5}$$

这裡$\odot$為太陽質量。除了一個不等符号外，愛丁頓的(5)式分明只同(4)式相差一個常數因子，而用等号代替不等号有很多方便，故為論证明確和推算方便起見，不妨暫用愛丁頓这個(5)式来作推算的根本，有必要時，仍可隨時過渡到(4)这不等式回去。

不管是(4)式或是(5)式，它們的物理意義都主要表明恒星質量和其中心壓力的重要関係。因在有利的條件之下，可从直接觀測所得的資料推出恒星的質量，而对于恒星的中心壓力則為絕不可能，故通常都利用这種関係，从恒星的質量来推估恒星的中心壓力，特别是氣壓对輻射壓的比例數值。但这種関係的更重要的意義似实應為其相反的方向，即表明恒星的中心壓力特别是氣壓对輻射壓的比例如果因為某種原因而發生變化，則將引起恒星的平衡質量發生變化，因而促進恒星的演化，而且因為这種関係裡面並未含有恒星的中心總壓P_c，却只有β_c和$(1-\beta_c)$出現，故實尚可以分别幾種不同的變化情形来加以個别的討論。其中有一種情形為恒星的中心總壓並不發生變化，而其氣壓和輻射壓这兩部分壓則有變

化；還有一種情形為恆星的中心總壓發生變化，此時又還可以再分為下列四種不同的情形：(1) 恆星的中心總壓雖有變化，其氣壓對輻射壓的比例却保留原值，未有變化；(2) 恆星中心的輻射壓保留原值，未有變化，單有氣壓發生變化，恆星的中心總壓自亦因而隨着發生變化；(3) 恆星中心的氣壓保留原值未有變化，單有輻射壓發生變化，恆星的中心總壓因亦隨而發生變化；(4) 恆星中心的氣壓和輻射壓二者同時都有變化，其總壓自亦跟着發生變化。下文就將依照這個次序一一加以論证。

II.

先論恆星的中心總壓 P_c 固定不變而其氣壓 p_g 和輻射壓 p_r 兩者發生變化時，恆星質量跟着發生變化的情形。假定恆星中心的密度 ρ_c 和其平均分子量 μ_c 二者亦都固定不變，則因此時 $dP_c=0$，故从(3)式可以求出

$$d\left(\frac{1-\beta_c}{\beta_c^4}\right)^{\frac{1}{3}}=\left(\frac{\beta_c^4}{1-\beta_c}\right)^{\frac{2}{3}}\left(\frac{3\beta_c-4}{\beta_c^5}\right)d\beta_c=0,$$

从此可以求出

$$\beta_c=0\ 或\ \frac{4}{3}。$$

這兩個解答分明都不合理，全不能用。因為 $\beta_c=0$ 意味着，在所論恆星的中心，氣壓完全沒有，只有輻射壓一種，故這輻射壓就是總壓 P_c，因此輻射壓的變化就是總壓的變化，輻射壓既要發生變化，就決不能再使恆星的中心總壓保留原值而不發生變化。又觀于(1)和(2)兩式，可知 β_c 必為小于1的一种分數，至多只能等于1，決不能大于1，第二個解答所得 4/3 為大于1，故為決不可能。因此，這可以證明說出所定，恆星中心的密度和平均分子量如果沒有變化，決不會有氣壓和輻射壓二者都發生變化而其中心總壓却不發生變化的事情。

這個结論的物理意義可用(1)和(2)兩式來加以說明。假定恆星的中心總壓不變，而其氣壓和輻射壓二者都要發生變化，則因此二者之和就等于總壓的數值，故其可能的變化分明僅能為彼此互相消長的變化，就是氣壓如果變大，輻射壓必須同時變小，反之，氣壓如果變小，輻射壓必須同時變大。但在恆星中心的密度和平均分子量兩都固定不變的條件下，由(1)和(2)可以知道，輻射壓和氣壓二者都只能因為溫度變化而發生變化，而且因為一個是同溫度成正比例，另一個是同溫度的四次方成比例，它們都和溫度的變化方向完全相同，就是，恆星的中心溫度如果變高，氣壓和輻射壓同時都要跟着變大，结果必將使其總壓變大，反之，恆星的中心溫度如果變低，它們亦都同時跟着變小，结果必將使其總壓變小，決不可能有一加一減的互相消長的變化而使其總壓沒有變化，雖然氣壓和輻射壓看作溫度的函數時，其曲線的陡度並不相同。

从此可以明白，要使所論恆星中心的氣壓和輻射壓二者都有變化而其總壓却沒有變化，只有假定恆星中心的密度 ρ_c 和平均分子量 μ_c 二者同時亦可發生變化，或至少二者之一同時亦有變化的情形下才為可能。在這時候，从(1)微分可得

$$P_c\,d\beta_c=k\left[\frac{\rho_c\,dT}{\mu_c}+\frac{T}{\mu_c}d\rho_c-\frac{\rho_c T}{\mu_c^2}d\mu_c\right],$$

同時从(2)微分，則得

$$P_c\,d\beta_c=-\frac{4}{3}aT^3dT。$$

结合最後兩式，可得

$$\left(\frac{4}{3}aT^3+\frac{k\rho_c}{\mu_c}\right)dT+\frac{kT}{\mu_c}d\rho_c=\frac{k\rho_c T}{\mu_c^2}d\mu_c。\tag{6}$$

但是从(2)可得　$\frac{4}{3}aT^3 = \frac{4}{T}\left(\frac{1}{3}aT^4\right) = \frac{4}{T}(1-\beta_c)P_c$。

代入(6)式，并以(1)除其两端，则得

$$\frac{4-3\beta_c}{\beta_c}\frac{dT}{T} + \frac{d\rho_c}{\rho_c} - \frac{d\mu_c}{\mu_c} = 0。 \qquad (7)$$

在另方面，以(2)除(1)，将得

$$\frac{\beta_c}{1-\beta_c} = \frac{3k\rho_c}{a\mu_c T^3}， \qquad (8a)$$

从此可以求得

$$\beta_c = \frac{3k\rho_c}{\mu_c a T^3 + 3k\rho_c}。 \qquad (8)$$

以这β_c代入(7)式，乃得

$$\left(\frac{4}{3}\frac{a\mu_c T^3}{k\rho_c} + 1\right)\frac{dT}{T} + \frac{d\rho_c}{\rho_c} - \frac{d\mu_c}{\mu_c} = 0，$$

或再以$\mu_c\rho_c T$乘此式各项，此式亦可写作

$$\left(\frac{4}{3k}a\mu_c^2 T^3 + \mu_c\rho_c\right)dT + \mu_c T d\rho_c - \rho_c T d\mu_c = 0。 \qquad (9)$$

这個微分方程可以解出，其解案为

$$\frac{T\rho_c}{\mu_c} + \frac{1}{3k}aT^4 = C_1， \qquad (10)$$

C_1为一积分常数。

又因这里假定P_c为是常数，故微分(3)式，令$dP_c=0$，稍加整理可以求得

$$\frac{3\beta_c-4}{(1-\beta_c)\beta_c}d\beta_c + 4\frac{d\rho_c}{\rho_c} - 4\frac{d\mu_c}{\mu_c} = 0。 \qquad (11)$$

此式积分，可得

$$\log\left[\left(\frac{1-\beta_c}{\beta_c^4}\right)\frac{\rho_c^4}{\mu_c^4}\right] = 常数，$$

或

$$\frac{1-\beta_c}{\beta_c^4} = \frac{C_2\mu_c^4}{\rho_c^4}， \qquad (12)$$

C_2亦为积分常数。

假定在普通情形下，恒星的中心的平均分子量μ_c的变化比较不甚显著，并可略去不计，则上得(7)式可得简化为

$$\frac{4-3\beta_c}{\beta_c}\frac{dT}{T} + \frac{d\rho_c}{\rho_c} = 0。 \qquad (7a)$$

在另方面，假定μ_c为一常数，则在恒星中心的总压不变的條件下，从(3)微分而求出的(11)一式亦将简化为

$$\frac{1}{4}\frac{3\beta_c-4}{(1-\beta_c)\beta_c}d\beta_c + \frac{d\rho_c}{\rho_c} = 0。 \qquad (11a)$$

(11a)的解案分明就是(12)一式使μ_c为常数而简化得的

$$\rho_c^4(1-\beta_c) = C_3\beta_c^4。 \qquad (13)$$

又从(7a)和(11a)两式，可得

$$\frac{dT}{T} + \frac{1}{4}\frac{d\beta_c}{1-\beta_c} = 0， \qquad (14)$$

其解當为
$$T/(1-\beta_c)^{\frac{1}{4}} = C_4。 \qquad (15)$$
C_3和C_4都为積分常數。

假定恒星中心的總壓P_c为固定不变，其密度ρ_c和平均分子量μ_c可随着氣壓p_g和輻射壓p_r同時发生变化，則从爱丁頓的(5)式微分可得恒星的平衡質量所发生的變化为
$$d\left(\frac{M}{\odot}\right) = \frac{-1}{(0.00309)^{\frac{1}{2}}}\frac{1}{\mu_c^2}\left(\frac{1-\beta_c}{\beta_c^4}\right)^{\frac{1}{2}}\left[\frac{1}{2}\frac{3\beta_c-4}{(1-\beta_c)\beta_c}d\beta_c - 2\frac{d\mu_c}{\mu_c}\right], \qquad (16)$$
或
$$-2\frac{dM}{M} = \frac{d\beta_c}{1-\beta_c} + \frac{4d\beta_c}{\beta_c} + 4\frac{d\mu_c}{\mu_c}。 \qquad (16a)$$
注意這裡的μ_c和β_c必須適合上得(10)和(12)兩種關係。若从(10)和(12)两式，可以联合解出，求得
$$(1-\beta_c)^{\frac{7}{4}} = \frac{C\beta_c T}{C_1 - \frac{1}{3R}aT^4}。 \qquad \frac{\beta_c^4}{1-\beta_c} = \frac{1}{C_2}\left[\frac{C_1}{T} - \frac{1}{3R}aT^3\right]. \qquad (17)$$
故亦可以說作，在所論恒星的中心總壓為固定不变的條件下，恒星質量随其氣壓和輻射壓发生变化的(16)或(16a)式裡面所有的β_c和μ_c两量必須適合(17)一種關係。如果假定所論恒星中心的平均分子量μ_c在一般情形下不會发生任何重要变化，則可將μ_c看作是一個常數，其質量随中心壓力变化的關係(16)，亦因为可以略去右端末項，简化为
$$d\left(\frac{M}{\odot}\right) = -\frac{1}{(0.00309)^{\frac{1}{2}}}\frac{1}{\mu_c^2}\frac{3\beta_c-4}{\beta_c^3(1-\beta_c)^{\frac{1}{2}}}d\beta_c \qquad (18)$$
或
$$-2\frac{dM}{M} = \frac{d\beta_c}{1-\beta_c} + \frac{4d\beta_c}{\beta_c}。 \qquad (18a)$$
此式就和爱丁頓原来的形式[5]沒有差別，但爱丁頓所論情形為一般的变化，沒有恒星中心總壓不变這一條件，這裡則必須適合這樣一個條件，這個條件的代表就是從所論恒星的中心總壓不变的情形下分別从(1)和(2)求得的(13)和(15)或(17)，其中(13)表明所論恒星在這個條件下所有平均中心分子量μ_c亦不变化時的ρ_c和β_c的關係，(15)或(17)表明β_c和T的關係。从(13)和(15)這兩個關係自然還可求出所論恒星的中心總壓和平均分子量都不变化時，其密度應為溫度的這樣一種函數：
$$\rho_c = \frac{C_3}{C_4^7}T^7 - C_3C_4^3T^3. \qquad \rho_c = \frac{C_3}{C_4^4}\left[1-\left(\frac{C_4}{T}\right)^4\right]T^4. \qquad \rho_c^4 = C_3\left[\frac{C_4^4}{T}-1\right]^4 \qquad (17a)$$

在實際上，在恒星中心總壓和平均分子量都不发生变化的假定下，其質量随氣壓和輻射壓变化的情形也可以另外一种简便的形式来表明它。假定所論恒星的中心總壓固定不变，其中心氣壓从$\beta_c P_c$变为$\beta_c' P_c$，輻射壓則从$(1-\beta_c)P_c$变为$(1-\beta_c')P_c$。再假定該星的中心平均分子量μ_c亦不变化，則从(1)和(2)两式，可以求出，发生這樣一种变化以後，氣壓对輻射壓的比例將从原来的(8a)变为
$$\frac{\beta_c'}{1-\beta_c'} = \frac{3R\rho_c'}{a\mu_c T'^3}, \qquad (19)$$
故得
$$\left(\frac{1-\beta_c'}{1-\beta_c}\right)\frac{\beta_c}{\beta_c'} = \frac{T'^3}{T^3}\cdot\frac{\rho_c}{\rho_c'}。$$
在另方面，从(5)又可求出這時候恒星質量的前後關係為
$$\frac{M'}{M} = \frac{\beta_c^2}{\beta_c'^2}\left(\frac{1-\beta_c'}{1-\beta_c}\right)^{\frac{1}{2}}, \qquad (20)$$

式内 M' 为变化後的恒星质量，记住在恒星的中心總壓 P_c 和平均分子量 μ_c 都不变化的条件下，由于辐射压和气压间互相消长的变化而引起的恒星质量变化(20)裡的 β_c 和 β_c' 应该适合上节(19)一式所表明的一种关係。~~适合上节(13)和(15)两式所表明的一种，因为(13)可以写作，~~

$$(1-\beta_c) = C_4\beta^4/P_c,$$

~~(15)则可写作~~

$$\frac{1-\beta_c}{\beta_c}=\frac{C_3}{\rho_c}\left(\frac{1}{1-\beta_c}\right)^{\frac34},$$

~~故以上式代入，即得~~

$$\frac{1-\beta_c}{\beta_c}=C\frac{T^3}{\rho_c},$$

~~亦即(84)。故知(84)实可適用于恒星總壓不变而其气压和辐射压同时都可发生变化的情形~~。假定

$$\beta_c' = n\beta_c,$$

n 为一分数，上节恒星质量的变化关係(20)并可写作

$$\frac{M'}{M}=\frac{1}{n^2}\left[\frac{1-n\beta_c}{1-\beta_c}\right]^{\frac12}. \qquad (21)$$

密从简单的论证可以求出[6]，恒星中心的總壓 P_c 所有两端极限为

$$\frac12 G\left(\frac43\pi\right)^{\frac13}M^{\frac23}\bar\rho^{\frac43}\le P_c\le\frac12 G\left(\frac43\pi\right)^{\frac13}M^{\frac23}\rho_c^{\frac43},$$

式内 $\bar\rho$ 为所论恒星全球的平均密度。此式或可表明，假定所论恒星的中心压力为一常数，则该星的质量和其中心密度 ρ_c 原还可能有一种互相消长的变化关係。而依据(13)，则在所论恒星中心的總壓不变的条件下，该星中心的气压和辐射压所由规定的 β_c 和 $1-\beta_c$ 確要随着 ρ_c 发生变化。这是恒星中心總壓不变，而其气压和辐射间的互相消长的变化关係可以影响到该星平衡质量的简单道理。

~~这裡还有一点，似乎值得提出讨论。上节(10)式~~，可以应用(1)和(2)式，写作

$$\frac{T\rho_c}{\mu_c}+\frac{T\rho_c}{\mu_c}\left(\frac{a\mu_cT^3}{3\mathfrak{R}\rho_c}\right)=C_1,$$

~~应用(84)，从此可得~~

$$\frac{1}{\beta_c}=\frac{C_1\mu_c}{T\rho_c}。$$

~~又上节(12)一式，亦可写作~~

$$\left(\frac{1-\beta_c}{\beta_c}\right)=\frac{C_2\mu_c^4}{\rho_c^4}\beta_c^3$$

~~应用(22)，~~

$$=\frac{C_1^3C_2\mu_c^7}{\rho_c^7T^3},$$

~~开7次方，即得~~

$$\frac{1-\beta_c}{\beta_c}=\frac{(C_1^3C_2)^{\frac17}\mu_c}{\rho_cT^{\frac37}} \qquad (23)$$

> (12)可以写作 $\frac{1-\beta_c}{\beta_c}=\frac{C_2\mu_c^4}{\rho_c^4}\beta_c^3$
>
> 应用(84)及(18)，从此可得 $\frac{3\mathfrak{R}\rho_c}{a\mu_cT^3}=\frac{C_2\mu_c^4}{\rho_c^4}\left(\frac{3\mathfrak{R}\rho_c}{\mu_caT^3+3\mathfrak{R}\rho_c}\right)^3$ ~~(22)~~
>
> $\frac{(\mu_caT^3+3\mathfrak{R}\rho_c)^3}{a\mu_c^3T^3}=9C_2\mathfrak{R}^2\frac{\mu_c^2}{\rho_c^2}$.
>
> $C_1=0$ 时，从(10)可得 $\frac{\mu_c}{\rho_c}=-\frac{3\mathfrak{R}}{aT^3}$.
>
> 代入上式，稍加整理，即得 $\left(\frac{\mu_caT^3+3\mathfrak{R}\rho_c}{\mu_c}\right)^3=C_4'/T^3$，$C_4'=\frac{81C_2\mathfrak{R}^4}{a}$.
>
> 解出可得 $\mu_c=\frac{3\mathfrak{R}\rho_c}{C_4'^{1/3}/T-aT^3}$. (22)

恒星的中心分子量 μ_c 若非常数，则~~从(84)，(10)和(12)~~不难解出 μ_c 和 ρ_c 分别作为温度 T 的函数。~~表面上看起来，这种结论似乎同(84)不能相合。此式自然亦可从(17)直接求出。但须记住，这裡既然假定恒星中心的密度 ρ_c 和平均分子量 μ_c 同时都可发生变化，自该都是该星中心温度 T 的函数。~~據依爱丁顿[7]的论证，分子量 μ_c 作为温度 T 的函数，约为

$$\mu_c=\mu_0T^{-\frac17} \text{ 或 } \mu_0T^{-\frac15}。 \qquad (22)$$

至于恒星中心的密度 ρ_c，作为温度 T 的函数形式，可由下述论证推求出来。依据上节(10)式，

假定 $T=0$ 时，$C_1=0$

从此可得

$$\beta_c = 1 - C_4 T^4, \quad \rho_c = \left(C_1 - \frac{1}{3R} a T^4\right)\frac{\mu_c}{T}$$

$$\frac{\beta_c}{1-\beta_c} = \left(\frac{1}{C_4 T^4} - 1\right)。 \quad \rho = -\frac{1}{3R} a T^3 \mu_c$$

由于 T^4 的数值很大，$1/C_4T^4$ 的数值当与 1 比为小，故取近似值，可将 $\beta_c/(1-\beta_c)$ 一個比值暂时看作不随温度变化的常数亦不致有甚大误差。这样就可以从(1)和(2)的

$$\rho_c = \frac{a \rho_c T}{\mu_c} = \frac{a T^4}{3(1-\beta_c)}$$

一种关係，推断

$$\rho_c \backsim \mu_c T^3$$

应用上举爱丁顿关于 μ_c 的结论，可得

$$\rho_c \backsim \mu_0 T^{-\frac{1}{7}} T^3 = \mu_0 T^{\frac{20}{7}}, \quad 或 \ \mu_0 T^{-\frac{1}{5}} T^3 = \mu_0 T^{\frac{14}{5}}。$$

这种关于 ρ_c 作为温度 T 的函数的一种推论（近似）在实际上，还可以另外推求。上文已经说过，(84)一种关係，只适于恒星中心总压不变而其气压和辐射压两者同时发生变化的情形。试将(23)与(84)比较，如果仍旧採用上举爱丁顿关于 μ_c 的结论，则只须假定 ρ_c 作为 T 的函数其形式为 $\rho_c = \rho_0 T^{s'}$，实可求得

$$\rho_c T^{3/7} \cdot T^{1/7} = \rho_0 T^{s'} \cdot T^{3/7} \cdot T^{1/7} \backsim T^3,$$

即得

$$s' = \frac{17}{7}, \quad \rho_c = \rho_0 T^{17/7}。$$

或

$$\rho_c T^{3/7} \cdot T^{1/5} = \rho_0 T^{s'} \cdot T^{3/7} \cdot T^{1/5} \backsim T^3, \quad \rho_c = \rho_0 T^{\frac{83}{35}}。$$

故只须假定恒星的中心密度 ρ_c 随其温度 T 的变化关係为这样一种形式，就可使上得的(23)又与(84)完全相同。反过来说，(23)一式实在规定了恒星的中心密度随温度变化的关係。案据上引爱丁顿（原式 94·21），得

$$\rho = \frac{a \mu_1 \beta}{3R(1-\beta)} T^{3-s},$$

但取用 $s = 1/5$（或 $\frac{1}{7}$），即得

$$\rho_c = \rho_0 T^{14/5} \ 或 \ \rho_0 T^{\frac{20}{7}}。$$

值得注意的是，

$$\frac{14}{5} = \frac{98}{35}, \quad \frac{17}{7} = \frac{85}{35}, \quad \frac{20}{7} = \frac{100}{7},$$

故得

$$\frac{83}{35} \leq \frac{17}{7} \leq \frac{14}{5} \leq \frac{20}{7}。$$

自然，爱丁顿结论一般的要执，这裡则假定为在恒星中心总压不变化的条件下，彼此情形既不相同，ρ_c 随温度变化的关係自不能绝求其为相同，而且爱丁顿亦承认恒星内部的分子量随温度变化的关係或系从 $s=0$ 到 $s=\frac{1}{3}$ 都为可能。

Ⅲ.

次论恒星中心的总压发生变化，气压和辐射压两者同时发生变化，但其气压对辐射压的比例则仍维持原有数值没有变化，这种特别情形所引起恒星平衡质量的变化。如上文所述，恒星中心的气压对辐射的比例为(81)所表明一种。今若假定这個比值为一常数 α，则相从此可以断定

$$\frac{\rho_c}{\mu_c T^3} = \frac{a\alpha}{3R} = 常数 = C_5。 \tag{24}$$

自然，必须记住，这並不等于承认 ρ_c，μ_c 和 T 三者同时都为固定不变，却只表明，ρ_c，μ_c 和 T 三者同时变化的结果恰常是以使 $\rho_c/\mu_c T^3$ 的数值为固定不变。假定当初所论恒星中心的总压及气压和辐射压这两种分压都发生变化的时候，该星的中心密度 ρ_c 並未发生变化，则从其气压对辐射压的比例维持原值並不变化

這個條件，可以推得，恒星中心的温度T和平均分子量μ_c雖然同時發生變化，但其温度的三次方同平均分子量的乘積却將保留不變，即將得

$$\mu_c T^3 = 常數 = C_6。 \tag{25}$$

在它方面，假定當初該星的中心平均分子量μ_c為一常數，並未變化，則其氣壓对輻射壓的比例維持固定不變值這個條件將要求其中心密度对温度的三次方的比值保留不變，即將得

$$\rho_c/T^3 = 常數 = C_7。 \tag{26}$$

如果所論恒星中心的氣壓对輻射壓的比例固定為已知道，則將(24)及各种特别情形的(25)和(26)分别同(8a)比較，即可規定其常數值。

假定所論恒星中心的氣壓对其輻射壓的比例為等于一常數α，則愛丁頓的(5)式可以寫作

$$\frac{M}{\odot} = \frac{\alpha}{(0.00309)^{\frac{1}{2}}}\frac{1}{\mu_c^2\beta_c^{3/2}},$$

微分可得

$$d\left(\frac{M}{\odot}\right) = -\frac{\alpha}{(0.00309)^{\frac{1}{2}}}\frac{1}{\mu_c^2\beta_c^{3/2}}\left[\frac{3}{2}\frac{d\beta_c}{\beta_c} + \frac{2d\mu_c}{\mu_c}\right]。 \tag{27}$$

若再假定所論恒星中心的平均分子量μ_c在其質量發生變化的時候並未隨而變化，或其變化為比較小到可以略去不計，則上得(27)一式尚可簡化為

$$d\left(\frac{M}{\odot}\right) = -\frac{\alpha}{(0.00309)^{\frac{1}{2}}}\frac{1}{\mu_c^2}\frac{3}{2}\frac{d\beta_c}{\beta_c^{5/2}}, \tag{27a}$$

或

$$\frac{dM}{M} = -\frac{3}{2}\frac{d\beta_c}{\beta_c}。 \tag{27b}$$

注意最後三式裡，左右两端的正負號常為不同，故在所論條件下發生的平衡質量變化方向，經常同氣壓和平均分子量的相反。積分(27b)，可得

$$M^2\beta_c^3 = 常數。 \tag{27c}$$

又从(27)一式可以明白，在所論恒星中心的氣壓对輻射壓的比例保留不變的條件下，該恒星的變化情形若為，其中心的平均分子量μ_c的變化与其氣壓變化的方向相反，即中心平均分子量加大时，其氣壓為減小，或前者變小时，後者為變大，則可能到達這樣一個境界，這二者的變化恰可互相抵消，结果乃使恒星的質量没有變化。一個恒星在氣壓对輻射壓的比例為常數情形下能够達到這個境界的條件分明為

$$\frac{2d\mu_c}{\mu_c} + \frac{3}{2}\frac{d\beta_c}{\beta_c} = 0,$$

積分可得

$$\mu_c^2\beta_c^{3/2} = 常數 = C_8, \tag{28}$$

或應用(8)式，這個條件亦可寫作

$$\frac{\mu_c^{4/3} - C_9}{\mu_c} = \frac{C_9 a T^3}{3R\rho_c},\quad C_9 = C_8^{2/3}。 \tag{28a}$$

在上述所論恒星中心的氣壓对輻射壓的比例不發生變化的條件下，該恒星的平衡質量隨其壓力變化而發生的變化，也還可以用到一种相似于(21)的一种形式表明出来。假定所論恒星的壓力中心變化為：

$$恒星中心的氣壓\quad:\ \beta_c P_c \longrightarrow n\beta_c P_c = \beta_c' P_c',$$

$$輻射壓\quad:\ (1-\beta_c)P_c \longrightarrow n(1-\beta_c)P_c = (1-\beta_c')P_c',$$

$$总壓\quad:\ P_c = \beta_c P_c + (1-\beta_c)P_c \longrightarrow n\beta_c P_c + n(1-\beta_c)P_c = \beta_c' P_c' + (1-\beta_c')P_c' = nP_c = P_c',$$

$$中心氣壓对輻射壓的比例\quad:\ \frac{p_g}{p_r} = \frac{\beta_c}{1-\beta_c} \longrightarrow \frac{\beta_c'}{1-\beta_c'} = \frac{n\beta_c}{n(1-\beta_c)} = \frac{\beta_c}{1-\beta_c}。$$

這樣，恒星中心的氣壓、輻射壓和總壓同時都有變化，而氣壓對輻射壓的比值則始終沒有變化。仍假定該星的壓力這樣變化的時候，它的平均分子量 μ_c 可以看作常數，未曾隨着發生變化，則變化之後的恒星平衡質量將為

$$\frac{M'}{\odot}=\frac{\alpha}{(0.00304)^{\frac{1}{2}}}\frac{1}{\mu_c^{2}\beta'^{3/2}},$$

並可求出，變化後的恒星平衡質量對變化前的比值為

$$\frac{M'}{M}=\frac{\beta_c^{3/2}}{\beta_c'^{3/2}}=\frac{1}{n^{3/2}}。 \quad (29$$

假定恒星中心的氣壓對輻射壓的比例數值為固定不變的條件下發生的變化，還有一種特別的情形，就是恒星中心的氣壓和輻射壓兩者都沒有變化，其比值自然也就沒有變化。但此兩種分壓既都沒有變化，它們的和值自然也就沒有變化，而它們的和就是恒星的中心總壓，故這種情形也可歸入上述恒星的總壓不發生變化的一個特別例子。在所論恒星的中心總壓及其氣壓和輻射壓這兩種分壓都沒有變化的特別嚴格的條件下，該星的中心物質系統並不是不會再發生變化，却仍可因為其平均分子量發生變化而使這恒星的平衡質量發生變化。因為這時候 $d\beta_c=0$，故上得(27)式將簡化為

$$d\left(\frac{M}{\odot}\right)=-\frac{\alpha}{(0.00304)^{\frac{1}{2}}}\frac{2}{\beta_c^{3/2}}\frac{d\mu_c}{\mu_c}。 \quad (27c$$

又據(1)式，該星的中心輻射壓和總壓都沒有變化，必須得 $dT=0$，即其中心溫度必不能再有變化，故這個恒星的中心物質系統在這種情形下只能進行一種等溫的變化。又因這個恒星的氣壓沒有變化，必得 $d\beta_c=$ 因為輻射壓力沒有變化，又得 $d(1-\beta_c)=0$。由於溫度 T 和 β_c 及 $(1-\beta_c)$ 都為常數，故據(16)又可明確斷定這個恒星的中心物質系統在這種情形下所能發生的變化，應該只是該星中心的平均分子量 μ_c 和密度 ρ_c 關連相符的一種變化，即 ρ_c 對于 μ_c 的比值為一常數，可以寫作

$$\frac{\rho_c}{\mu_c}=C_{10}。 \quad (30$$

這正是(24)式內在 T 為常數時所應有的一種結論。

要福勒 Fowler 和哥根漢 Guggenheim[8] 及愛丁頓[9] 都曾詳論恒星質量和密度及平均分子量的關係，但都是就一般情形的變化說，與這裡假定所論恒星的中心氣壓對輻射壓的比例為一常數的特別情形不能混為一談，特別是上得(30)一種結論，又是恒星中心溫度沒有變化時候，其中心氣壓和輻射壓亦都不再變化，乃為特別而又特別的情形。可是這裡也可舉一例來專使這個特別條件加以討論。愛丁頓[10]曾經指出，白矮星的密度特大而發生徵的一般理論很不容易說明。福勒[11]提倡意見，以為這種恒星內部的物質，不能再把它看作理想氣體，却須看作一種退化的氣體，須用費密·狄喇克 Fermi-Dirac 的統計理論，因為它特別適合于退化的電子氣體。依據這種理論，一種退化電子氣所有每一立方厘米裡的電子數為

(但先請看F.或更早)

$$n=\frac{8\pi}{3h^3}p_0^3, \quad (31$$

式內 p_0 為其極大的電子動量，通稱為費密動量閾。這種退化氣體通常可以區分為兩種不同的情形來分別加以討論[12]。其中一種情形為極端非相對論的退化，其條件為

$$p_0 \ll mc,$$

這裡 m 為電子質量，c 為光速。在這種情形下的電子氣壓為

$$p_g = K_1\rho^{5/3},\quad K_1 = \frac{1}{20}\left(\frac{3}{\pi}\right)^{\frac{2}{3}}\frac{h^2}{m(\mu m_p)^{5/3}},\quad \left(x = \frac{p_0}{mc}\to 0\right), \qquad (32a)$$

式内ρ为密度，μ为分子量，m_p为质子的质量。还有一种退化气体的情形，乃为极端相对论的退化，其条件为

$$p_0 \gg mc,$$

这时候的退化电子气压为

$$p_g = K_2\rho^{4/3},\quad K_2 = \left(\frac{3}{\pi}\right)^{\frac{1}{3}}\frac{hc}{8(\mu m_p)^{4/3}},\quad (x\to\infty)。 \qquad (32b)$$

上列(32a)和(32b)两式就是不同条件下所论退化电子气的物态方程式，它们共同主要特点为，都同温度没有关系，因为这两式里都没有T，只含有压力p_g，分子量μ和密度ρ。因此，除此物态方程式外，在一恒星里面的退化气体还有一流体静力的平衡方程式来联系p_g和ρ，由于$p_g \gg p_r$，这个平衡方程式可以写作

$$\frac{1}{r^2}\frac{d}{dr}\left(\frac{r^2}{\rho}\frac{dp_g}{dr}\right) = -4\pi\rho G。 \qquad (33)$$

故将白矮星的核心看作一种完全退化的电子气体，它的构造自然将完全取决于上述物态方程(32a)或(32b)及流体静力平衡方程式(33)。(32)和(33)里都不包含T这参数这一事实可以表明这种完全退化的恒星核心构造乃与温度完全不相干，其半径和质量都完全取决于密度(恒星中心的)和平均分子量，可以写作[18]

$$r = f_1(\rho_c,\mu),\quad M = f_2(\rho_c,\mu)。$$

又对上述第一种退化情形说，其电子气压超过理想气压 $p_e = n_e kT$ 的条件，可以写作

$$A_1 \equiv \frac{nh^3}{(2\pi mkT)^{3/2}} \gg 1,$$

对于上述第二种退化情形，则此条件可以写作

$$A_2 \equiv \frac{3}{8\pi}\frac{n(hc)^3}{(kT)^3} \gg 1,$$

并用斯忒藩常数值

$$a = \frac{8\pi^5}{15}\frac{k^4}{(ch)^3},$$

可得第一种退化情形所有电子气压对辐射压的比值为

$$\frac{\beta}{1-\beta} = \frac{p_g}{p_r} = \frac{3^{\frac{8}{3}}A_1^{5/3}}{\pi^{\frac{19}{6}}2^{5/6}}\left(\frac{mc^2}{kT}\right)^{3/2}, \qquad (34a)$$

第二种退化情形则为

$$\frac{\beta}{1-\beta} = \frac{p_g}{p_r} = A_2^{4/3}。 \qquad (34b)$$

故将白矮星的核心看作完全退化的电子气系统，则因其气压对辐射压的比例不得适用(24)，而必须改为上列的(34a)或(34b)，使此比例数值为一常数的条件，因亦不得为(24)。观于(34a)和(34b)两式，可以断定，要使白矮星中心的气压对辐射压的比值为一常数，不会变化，必须其温度为一常数，不能变化，因为(34a)和(34b)两式表明，一个完全退化的电子气系统所有气压对辐射压的比例值为温度T的函数。值得注意的是，不但如上文所说，一个完全退化的星核构造完全与温度T无关，而且依据钱德拉斯卡 S. Chandrasekhar[19]，这种退化的现象一经发生，白矮星中心的物质就变成很高度导热，同时对于辐射为很透明，结果乃使星的主要质量的

温度差不多保留固定，没有变化。这样，白矮星的核心就是上文所论气压对辐射压的比值保留固定没有变化的典型例子。白矮星的核心既在温度不变的情形下适合这个条例，依据上文所述的论证，它的密度ρ_c和平均分子量μ_c必须适合(30)一种关系，那就是说，它在这种条件下发生的等温变化，必须为其密度ρ_c和平均分子量μ_c的变化，而且ρ_c对μ_c的比值为一常数。最堪注意的是，依据推算[10]上述完全退化的电子气的密度为

$$\rho = n\mu m_p = \frac{8\pi m^3c^3}{3h^3}\mu m_p x^3, \tag{35}$$

式内$x = p_0/mc$，如(32a)所表明那样。因为这里的电子质量m，质子质量m_p都为常数，p_0既为温度固定的情形下所有极大动量，自亦为一常数。故(35)可以确实表明，白矮星核心的密度ρ_c对其平均分子量μ_c的比值为一常数，如果白矮星的中心物质确是一种完全退化的电子气。试将这里的(35)同(30)比较，还可求出(30)里所含的常数值为

$$C_{10} = \frac{8\pi m^2c^2}{3h^3}m_p p_0 。$$

IV.

次论恒星中心的辐射压不变，但其气压发生变化，其中心总压自然亦有变化，因而恒星质量亦跟着发生变化的情形。因为这里假定恒星中心的辐射压为一常数，故从(2)可知

$$P_c(1-\beta_c) = 常数 = \delta,\quad P_c = \frac{\delta}{1-\beta_c}, \tag{36}$$

同时微分(2)式，可得

$$d[(1-\beta_c)P_c] = (1-\beta_c)dP_c - P_c d\beta_c = \frac{4}{3}aT^3dT = 0,$$

故可断定，

$$P_c d\beta_c = (1-\beta_c)dP_c, \quad dT = 0, \tag{37}$$

那就是说，所论恒星的中心物质系统在这个条件下发生的变化都是等温的变化。又以(36)的P_c代入(1)式，可得该星的中心气压对辐射压的比值常为

$$\frac{\beta_c}{1-\beta_c} = \left(\frac{kT}{\delta}\right)\frac{\rho_c}{\mu_c} = C_{11}\frac{\rho_c}{\mu_c}, \tag{38}$$

这里

$$C_{11} = \left(\frac{kT}{\delta}\right)$$

为一常数。

上述结论亦可应用(36)于(3)而求出来。以$P_c^{\frac{1}{3}}$乘(3)两端，可得

$$P_c^{\frac{4}{3}} = \left[\left(\frac{k}{\mu_c}\right)^4\frac{3}{a}\frac{(1-\beta_c)P_c}{\beta_c^4}\right]^{\frac{1}{3}}\rho_c^{\frac{4}{3}} 。$$

以(36)的P_c代入，两端同开4/3次方，可得

$$P_c = \left(\frac{k}{\mu_c}\right)\left(\frac{3\delta}{a}\right)^{\frac{1}{4}}\frac{\rho_c}{\beta_c},$$

再以(36)的P_c代入，可得(38)。

因为温度没有变化，故据(38)，所论恒星在上述条件下可能发生的变化，只能是它的中心密度ρ_c和平均分子量μ_c间的变化，相似于上述恒星在中心气压对辐射压的比值为常数的条件下所发生的等温变化，所不同的是这里的ρ_c/μ_c比值不是常数，而是变数，故所论恒星的中心气压对辐射压的比值亦为可以变化，并不固定，如(38)这种关系所表明的这个比值随ρ_c/μ_c比值变化的情形。又从(36)可得

$$\beta_c=\frac{P_c-\delta}{P_c},$$

代入这种关系，可将爱丁顿的质量随压力变化的关系(6)式用恒星的中心总压 P_c 表明出来，写作

$$\frac{M}{\odot}=\left(\frac{\delta}{0.00309}\right)^{\frac{1}{2}}\frac{1}{\mu_c^2}\frac{P_c^{\frac{3}{2}}}{(P_c-\delta)^2}。\qquad(39)$$

微分此式，可得恒星质量的变化为

$$d\left(\frac{M}{\odot}\right)=-\left(\frac{\delta}{0.00309}\right)^{\frac{1}{2}}\frac{P_c^{\frac{3}{2}}}{\mu_c^2(P_c-\delta)^2}\left[\frac{1}{2}\frac{P_c+3\delta}{P_c(P_c-\delta)}dP_c+\frac{2d\mu_c}{\mu_c}\right],\qquad(40a)$$

或

$$-2\frac{dM}{M}=\frac{dP_c}{P_c-\delta}+\frac{3\delta\, dP_c}{P_c(P_c-\delta)}+4\frac{d\mu_c}{\mu_c}。\qquad(40b)$$

自然，仍用 β_c 表明出来，应该还是(16a)的形式，不过其 β_c 和 μ_c 必须适合(38)一种关系。

这假定所论恒星的中心辐射压没有变化的条件下所发生的质量变化，亦还可用别种方式来表明其质量随压力变化的关系。假定所论恒星在一状态，如(1)和(2)所示，其中心的气压为 $p_g=\beta_cP_c$，辐射压为 $(1-\beta_c)P_c$，总压为 P_c。现在辐射压固定为 $(1-\beta_c)P_c$ 这个数值，不再发生变化，而其中心气压，却从原来的 β_cP_c 变为

$$n\beta_cP_c=\beta_c'P_c',$$

n仍为一倍数，其中心总压分明亦将从原来的 P_c 变为

$$P_c'=(1-\beta_c)P_c+n\beta_cP_c=[1+(n-1)\beta_c]P_c。$$

从上述原来的中心气压和变化以後气(中心)压可以求得变化以後的中心总压为

$$P_c'=\frac{n\beta_cP_c}{\beta_c'},$$

而在辐射压方面的关系则为

$$(1-\beta_c')P_c'=(1-\beta_c)P_c。$$

以上得 P_c' 值代入，可得

$$(1-\beta_c')\frac{n\beta_cP_c}{\beta_c'}=(1-\beta_c)P_c,$$

从此可得

$$\beta_c'=\frac{n\beta_c}{[1+(n-1)\beta_c]}。\qquad(41a)$$

并得变化以後所论恒星的质量公式(5)内所含压力因子为

$$\frac{1-\beta_c'}{\beta_c'^4}=\frac{(1-\beta_c)[1+(n-1)\beta_c]^3}{n^4\beta_c^4}。\qquad(41b)$$

故若以 M' 代表这种变化发生以後的恒星质量，μ_c' 为变化以後该星(中心)平均分子量，可用(5)式求出

$$\frac{M'}{M}=\left(\frac{\mu_c}{\mu_c'}\right)^2\left(\frac{1-\beta_c'}{\beta_c'^4}\right)^{\frac{1}{2}}\Big/\left(\frac{1-\beta_c}{\beta_c^4}\right)^{\frac{1}{2}},\qquad(41c)$$

应用(41b)，

$$=\left(\frac{\mu_c}{\mu_c'}\right)^2\frac{[1+(n-1)\beta_c]^{3/2}}{n^2}。\qquad(41d)$$

上述恒星质量和其中心压力的关系，不仅可以了解作，恒星的中心压力如有变化，其平衡质量亦将跟着发生变化，而且实在还有一种不同的物理意义，就是，我们如果根据规定了恒星中心压力的极限值则按这些关系，就能推估恒星的平衡质量，这样推估所得恒星质量的精密程度，就取决于所规定的中心压力数值的精密程度。如果错估了恒星的中心压力，势必错估了质量。遵着这些关系，从所压力推算所需要的校正，对于恒

星質量的推算亦可求出相當的校正。例如恒星內部的物質一般都看作是理想氣体，如上文所述。但福勒指出恒星內部，特别是核心的物質，應該看作簡併的退化電子氣，安特生 J. Anderson[16] 就曾推算，將恒星物質看作退化的電子氣其壓力要和平常把它看作理想氣体的不同，对于普通恒星說，其差别約為百分之幾；但对于天狼B和 Kruger 60 這些特别恒星說，可以差到 2 一个因子。這完全是氣壓方面的校正，與輻射壓無關，故可看作是輻射壓保持原值，單將氣（中心）壓加以修正，因而引起恒星平衡質量亦該有相當的修正，其數值可由上法推出。

福勒和哥根漢[17] 曾經指出，恒星中心的電離作用，可以產生一种靜電壓力，故在氣壓 p_g 上面通常須加一由于靜電壓力的校正值 Δp_g，其結果為使氣壓变成較小一点。依據他們的意見，這种校正就等于恒星的平均分子量 μ 發生相當的变化，故須另外用一有效的平均分子量 μ' 来代替它，寫作

$$p_g + \Delta p_g = \frac{k \rho T}{\mu'},$$

並可求出

$$\frac{\mu'}{\mu} = \frac{p_g}{p_g + \Delta p_g}。$$

愛丁頓又曾指出[18]，地面上的大氣不同于理想氣体，故在推算氣壓時要加修正，恒星內部物質亦不同于理想氣体，故亦須加相當的修正，其結果將使氣壓变成較大一点，但其數值實在微小，無關重要。他又指出[19] 上述福勒和哥根漢所謂由于靜電壓力的校正，初亦不像他們所推估的那樣嚴重，實際上約僅為（他們所）得數值的三分之一。不過依據推算的結果，就算這樣打了一個折扣，一個鐵星的平均分子量就可由于這种靜電壓力的作用从 2.11 变為 3.22，其氣壓的校正 Δp_g 可由从百分之 3.3 到 8.9。這是愛丁頓的算法。若据上述福勒和哥根漢的算法，一般都須加大三倍，可以大到百分之 28 3。在這种情形內，上得(41)裡的 $n = 0.79$，$\mu'/\mu = \frac{3.22}{2.11}$

其次，恒星中心的物質如果可以發生对流，則由于粘滯作用，其氣壓分明又須加以校正。依據愛丁頓的理論[20]，造父變星的光度变化，主要原因為有脈動。脈動自是一种对流，但他曾从理論方面加以推算，乃知一種对稱的脈動作用實際上沒有什麼覺得出的粘滯力。又據 H. Vogt[21] 和愛丁頓[22]，像太陽裡観測到的分化轉動，可使子午平面內發生環流。勃若納 Bjerknes[23] 以為，這种環流有使恒星物質分層化的趨勢。傑拉西莫維 Gerasimovič[24] 則謂，子午平面內的对流為不永久，而環繞轉動軸的環流分佈乃在粘滯耗散力下能有長期穩定性。D. E. 奥斯脫勃羅格 Osterbrock[25] 亦承認，在矮星內部，从其表面下去，有許多对流層存在。錢德斯哈[26] 以為，愛丁頓、羅斯蘭 Rosseland 和蘭特斯 Randers 諸人所謂恒星子午平面內的環流由于轉動而發生的，實在不會影響到恒星核心，因為恒星核心乃像剛体一樣轉動。但他分明仍承認恒星核心為是一种对流核，因為对流核的存在乃是點源恒星模型和碳循環模型的主要特性，誰能說這种对流核的物質不能同核外環流的物質好好地混合起来。帕西哥 Persico[27] 曾研究自由電子和原子核混合組成的恒星物質的粘滯作用，以為溫度等於 34 萬度，密度為 36 時（約相當于太陽中心的情形），物質的粘滯係數約為 4.2。靳斯 J. H. Jeans[28] 証明，在一樣的條件下，輻射粘滯係數的數值約等于上述物質係數的 3.24 倍，即約為 13，故對普通情形說，恒星中心的物質粘滯係數常與輻射粘滯係數相比為小，但他又曾指出[29]，質量甚小的恒星，如 Kruger 60，其粘滯也許比輻射粘滯為大。但在恒星中心這樣極端的物理條件下，粘滯係數究竟是何數級，實在不易確定，而且要同時知道恒星中心的对流速度的梯度才能求出粘滯壓力，而這是現在尚不可能的事情。因此，計入粘滯作用对于恒星中心（壓氣）的校正未求它对于恒星（質量平衡）的影響，still有待于新的發展。

又自魏札克 C. F. von Weizäcker[30] 和柏德 H. A. Bethe[31] 提出碳循環的核反應及柏德和克立奇

12

斐特 C.H. Critchfield[32] 提出質子—質子的核反應作為恒星的能源以来，对于那在恒星核心進行的物理和化学变化已經比較明瞭。例如斯脫隆根 B. Strömgren[33] 以为，質子—質子的鏈式反應已够供應恒星的大部分能量。愛泊斯坦 I. Epstein[34] 及愛泊斯坦和莫子 L. Motz[35] 則在太陽內部計入这种反應。通常以为，温度高于太陽的恒星內部主要進行着碳循環的核反應，而在温度低于太陽的恒星內部則進行着質子—質子的核反應[36]。至于愛泊斯坦[37]和奥克 J.B. Oke[38] 認為，在一定的温度和密度下，質子—質子的反應和碳循環當作恒星能源是一樣可能的，並且估計一对流核所包含的質量大約小于全星的8%，其半徑小于10%。这些核反應在恒星核心進行够長久後，該會達到一种穩定的狀態，以後温度暫不發生變化，輻射密度和輻射壓力將維持一固定值。其平均分子量則將继續發生變化，同時这核心的体積亦可能膨脹，因而發生密度的(物質)變化，其氣壓亦將有所改變，符合于上述輻射壓固定不变而氣壓發生變化的情形。这時候恒星的平衡質量所發生的變化，可用上得(40)或(41)来加以推估。

V.

最後還剩下一种特别情形，有待讨論，就是恒星中心的氣壓不变，其輻射壓則有變化，故其總壓亦将發生變化，其平衡質量亦隨而發生變化。在这种特别情形下，从(1)可得

$$\beta_c P_c = \frac{\mathcal{R}\rho_c T}{\mu_c} = 常数 = \gamma。 \quad (42$$

代入(2)式，乃得所論恒星的氣壓对輻射壓的比例为

$$\frac{\beta_c}{1-\beta_c} = \frac{3\gamma}{aT^4}, \quad (43a$$

从此並得

$$\beta_c = \frac{3\gamma}{aT^4+3\gamma}。 \quad (43b$$

應用(42)，相式内 β_c 換为 P_c，(43b)亦可寫作

$$P_c = \frac{1}{3}aT^4+\gamma。 \quad (44$$

又从(42)式可得

$$T = \frac{\gamma\mu_c}{\mathcal{R}\rho_c},$$

代入(43a)，可得这時候所有 β_c 和 μ_c 間的關係为

$$\beta_c = \frac{\gamma}{\frac{1}{3}a\left(\frac{\gamma\mu_c}{\mathcal{R}\rho_c}\right)^4+\gamma}。 \quad (45.$$

因为輻射壓力要發生變化，故从(2)式可以知道，在这种情形下，恒星中心的温度必須發生變化。又从(42)可以斷定，恒星中心的温度 T 和 ρ_c/μ_c 比值的乘積常为固定，不会變化，故又可以知道，該星中心的密度 ρ_c 和平均分子量 μ_c 必将發生變化，至少二者之一必須發生變化，不可能二者同時都为常数，特别是 ρ_c/μ_c 这一比值決不能为常数。假定恒星中心的密度 ρ_c 可能没有變化，則从(45)微分，可得

$$\frac{d\beta_c}{\beta_c} = -\frac{\frac{4}{3}a\left(\frac{\gamma}{\mathcal{R}\rho_c}\right)^4\mu_c^3\,d\mu_c}{\frac{1}{3}a\left(\frac{\gamma}{\mathcal{R}\rho_c}\right)^4\mu_c^4+\gamma}。 \quad (46$$

所論恒星質量隨(中心)壓力變化的關係仍为(16)。不过此式範圍内的 β_c 和 μ_c 必須適合上得的(45)或(46

若从(42)微分可得

$$P_c d\beta_c = -\beta_c dP_c。 \qquad (47)$$

故在所论条件下恒星质量所发生的变化，亦可应用(42)和(47)，用该星的中心总压 P_c 表明出来，写作

$$2\frac{dM}{M} = \frac{\gamma\, dP_c}{P_c(P_c-\gamma)} + \frac{4dP_c}{P_c} - 4\frac{d\mu_c}{\mu_c} = \frac{dP_c}{P_c-\gamma} - 4\frac{d\mu_c}{\mu_c}。 \qquad (48)$$

此式可以积分，结果为

$$M^2 = C_{12}(P_c-\gamma)P_c^3\mu_c^4, \qquad (49)$$

应用(42)，此式亦可写作

$$M^2 = C_{12}\gamma(1-\beta_c)P_c^4\mu_c^4。 \qquad (50)$$

假定恒心中心的气压为(1)所表明的 p_g，为一常数，没有变化，其辐射压则从原来的(2)式，变为

$$p_r' = n(1-\beta_c)P_c = np_r。$$

则其中心总压分明将从原来的 P_c 变为

$$P_c' = p_g + p_r' = \beta_c P_c + n(1-\beta_c)P_c = [n+(1-n)\beta_c]P_c。$$

由于气压不变，故得

$$p_g = \beta_c P_c = \beta_c' P_c' = \beta_c'[n+(1-n)\beta_c]P_c。$$

从此可以求出

$$\beta_c' = \frac{\beta_c}{[n+(1-n)\beta_c]}。$$

但据爱丁顿的(5)式，应得所论恒星在上述情形下变化以后的平衡质量对变化以前的比值为(41c)，以上得 β_c' 值代入，即得出比值为

$$\frac{M'}{M} = n^{\frac{1}{2}}[n+(1-n)\beta_c]^{\frac{3}{2}}\left(\frac{\mu_c}{\mu_c'}\right)^2。 \qquad (51)$$

除了所论恒星的中心气压既已假定为是常数，没有变化，故可搁开不谈外，上文所得(49)或(51)，一方面可以看作恒星中心辐射压发生变化将使其质量平衡发生变化的一种关係，另方面亦可同时看作恒星中心辐射压或总压的推算如果有误差或总压有误差，对于恒星平衡质量的推估亦将会有多少误差的相当关係。对于这第二种意义说，斯斯[39]早曾指出，恒星内部如有产生能量的机构，则其辐射压力将不仅为(2)式所表明的一项，却还须加上修正，写作

$$p_r = \frac{1}{3}aT^4 + \frac{1}{c}\left(\frac{1}{5}+\frac{1}{7}\frac{\partial^2}{\partial v^2}+\frac{1}{9}\frac{\partial^4}{\partial v^4}+\cdots\right)\left(-3+\frac{9}{5}\frac{\partial^2}{\partial v^2}+\cdots\right)\left(\frac{\epsilon}{\kappa}\right),$$

式内 ϵ 为能量产生率，

$$\frac{\partial}{\partial v} = -\frac{1}{\kappa\rho}\frac{\partial}{\partial r},$$

κ 为吸收係数。密尔纳 Milne[40]，弗劳恩第奇 Freundlich，好夫 Hopf 和佛格纳 Wegner[41]，阿姆巴楚米扬 B. A. Амбарцумян 和哥瑟来夫 Kosirev[42] 诸人对于这個問題及其压力校正的大小，都曾有所討論。依据上述(16)和(49)或(51)，辐射压力既须修正，对于恒星平衡质量的估计亦应有相当的校正。

至于上述恒星平衡质量和压力关係的第二种意義，亦有几种实例可说[43]。上文曾说，恒星的主要能源大概是在其核心里进行的核反应，对于一般恒星讲，主要是碳循環。但据推算，这种核反应至多能将其质量的1%转变为能量，故由于这种核反应而损失去的恒星质量变化，为数至微，殊不足道。不过这种核反应的结果将使氢含量減小，氦含量则以相同的数量加大，较重的元素含量则無变化，故分子量和中心温度都

随而上升，这样又促成氢含量更快地减小，分子量和中心温度更快地上升（恒星的质量转变为能量，这理论乃是瓦尔特迈尔 von M. Waldmeier 原来的见解如此）。由于(2)式，这温度上升的结果将使恒星中心的辐射压力加大，不仅远比其气压为快，而且由于恒星中心的密度ρ_c和μ_c（平均分子量）对于温度的关系，可能恰能适合(42)一式条件而互相抵消，可使恒星中心的气压保留原值没有变化。这样一来，恒星中心的核反应所引起的分子量和辐射压的变化，将依据上述(48)或(51)而促成恒星平衡质量的变化。若前论白矮星时，知其中心气压同温度并没有关系，故只要这种恒星中心的密度ρ_c和平均分子量没有变化，不管温度有无变化，它都为一常数。但若温度变化，其辐射压即仍为温度的函数，故要发生变化。这样一来，在白矮星的中心密度ρ_c和平均分子量μ_c没有变化的条件底下，其温度如有变化，就可看作是恒星中心气压不变而辐射压要变的情形，其平衡质量将依照上述(49)或(51)的关系发生变化。

又上述恒星中心的碳循环和质子—质子的核反应，都是恒星中心温度的函数。依据瓦尔特迈尔[ ]对于太阳的推算，假定太阳密度为每立方厘米100克，氢含量为35%，氦含量为10%，则在太阳中心温度为20×10^6度时，其核反应所产生的总能量殆全由于碳循环，质子—质子的核反应只能负责一极小的分数。但到恒星中心温度低到15×10^6度，像K和M类的矮星那样，碳循环和质子—质子的核反应就几乎可以产生相同的能量，平分秋色；如果温度再低，则恒星的大部分能量将改为都由质子—质子的核反应所产生。这样就可希望，在漫长的恒星演化的岁月中，中心温度的变化总会达到一个阶段，使其负责能量供给的核反应转换了它们的优劣形势，因而引起中心的辐射密度和辐射压力的很大变化。依据上述论证，这同恒星中心气压无关的辐射压力变化，势将促成恒星平衡质量的变化。爱丁顿[45]曾经指出一个恒星的氢含量如果有一大的比例值，则将相应减低该星的辐射压，即减小$1-\beta_c$的数值，同时自然还要减低其分子量，故由(46)或(51)的关系，应该影响到恒星的平衡质量。如果上述核反应确是一般恒星的辐射能源，则其氢含量分明必须逐渐减少。

VI.

以上分别讨论了恒星的平衡质量随其中心压力变化的四种特别情形。至于恒星质量和其中心压力的一般变化关系，因已有许多人加以详论，这里不再多说。在结束本文之前，要再略论一事，即依据爱丁顿[46]，假定恒星的中心温度为一常数，像主星序的恒星那样，并且假定该星的质量损失完全由于放出辐射，则其质量减少率将为

$$\frac{dM}{dt}=-\frac{M(1-\beta)^2}{c\beta}。\qquad (5$$

此式表明，恒星的温度如果固定不变，为一常数，则其压力对于恒星质量的减小率又大有关系。在上述几种恒星压力可以发生变化的特别情形中，有恒星总压发生变化，其气压对辐射压的比值没有变化和恒星中心辐射压没有变化，单由气压发生变化这两种情形，都在恒星中心温度没有变化的条件下进行，故可应用(52)式来求出变化前后该星质量减小率的比值，如果它的质量单由于放出辐射能量。

先论恒星中心气压对辐射压的比值没有变化的一种情形。从(52)可得，该星变化以后对以前的质量减小率的比值为

$$\frac{\left(\frac{dM}{dt}\right)'}{\frac{dM}{dt}}=\frac{M'}{M}\frac{(1-\beta_c')^2}{(1-\beta_c)^2}\frac{\beta_c}{\beta_c'}=\frac{M'}{M}\left(\frac{1-\beta_c'}{\beta_c'}\right)\Big/\left(\frac{1-\beta_c}{\beta_c}\right)\times\frac{1-\beta_c'}{1-\beta_c}。\qquad (53)$$

应用氦压对辐射压的比值不变这個條件，应得

$$\left(\frac{1-\beta_c'}{\beta_c'}\right) = \left(\frac{1-\beta_c}{\beta_c}\right)。$$

故得

$$\left(\frac{dM}{dt}\right)' \Big/ \left(\frac{dM}{dt}\right) = \frac{M'}{M}\,\frac{1-\beta_c'}{1-\beta_c}。$$

仍假定氦压的变化为使 β_c 变为 $n\beta_c=\beta_c'$，则可应用上得(24)，求出

$$\left(\frac{dM}{dt}\right)' \Big/ \left(\frac{dM}{dt}\right) = \frac{1}{n^{3/2}}\,\frac{1-n\beta_c}{1-\beta_c}。 \qquad (53)$$

次論恒星中心辐射压力不变的情形。这时候可应用上得(41a)和(41)两式于(53)，求出所論恒星在变化以後和变化以前的質量减小率的比值为

$$\left(\frac{dM}{dt}\right)' \Big/ \left(\frac{dM}{dt}\right) = \left(\frac{\mu_c}{\mu_c'}\right)^2 \frac{[1+(n-1)\beta_c]^{\frac{1}{2}}}{n^3}。 \qquad (5$$

在同一个地方，爱丁顿又曾连合(18a)和(52)两式，求得

$$dt = \frac{1}{2}C\,\frac{4-3\beta}{(1-\beta)^3}\,d\beta,$$

积分求出所論恒星的持續時间为

$$t = \frac{1}{4}C\left[\frac{1}{(1-\beta)^2}+\frac{6}{1-\beta}\right]+C'。 \qquad (5$$

假定在上述两种特别情形下发生变化以後的恒星持續时间为 t'，相當于压力变化後的 β_c'，即可求出，发生该变化以後该星持續时间的变化为

$$\Delta t = t'-t = \frac{1}{4}\,\frac{C(\beta_c'-\beta_c)}{(1-\beta_c')(1-\beta_c)}\left[\frac{2-(\beta_c'+\beta_c)}{(1-\beta_c')(1-\beta_c)}+6\right]。 \qquad (5$$

故在上述恒星中心氦压对辐射压的比值为一常数的條件下发生压力变化後该星持續时间的变化为

$$\Delta t_1 = \frac{1}{4}C\,\frac{(n-1)\beta_c}{(1-n\beta_c)(1-\beta_c)}\left[\frac{2-(n+1)\beta_c}{(1-n\beta_c)(1-\beta_c)}+6\right],$$

而在上述恒星中心辐射压不变的條件下发生压(氦)变化後该星持續时间的变化则为

$$\Delta t_2 = \frac{1}{4}C\,\frac{(n-1)\beta}{1-\beta}\,\frac{(8-7\beta+n\beta)}{1-\beta}。$$

不过爱丁顿以为恒星質量只能通过辐射的放出才能有损失这個假定分明不能合于事实。上文所述論証已經表明，恒星的中心压力如果发生某种变化，它的平衡質量就要随着发生变化，这种变化决不能像放出辐射的消耗那樣緩慢微小，故除由辐射的形式經常消耗恒星質量外，它在平衡質量必須发生变化的时候，其不平衡的情形需会促使質量直接抛掷出去来要求比較快速地达到新的平衡，像费森科夫 В.Г. Фесенков 和 А.Г. Масевич[47] 所指出的那样。钱德拉斯卡[48] 亦曾認為，恒星質量如果超过 1.44⊙，则它能够演化变成白矮星的唯一方法，为由某种过程抛掷它的多餘質量，並举佛尔夫星 Wolf-Rayet 由于直接放射出質量而连续损失其質量的事实，作为恒星可能由相當快的斷除(減少)其質量的机構確实存在。他以为白矮星是演化恒星的最後階段。

马赛维奇

参考文献

[1] Göttingen Nachrichten, 41页, 1906.

[2] 参看 S. Chandrasekhar, The Structure, The Composition and the Source of Energy of the Stars. 见 J. A. Hynek 主编 Astrophysics, A Topical Symposium, 第五章, 1951.

[3] Internal Constitution of Stars §85.

[4] 参看 B. A. Амбарцумян 主编 Теоретическая Астрофизика 第七章, 公式 31.12, 1952.

[5] 仝[3] §216.

[6] 参看上引[2], 方程式 8.

[7] 仝[3] §94.

[8] M.N., 85, 934页, 1925.

[9] 仝[3] §§ 177, 178, 191, 192, 193.

[10] 仝[3] §117. 参看 W. S. Adams, Pub. Astr. Soc., Pac., 27, 236页, 1914.

[11] M.N., 87, 714页, 1926.

[12] 仝[4], 548-549页.

[13] 仝[4], 550-551页.

[14] 仝[2].

[15] 仝[4], 548页, 公式 32, 13.

[16] Zeits. f. Phys., 36, 911页, 1926.

[17] 仝[2].

[18] 仝[3], §§ 115, 116.

[19] 仝[3], §§ 185, 186, 187, 188.

[20] 仝[3], §196.

[21] Astr. Nach. No. 5342, 1925, 1月.

[22] Obs., 48, 73页, 1925, 2月.

[23] 仝[3], §210 所引.

[24] Obs., 48, 148页.

[25] Ap. J., 118, 529页, 1953

[26] 仝[2].

[27] M.N., 86, 444页, 1926.

[28] M.N., 86, 93页, 1926.

[29] Astronomy and Cosmogony, 272页, 1929.

[30] Phys. Zeits., 38, 176页, 1937; 39, 635页, 1938.

[31] Phys. Rev., 55, 434页, 1939.

[32] Phys. Rev., 54, 248页, 1938.

[33] A. J., 57, 65页, 1952.

[34] Ap. J., 114, 438页, 1951.

[35] Ap. J., 117, 311页, 1953.

[36] 参看 D. Ter Haar, Rev. Mod. Phys., 22, 119页, 1950.

[37] Ap. J., 112, 207页, 1950.

[38] J. Roy. Astr. Soc., Canada, 44, 135页, 1950.

[39] M.N., 77, 32页, 1917; 又 Astronomy and Cosmogony, 80页.

[40] M.N., 81, 361页, 1921.

[41] M.N., 88, 134页, 1927.

[42] M.N., 651页, 1927.

[43] Einführung in die Astrophysik 第十一章, 57节.

[44] 见[43], 第十一章, 55节.

[45] 仝[3], §221.

[46] 仝[3], §261.

[47] A.Ж., 26, 207页, 1949; 28, 36页, 1951.

[48] 仝[2].

四、关于武王伐纣这一战役的天象纪事

按语：《关于武王伐纣这一战役的天象纪事》与“夏商周断代工程”——历史的巧合

《文汇报》1997年12月26日曾有专题报道：“从1996年开始，轰动我国学术界的“夏商周断代工程”正式启动。这是一个集自然科学与社会科学于一体、多学科联合攻关的国家九五重大科研项目。”

它要解决什么问题？

中国一直认为自己是一个拥有五千年历史的文明古国。但若认真翻查起来，有文献记载的年代只能追溯到西周晚期。也就是说，可计算到公元前八百多年，合起来，也就三千年历史。周朝以前的商朝，以至更遥远的夏朝，均无年代记载。为此，国外有人就曾指出，中华文明五千年的说法，只是一种假设。

断代工程科研的目的，就是要通过综合科学考证，确定夏、商、周各王朝的年表，为中国的上古史填补年代的空白，为悠久的中华文明举证。

经过论证，断代工程确定了对两个时间关节点开展攻关，其中之一便是**“武王伐纣年代考证”**。

“武王伐纣”是中国历史上发生过的著名战役，历来众说纷纭，莫衷一是。因此，有人称其为中国历史上的“哥德巴赫猜想”。

为了攻破这个难题，设立了四个课题组，其中之一便是**“武王伐纣时的天象研究”。**

这个题目好面熟啊！原来，早在四十多年前的1954年，刘朝阳先生便撰写过一篇研究论文，题目是**“武王伐纣这一战役的天象纪事”**。它和四十多年后“断代工程”中的**“武王伐纣时的天象研究”**课题，是如此出奇的一致！这种历史上的巧合，实在耐人寻味。

可惜的是，这篇论文在寄往《天文学报》后居然石沉大海，杳无音信了！

1974年，刘朝阳先生曾向《天文学报》社索要这篇论文书稿，回函称：那时的天文学报编辑室可能由于机构不够健全，并无文字记载的档案保留下来……因此，对您的稿件，我们已无法进一步去查找了。很是抱歉。

《天文学报》编辑部　1974.11.19

居然发生这样蹊跷的事情，可以想象，当年朝阳先生会是多么的无奈！

编者

五、新热力学

本书提出了一个新的热力学理论体系。它评论了经典热力学中关于热、可逆、平衡、准静变化等基本观念，揭露了第一定律与第二定律存在的矛盾，提出了新的理论，无需求助于永动机不可能的说法，而证明第一定律可规定变化方向，从第二定律反引出**“熵”**这个物理量，证明其为态函数，而对于孤立系统的变化，另提补充的说法。它还从经典统计力学、量子统计力学和相对论三方面推出**“熵”**增加原理，表明其与新观点相合。

这里影印的是新热力学的目录和序的手迹。

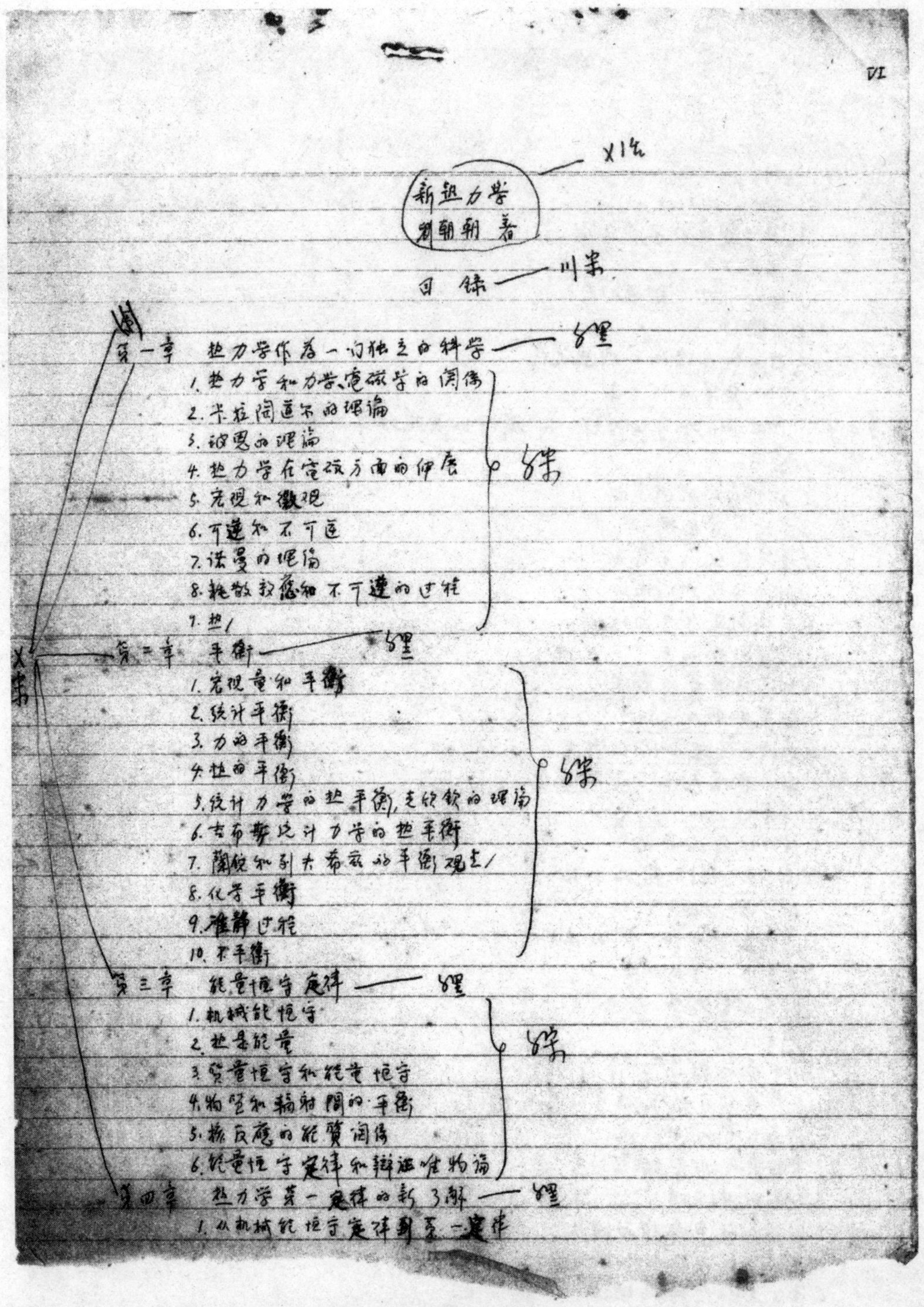

VI

新热力学

刘朝朝 著

目录

第一章 热力学作为一门独立的科学

1. 热力学和力学、电磁学的关系
2. 卡拉阔道尔的理论
3. 玻恩的理论
4. 热力学在电磁方面的伸展
5. 宏观和微观
6. 可逆和不可逆
7. 诺曼的理论
8. 耗散致密和不可逆的过程
9. 热

第二章 平衡

1. 宏观量和平衡
2. 统计平衡
3. 力的平衡
4. 热的平衡
5. 统计力学的热平衡，麦克斯韦的理论
6. 吉布斯统计力学的热平衡
7. 兰德和列夫希兹的平衡观点
8. 化学平衡
9. 准静过程
10. 非平衡

第三章 能量恒守定律

1. 机械能恒守
2. 热是能量
3. 质量恒守和能量恒守
4. 物质和辐射间的平衡
5. 核反应的能质关系
6. 能量恒守定律和辩证唯物论

第四章 热力学第一定律的新了解

1. 从机械能恒守定律到第一定律

序

这里为热力学提供了一个完全新的理论体系。但这理论体系虽是完全新的，用以构成它的资料却绝对大多数都是经典热力学里原来已有的东西。这从经典热力学里原来已有的旧资料来构成一个新理论体系的必要，首先由于经典热力学的基本观念的模糊纷歧和基本论证的互相矛盾，经典热力学的几种基本观念，如热、平衡态、函数、可逆和不可逆、内能、熵，直到现在还没有明确一致的了解。多少基本论证，特别是熵增加原理及其证明，直到现在还是不够正确健全，往往人各一说，甚至彼此矛盾，无所适从。使人拉梅尔 Victor K. La Mer[1] 以为，自吉布斯以来，热力学所用的名词和概念的真正意义，或被误用，或被废弃，曾经发生过混乱而不可理解的变迁，直到现在还远未能达到完善的境界。在晚近的年代，也还有人不满意于这门科学的逻辑基础。卡拉西奥多里 C. Carathéodory 和玻恩 M. Born 曾发动了一次革命，企图在经典热力学里抹去热这观念来使它取得更大的逻辑的明晰性 grössere Logische Klarheit[2]，很显明地表现出他们对于传统理论的基本观念在逻辑方面不够明晰的不满情绪。拉梅尔还说，布朗斯特 J. N. Brønsted 在研究经典热力学的过程中，曾因为发见了许多逻辑上的矛盾而感到烦恼不安。布朗斯特曾在许多论文里面指出，传统热力学的了解所以错误纷歧，不能确定，是由于基本观念的模糊而不明晰[3]。他在——又说，传统热力学的严重缺点为未能将宏观和微观的研究方法严格加以区别[4]。他在别处又曾说及[5]传统热力学里有多奇怪的事情，为某些权威否定一个定律，而另一些权威则又证明两次它。布朗斯特不仅批评了传统的热力学，而且还批评了卡拉西奥多里和玻恩的理论，以为二者不过是百步与五十步之差。他又发动了第二次的革命，企图用功的原理和功与热的等价原理来代替热力学第一定律和第二定律，并且自称他的新理论为能量论 Energetics，不复应用热力学这个名称。布朗斯特自称要从克劳修斯回到卡诺。读者在本书里可以看到，我们的意见以为，热力学和力学必须分道扬镳，卡拉西奥多里和玻恩使热力学回走力学的道路，固然南辕北辙，不能走通，而卡诺可逆循环则是经典热力学的矛盾渊薮，布朗斯特在它的基础上面建立起来的新理论也不见得会比卡拉西奥多里和玻恩的使人满意，所以还有更弦易张的必要。

经典热力学里的矛盾形势，在本书第四章、第五章及第十一章有比较详细的叙述。这里只举几个例子来说明它尖锐到什么程度：普朗克 M. Planck[6] 以为热的过程都是不可逆的，而克劳修斯则以热力学专门用来讨论热过程的第一定律和熵定义而为仅适用于可逆的过程[7]。内能和熵大家都公认为是系统状态的函数，而卡诺可逆循环的等温过程对于理想气体说，却是内能不会发生变化的状态变化过程[8]，霍曼斯基[9]还郑重说明一些等熵的变化过程。大家都承认 $dS = dQ/T$，而对 $dQ = 0$ 的绝热系统却要证明 $dS > 0$，诸如此类。由于经典热力学的基本观念和基本论证都有这样深刻尖锐的矛盾，它是教学上最常发生困难的一门科学，而它又是一门比较重要的科学，不仅综合性大学和师范大学的物理系和化学系都为必修，工科大学也不能缺少它，气象系和天文系也可能需要。在实际上，许多系科都须学习普通物理，它里面就包含了热力学之一部分

[redacted]

美国上引拉福尔伊斯特在哥伦比亚大学任教热力学二十年来，只有最后六年逐渐介绍了勃斯脱的新观点，才使教员和多数学生能有较好的了解[10]。自然，在上述意见纷歧，争辩不的情形下，不仅不能希望学生们对于这门热力学能有彻底的了解，就是教师自己也很少有正确的了解，上述权威热力学家的意见纷歧的情形就可证明这一要点。既就没有可以贯之来自圆其说的一套，不能使学生们掌握明确的意义，就未免要扬汤抹角，纡迴曲折，

[redacted]

若干条假设要求更统一阐明的逻辑基础有了扩大它的能力和范围并且有了适应到实验的发展的新形势，热力学正在不断的进步不断发展的过程中。[redacted]

[redacted]

以其次由于热力学经典的宏观方法是用少数宏观量来规定一个系统的宏观状态，这些宏观量是从实验结果所获得的物态方程里挑选出来的。托尔曼 R.C. Tolman[11] 说它具有现象学的特性。但伊玻耳兹曼 L. Boltzmann，吉布斯 W. Gibbs 要成统计力学以后就成为热力学传统一种可从微观的力学过渡到宏观的热力学的理论方法来推算它用以规定系统状态的宏观量，发展为统计热力学。实则统计力学不仅为热力学奠定理论基础，而且直接联系到热力学，在某种意义上说它也就是热力学。因为它经常用宏观的方法来讨论一个系统在统计平衡的情形下发生的变化规律，而统计平衡就等于热力学平衡。由于热力学和统计力学的密切关系，跟着量子统计力学的发展，它亦已走进量子力学的境界。又自相对论出世，普朗克就曾用相对论的力学来了解经典热力学的基本物理量，求出热、内能、熵、功和温度的相对论形式，因而导出相对论的第一定律和第二定律。秦脱纳 F. Jüttner 和托尔曼又曾用相对论的统计力学来讨论熵，托尔曼且曾从有限的系统推广到无限的系统，在广义相对论的领域里推论熵值变化情形，这样就发展成为一支相对论的热力学。又经典热力学完全建立在平衡的现象上面，故对于不平衡的不可逆过程不能有所推论，实该称为静热力学。杜恩 P. Duhem[12]、乔曼 G. Jaumann[13]、洛尔 E. Lohr[14] 及铜特 Th. De Donder[15] 诸人曾企图在建出熵值相抵 entropy balance 的概念上讨论不平衡的不可逆过程，到了昂萨格 L. Onsager[16] 的手里，就提出了正式的理论，卡西米 H.B. Casimir[17] 加以修饰，一支宏观的热动力学似已渐次生长成熟。卡伦 H.B. Callan[18] 又从量子统计力学方面加以讨论，他并将研究奈奎斯 Nyquist 或琼生 Johnson 噪声的结果，推广到一般能量的耗散系统，从而导出涨落的基本定理。

至于本书所试行提供的新理论体系，则仍像上述卡拉陶道里和勃伦斯脱所做过的工作那样偏重于经典热力学的根本改造，就是为了证明我们所推得的主要结论，当就经典统计力学、量子统计力学和相对论的热力学和统计力学方面有关于熵的论述，试作广泛的讨论。自然，有人也许会这样提出责问，依据上文所述，经典热力学的基础竟是这样不行，它怎么能站得住，而且不仅在物理学的理论方面，并且在化学和热工学方面同时占着极重要的地位呢？对于这个问题，~~但这不能不交代清楚~~上文已说，经典热力学的基本观念和基本

论证竟见纷歧，甚至互相矛盾，但还有一个重要观念可算例外，因为它为克劳修斯以来所坚持不渝，大家也都是把内能和熵作为一个热力学系统的状态的函数。就从上文所述，也还出现了关于内能和关于熵的变化过程这些混乱的现象，经典热力学的上层理论结构可以说是完全建基在内能和熵作为态函数的基础上面，它没有（至少很小）随着其它的基本观念而动摇变化，而且上述那些基本观念虽然没有一致的了解，却仍被人用了转弯抹角的论证来导出那符合于将内能和熵作为态函数的结论，这也就是经典热力学的基本论证所以会花样很多，甚至互相矛盾的原因。例如有很多人以为，经典热力学的内能是系统内部的总机械能，却有人以为它是内热，有人又以为它是内位能，但都一致把内能看作是态函数；又如有人以为，只有可逆的变化过程为有熵的定义，有人以为这个熵的定义可适用于可逆和不可逆两种变化过程，有人甚至主张它可适用于任何不平衡过程，却仍可使大家一致公认熵是一种态函数，可以作为不可逆性的度量。这样就可明白，经典热力学的基本观念虽不明确，基本论证虽不一定健全，它的上层理论体系仍却可能被证明为符合事实，而能发挥它的作用，特别是凡有热量变化的自然现象，除了它的特别的表现方法之外，再无其它方法可以从事研究。依据这种形势，我们必须~~采用一种偷天换日的手段~~在能保留经典热力学整个上层理论体系的条件下，澄清这些基本观念，並用简明了的逻辑步骤来导出为上层理论结构所必需的一些定律。

自然，作者深信，象热力学这样重要的一门科学的理论体系，决不能一蹴即臻完善，虽然微幸生在实有利的较晚年代，可以享受前人的工作成就，试图避免前人的歧辙，~~故实较易为文~~，但由于作者个人的见解或有偏差，学识亦有未逮，~~较相信~~一定还有许多缺点，因此诚恳地希望热力学家不吝批评指教。

[redacted]

[redacted]

IV.

[redacted]

[1] J. N. Brønsted, Principles and Problems in Energetics, 序文, 1955.

[2] 玻恩, Phys. Zeits., 22, 218页, 1921.

[3] 仝[2], 2页.

[4] 仝[3].

[5] 仝[redacted][1], 70页,

[6] Theory of Heat, 1-2及50页, 1932.

[7] 参看 W. Gibbs, Collected Works, II, 克劳修斯评传, 1928.

[8] 参看 H. Mach, Die Theorie der Wärme, 145页, 1921; 王竹溪 热力学, 64页, 1955.

[9] Heat and Thermodynamics, 154页, 1943.

~~[10] 南京工学院第一次科学讨论会, 1956, 10月29日.~~

[10] 仝[1].

[11] Relativity, Thermodynamics and Cosmology, 119页 1934.

[12] Energetique, 1911.

[13] Sitz. Ber. Akad. Wiss.-Wien, Math.-Naturwiss. Kl. Abt. II A, 120, 365页, 1911; Denkschr. Akad. Wiss.-Wien, Math.-Naturwiss. Kl. 93, 461页, 1918.

[15] Denkschr. Akad. Wiss. Wien, Math.-Naturwiss. Kl. 93, 334页, 1916; 99, 11和59页, 1924; Festschr. Techn. Hochsch. Brünn, 176页, 1924.

[15] L'Afinite, 1911; Bull. Acad. Roy. Belg. Cl. Sc. 23, 685, 770 及 936页, 1937; 24, 15页, 1938; [5], 31, 560页, 1945.

[16] Phys. Rev., 37, 405页, 1931; 38, 2265页, 1931.

[18] Thesis, Department of Physics, Mass. Inst. of Techn. 1948.

[17] Rev. Mod. Phys., 17, 343页, 1945; Philips Res. Rep. 1, 185页, 1945; Nuovo Cimento (Suppl.) [9], 6, 227页, 1949

~~[20] Proc. Roy. Soc. A, 117, 610页, 1928; 118, 654页, 1928.~~

1957年5月, 南京

8144

六、热力学与统计物理学导论

本书介绍了热力学与统计物理学的各种主要理论。指出其中无法自圆其说的矛盾，提出了自己的新见解。本书已遗失。

七、物态

《物态》是刘朝阳先生于二十世纪五十年代在病休中撰写的教材。本书运用热力学和统计物理学理论，研究气体、液体和固体各聚集态的物质方程式。

教材编辑中，他坚持因材施教的原则。他还认为，对于读者的反应，应持坦诚态度。

这里影印的是本书的序和目录手迹。

物態

序

恩格斯[1]和列寧[1]都曾很鄭重地指出，物質和運動是不能分開的：不運動的物質是沒有的；運動一定是某種物質的運動。正因為这个道理，通常所谓一种物質的状態就指它的運動状態。但一种物質系统的運動状態通常还可分為内部状態和对外物的状態这样两類。研究一个物質系统運動状態的方法亦可分為微观和宏观的两种。内部状態是所论物質系统内部的微粒运动状態，对外物的状態則为它对它以外其它物質的運動状態，后者通常為整个系统的运动状態。微观的方法通常假定一个物質系统为由许多微粒组成，必须並且只须精密规定各个微粒的运动状態，就可精密规定整个系统的運動状態。經典力学以为，精密（必须並且必须）规定组成物質系统的各个質点的位置和相當的动量就可以完成这个物質系统運動状態的研究任務，可以说是微观方法的典型代表。在它方面，經典熱力学认為一个物質系统固然由一些微粒组織而成，但微粒的數目是这样大，因而由于彼此相互作用的结果，使得它们的運動情形是这样混乱，决没有办法可以精密规定各个微粒的運動状態，只能另想办法，選用少數宏观量来规定这种物質系统的内部状態。故經典熱力学可以说是宏观方法的典型代表。它承襲經驗和氣体分子運動论的成果，選用一个物質系统自己的質量，温度，壓力和体积这几个宏观的物理量来规定一般物質系统的内部状態。它与氣体分子運動理论不同的地方在于它不仅限于氣体，还把这种宏观方法一样應用到液体和固体这些聚集態上去，因此，有必要时，还须添几个宏观的物理量，但其總數目總是很小，特别是不像微观的方法那样要同微粒的數目成比例。因為一个物質系统所由组成的微粒混乱能量就是熱，故以經典熱力学為用宏观的方法来研究諸如牵涉熱的变化规律的科学似乎是再妥當不过的。經典熱力学亦像氣体分子運動论一样，不仅用（選）一个物質系统的質量，温度，壓力，体积这几个宏观量来规定它的内部状態，而且认為这一套宏观量彼此之间總常有一种函數的关係，从这种关係可以推出所论系统的一些重要特性，自然都是可以代表整个系统的特性。这种函數关係就通称為物態方程式。經典熱力学通常认為一个物質系统只能由于从外面输入热量或向外面做功而改变它的宏观状態，而在推算做功的總结果的時候通常必須應用这种物態方程式。但經典熱力学只假定已经有了所论物質系统的質量，温度，壓力，体积这几个宏观的物理量，並且已经有了一个可以联系它们的物態方程式，可以用于规定这个系统的内部状態，並不追问它们的来源，却由那从氣体分子運動论发展出来的统计力学来担任这种工作。本書的主要内容就為说明统计力学怎样應用克劳修斯的維里定理，更重要的是用统计配分函數（物態方程式），推出自由能，再利用熱（經典）力学有关自由能和壓力的一种关係来導出各种聚集態的理論，同時亦相當详细地介绍了各种聚集態互相轉变的理論。原来“物態”所包括的範圍很廣，可以包括物理和化学的全部内容。但本書卻要仅以物態方程式為中心，故有些很重要的物性都未涉及：例如论及固体，並未详述晶体的结構，亦不提及它的光和电磁的特性，论及氣体，亦不討論运输过程；為了不使篇幅过于庞大，甚至照理應該归入本書範圍裡面的一些问题，也無法作為比較详细的討論。

关于物態方程式，早時期有过好几种專著，其中最著名的有奎能 J. P. Kuenen[3]，卡末林·昂内斯 H. Kamerlingh Onnes[4]（和基索姆 W. H. Keesom[4]），拉尔 J. J. Laar[5]，但现在看起来似乎已頗有点过時。新近出版的一些统计力学書籍，往往有一專章討论物態方程式，则又大都語焉不详。本書稿原是一种读書筆记。年来身体不好，不能担任繁重的工作，而镇日閒空休養，又覺無聊，故将这份筆记稿子加以修正和補充，联缀成書，目的在于作為一种中级的读物，在學过熱力学和统计物理之後，在選读物理或理論化学方面的專门化课程之前，或在任教熱力学或统计物理这门课程的時候，或可用作準備或参考的材料。本書作者向来有这样一种偏見，以為初級读物，不該说得过于详细，因为这个水平的读者也不能领会详细的好处，而高级的读物则又不必写得太详细，因为读者自己应该已经能够而且必须让他们自己深入钻研，只有中级的读物应该写得详细一点，可以导引他们深入钻研，而且可以节省他们翻阅参考杂志的时间。自然，无可讳言，编著这样一种书籍，势必东抄西凑，著者的编写工作完全在于翻译编排，没有其它重要贡献，但仍还有是非好坏的责任可说。各人的看法不同，材料的取舍和衔接的先后都随时随地可以表现个人的偏见，而且永远不会使全部读者都能同意于著者的见解，就是世界科学名著也是这样，因为有一部分读者对于某些问题，感到兴趣，希望知道得详细一点，而著者或其他读者却往往认为它不重要，没有详述的必要，可以把它删去，亦有著者认为很重要的理论或资料，详为介绍，而读者则认为毫无兴趣，未免多说了。

著者自知学问浅薄，书中还不免有错误或不妥当的地方，希望读者不吝指教。

1959年2月，江西大学物理系，

刘朝阳。

[1] 恩格斯，自然辩证法，46-47页，1955，人民出版社。

[2] 列宁，唯物论与经验批判论，300页，1954，人民出版社。

[3] Die Zustandgleichung und die Kontinuitatstheorie, 1907.

[4] Die Zustandgleichung, Enzykl. d. Math. Wiss., Bd. 5, 1912.

[5] Die Zustandgleichung von Gasen und Flüssigkeiten

物态 目录

八、太阳的温度

林元章先生对这篇论文的评论：“由序言可知书稿写作于上世纪六十年代（引用的参考文献至五十年代末）。全书以太阳各气层的温度研究为主线，实际论述涉及太阳物理学近一半领域。每章中的论述层次分明，条理清晰，推理严谨，引用的文献相当丰富。对于用到的一些数理公式，有时还作了推导，如第 45 至 46 页中 Saha 公式的推导等，十分难得。该书在当时应算是一部关于太阳温度研究领域相当全面和系统的总结性论著。若能在书稿完成后及时出版，会是很有价值的教学和科研参考书。”

这里影印的是本书的序和目录手迹。

林元章：太阳物理学家，天体物理学教授，《天体物理学报》副主编，北京天文台研究员。

太陽的温度

序

这本小書的写成可说是完全偶然的事情。十几年来，作者都在几个大學里任教热學或热力學这一种功课。为要使它的理论联系实际，当初计划编写"温度的理论及其度量方法"一書。在搜集材料的时候，旁及地球的温度，累积资料颇多，遂拟先写"地球的温度"一書，分为三册，第一册为"地球表面和内部的温度"，第二册为"地面上空的大气温度"，第三册为"地球温度的長期变化"。其中第二册的内容特多。因为要讨论地球的温度就不能不牵涉到太陽，故拟在本書里有一章为"太陽的温度"。由于缺少有系统的现成材料可以利用，只好自己动手编写。不料编写的结果是太長了，不便当作一章，只能当作一本小書，单独出版。

依据作者的看法，要研究一般物質系统的運動状態，不管这个系统是大得如太陽或地球，或是小得如一个迷你單位的氣体分子，都须先把它的对外的運動状態和内部運動状態分别開来進行讨论，只要这种分别为是可能。在实际上并非这样加以分别不可，因为一般物質系统的对外運動状態和内部運動状態的研究方法，迥不相同，不能混为一谈。由于机械運動和热運動有本質的區别，前者要应用力學的方法，后者则只适用热力學和统计力學的方法。在这点上，天文學是一个很明显的例子。天文學的主要内容有两方面：一方面是应用力學来研究一个天体，特别是一个太陽系里的行星对于其它天体的位置，还有一方面则是应用热力學来研究一个天体的内部状態。热力學的特点就是利用一般物質系统自己的温度、压力、体积、熵等少数宏观变数来规定它的内部热運動的状態，与力學专用位置和速度来规定它的对外運動状態的方法完全不同。虽然，在天体物理學里，一般用温度、压力和密度来规定天体的内部状態，乃是用密度来代替体积和質量，而且在必要的时候，还要添加几个有关电磁场的变数，这在热力學里原来亦是如此。故太陽的温度的研究似亦不妨看作应用热力學来研究物質系统内部状態的一个例子，同时亦是热力學的理论联系实际的一个例子。錢德拉塞克哈的"恒星结構研究的导论 An Introduction to the Study of Stellar Structure"一書第一和第二两章就先講热力學，正是这个意思。

因为要谈论规定太陽的温度，现代物理學上许多理论都被用到了。这又是學习一般理论物理學之后如何应用各种理论来解决实际问题的很好例子。国外有些大學所以常把天体物理學隸屬于物理系的道理大概就在于此。作者曾经几次任教天体物理學这门课程，發觉學生们通常在學习天体物理學之后，对于理论物理學的興趣格外浓厚，只怕學得不够。作为天体物理學的一个专题，太陽温度的研究对于學习物理學的人们分明可以發生同样的一种作用。

太陽可以说是一颗恒星的典型例子。由于地球是太陽系的一个成员，特别是由于地球同太陽相去的距離远比地球同其它恒星相去的距離为小，故在地球上生長的人類对于太陽这颗恒星的研究具有特别有利的條件，同时亦有这种特别的需要，由于太陽状態的任何变化都同人類息息相关。许多天文學家都以为地球本来就从太陽分裂出来。根据这种血缘的关系，地球的开始温度应该就是太阳发生这种分裂出行星的时候所有的温度。这种开始的温度对于地球以后的温度变化非常重要，它是推论地球温度长期变化的一个出发点。自然，还有一些天文学家认为地球并不一定起源于太阳的分裂。但地球经常受到太阳辐射的照射，对于地球的温度仍有非常密切的关系。太阳表面温度的变化，特别是由于太阳黑子的时出时没，早已为地球温度的研究中的一个重要题目。太阳能的利用亦已提到人类科学研究的日程上来了。而太阳能就同太阳自己的温度有密切的关系。还有太阳大气和热辐射问题，与地球大气的热辐射问题完全相似，适当应用相似的方法来进行讨论。故现在研究地球上空大气状态的专家之中，有一部分就是天文学家，虽然这是地球物理学上的问题。从此可知，太阳温度的研究对于地球物理，特别是气象学，亦是非常重要的。

一般恒星都有它自己的演化过程，太阳亦不是例外。在不同的演化阶段，太阳应该有不同的温度。一方面由于这牵涉到一般恒星的演化问题，说来话长，另一方面又因为这种长期的太阳温度变化所经历的时间，同人类生存的历史相比还是很长，意义较少，故这里暂不加以讨论。

由于国内一般图书馆不易备齐各国的专门杂志，特别是天体物理方面的杂志，为着减少读者寻找翻阅的工夫，这里所述的重要理论，都不仅引用其结论，对于数学的推导亦作比较详细的叙述。但因为作者的学力有限，这本小书的材料的选用和安排方面想起来一定会有许多缺点，希望读者不吝教正。

江西大学物理系理论物理教研组 刘朝阳

1962.5月.

目錄

九、对邵金山的答复

二十世纪六十年代，刘朝阳先生先后发表了《光的本质问题》和《量子力学的一些根本问题》等论著，否定了物理学界盛行的波粒二象性理论。邵金山先生发表文章进行反驳。本文是对此反驳论文的再反驳。

对邹金山的答覆

邹金山先生对于拙作"光的本质问题"和"量子力学的一些根本问题"两文，提出一些不同的意见，为波粒二象性辩护（该文见江西师範学院学报自然科学1966，1）。他的意见都是别人早已提出来过，我们已经考虑过的，读者只要参看拙此原文，就可明白。但为分别是非，再作简单答覆如下。

拙作第二文，曾详细证明：薛定谔当初（原）从牛顿力学的哈密顿质点运动方程，应用变分原理，导出薛定谔方程作为他的波动方程，反过来，怀脱闻并证明，这个波动方程的解要出所规定的那个质点在势能为V的场裡运动的方程，就是牛顿第二运动定律，又据量子力学的一般论证，亦可推出牛顿这个运动方程，又爱伦弗斯脱证明，从波函数出求出一个质点的平均移动，亦适合牛顿这个定律。可见经典力学和量子力学一脉相承，其粒子和波包的观念亦都是一样的，那就是说，都必须是经典的。爱伦弗斯脱的证明只是其中一个，只牵涉到平均值，本来不很重要，而且爱伦弗斯脱自己原文（Physica, 45, 455-457页, 1927; Collected Scientific Papers, 556-557页, 1959）並来考虑邹先生所提出的两个条件。再则,从历史的发展事实来看,先有粒子和波浪的观念,然后有波粒二象性的說法,再后才有量子力学,故波粒二象性的波浪和粒子,只能是量子力学以前的经典观念,实际上直到現在为止,量子力学亦从未提出新的波粒观念(除了唯心論的数学形式主義者說波浪和粒子只是一些能够满足某些方程的数学符号外),特别是波浪的观念,始终含糊其词,不敢明白說出,因为一經明白說出,波粒二象性說就站不住了。

波粒既必须是經典的观念,故不妨引水波和声波来作比擬。事实上量子力学大師薛定谔自己曾用一种弹性流体的压力波动方程来比擬他的波动方程(我们所举,邹先生所引)外,又曾(Brit. Jour. Phil Sci, 8级11月, 1952)举弦和其它乐器的振荡来說明量子轨的出现是由于干涉的波浪的共振现象經常同整数相关联的缘故;另一量子力学大師玻恩在說到光波和电子波的时候,亦屡次(Physics in My Generation, 31, 163和183页, 1956)举湖水的波浪和汽船激起的水波碰撞障碍而产生圆形波纹,来比拟电子波碰撞原子而产生球面波。这种事情分明不必少见多怪。

不错，经典的波粒观念亦有不同的两种。一种是形而上学的机械论的，乃把粒子看作只有质量而没有大小且没有内部结构的一点，同时把波浪看作连续延展到整个空间和时间的谐振动（参看上引玻恩的书，45，98和170页）。粒子的大小是0，波浪的大小是无穷大的。波粒二象性的说法就是把大小为0和无穷大当作微观粒子的二象性，波粒互相转化就是大小为0和为无穷大的两种东西的转化。玻恩主张波粒二象性的亦承认这在逻辑上有不可克服的困难。什么花言巧语都不能解脱这个困难。相对论仍要用这种粒子观念，因为不假定它所讨论的质点为没有大小，就不能用洛伦兹变换所要求的四矢量的条件；量子电动力学和量子场论或基本粒子的理论都须用相对论，因而亦都须把粒子看作没有大小。这就是现在理论物理学的基本困难之一，亦是我们认为这个理论系统必须另谋变法的主要理由之一，因为千百次的实验证明，不论什么粒子都有一定的大小。单是这一点，已够否定洛伦兹变换以及建筑在它上面的其它理论了。这是不能修补和挽回的。还有一种粒子的观念乃承认它有一定的大小，而且还有内部结构，并且不能有质量，亦不能没有质量。这是辩证唯物论的粒子观。我们赞同它，同时以为一种物质一次只放出或吸收一个波浪，并不是一次一波列的能量，并承认波浪是许多粒子在某种条件下的集体运动状态，像水的波浪那样，故不是那个微观粒子的本性，因而没有波粒二象性。库兹敏果 I.И. Кузнменко 和西敏诺夫 В.В. Семенов (Изв. Вузов. СССР. Физика, No.2, 171页, 1964)的铜離子的衍射实验（江大物理系王洪云亦做出了这个实验）很明确地证明了这一点，因为在普通情形下，堆积在阳極片上铜原子是很乱的，只有通过一个小孔后才有衍射花纹，而且这花纹是由一个一个的铜原子構成的。微观粒子没有波粒二象性可说是完全確定的了。一个电子只有一点，没有波浪，也是一个有力的证明。

應當指出，哥本哈根学派的基本观点是坚持有波粒二象性，却以波、粒二象性为不能同时出现。郎先生正这样主張，故是不折不扣的哥本哈根派系，虽有矛盾論的幌子，亦不能掩飾它的"反动"本质（这原文所加的形容词）。这种利用矛盾論的做法是不对的，我们已分析"从矛盾论来看微观粒子的二象性"一文来加以详细说明。邓先生最好提出自己的粒子和波浪的明确观念，怎么样的东西是粒子，怎么样的东西为波浪，然后看它是否合乎矛盾论所谓"假如没有和它作对的矛盾的一方，它自己这一方就失去了存在的条件"这个条件，那就是说，是不是没有波浪，就没有粒子。至于我们，则在说到电子衍射的时候，曾说许多电子的集体波浪运动和电子放出的光，都可能是衍射花纹的成因，但我们偏爱于第二种说法，这时候粒子是电子，波浪是光，故其在仪器里出现的次序有先后之别，像并协原理所说那样，但这证否定了并协原理，因为否定了波粒二象性，就已挖掉了哥本哈根学派的根子。一个电子只放出一个平面波，故没有衍射，只有许多电子放出的平面波在特别条件构成球面波的时候，才有干涉。惠更斯的干涉理论是要建在球面波的基础上的。

玻恩（上引的书107和231—232页）曾一再指出，苏联物理学家瓦维洛夫以为，波粒二象性是物理学发展过程的辩证性质的证明，就是：先以光为波浪，正，后以光为粒子，反，到量子力学则以光为既是粒子，又是波浪，合。电子等亦是这样。依据玻恩，这种正、反、合的辩证规律，应该亦适用政治方面，即应该有：资本主义，正；反，共产主义，反；最后应为混合资本主义和共产主义于一个制度，合。他以为，共产主义和资本主义应该可以和平共处，不必你死我活地作殊死斗争。苏联不是正朝着玻恩指出的这个方向走吗？故主张波粒二象性才是合二为一的理论。这些却恰恰正是指波粒二象性的谬论。它不同于毛主席的矛盾论，因为矛盾论的矛盾双方斗争的结果，总以一方消灭而解决，并且别的新矛盾又会出现，而主张波粒二象性的人们却认为，只有微观粒子存在，波粒二象性就永远在粒子里对峙下去。还有主张波粒二象性的人们以为，用干涉的实验就得衍射花纹，用其它实验只得粒子性，乃是矛盾主要方面的互相转化，这就等于承认矛盾主要方面的转化完全由于外因，与矛盾论实在相反。

去世后出版的著作

一、《关于相对论的一些根本问题》

1983 至 1984 年，在《江西大学学报》上连载刊出

二、《刘朝阳中国天文学史论文选》

1. 关于《刘朝阳中国天文学史论文选》的说明

刘朝阳先生论著丰富，均刊登于各时期不同学术刊物上，有天文学、物理学、数学、教育学等。先生离世后，天文界同仁认为有结集成册以资参研的必要。1997 年，**《刘朝阳中国天文学史论文选》**便因此决定出版。

“论文选”由北京天文馆顾问**李鉴澄**先生主编，中国科学院自然科学史所原副所长**陈久金**先生、中国社会科学院历史研究所**肖良琼**研究员合力编就。并按**中国科学史著作出版基金项目资助出版**。

本书由中国科学院原院长**卢嘉锡**院士作序，北京天文馆顾问**李鉴澄**先生写前言。中科院**陈久金**先生和社科院**肖良琼**研究员分别写了编后记。

郜大琪

2.《刘朝阳中国天文学史论文选》收录的书目

（1）中国天文学史之一重大问题——《周髀算经》之年代

（2）从天文历法推测《尧典》之编成年代

（3）《史记·天官书》之研究

（4）《史记·天官书》大部分为司马迁原作之考证

（5）《左传》与三正

（6）三正说之由来

（7）三代之火出时间

（8）Oppolzer 及 Schlegel 与 Kuehnert 所推算之夏代日食

（9）《夏书》日食考

（10）殷末周初日月食初考

（11）甲骨文之日珥观测记录

（12）周初历法考

（13）古书所见之殷前历法

（14）殷历质疑

（15）再论殷历

（16）三论殷历

（17）殷历余论

附：

刘朝阳上古天文文献的断代研究及其他（陈久金）

刘朝阳关于甲骨文和金文中殷周天文历法的研究（肖良琼）

3.《刘朝阳中国天文学史论文选》出版背后的故事

在我国出版事业市场化的背景下，这本专业面窄，史料价值高的《论文选》出版真的太难了！

有关编这本《论文选》的事，在父亲去世以前实际已经收到相关通知，是中国天文台发起，要编写一本有关中国古代天文历法史料。父亲去世后，北京天文馆顾问李鉴澄老先生又多次催促我们搜集提供爸爸的有关文章。自二十世纪七十年代末起，我们先后，分别从上海、四川、广东、浙江等多省、市图书馆，以及中山大学，清华大学等图书馆查阅，收集父亲早年发表有关我国古天文历法史的相关文章。因年代久远，又经战争与动乱年代，科技期刊不少失散，甚至被毁。仅存的资料中，也多陈旧，为保全资料，有的图书馆限制借阅，有的甚至不给查阅与复印。历经多年，好不容易将父亲早年发表的相关文章基本收集全了，又遇“出版无门”的更大困惑。

自二十世纪八十年代起，为这事，作为刘朝阳子女，曾给多个部门（江西大学党委、江西省委、天文出版社、光明日报社、科学出版社及义乌市政协等）发函求助，均未能解决问题。

后来，李鉴澄老先生为首的多位老科学家为保全已面临缺损（甚至于消失）的我国古天文历法研究资料，出面为《论文选》申请国家出版基金。但因“僧多粥少”（卢嘉锡先生语），又历经十多年，直到我国启动一项大课题研究——“断代工程项目”，才获国家出版基金资助，终于在 2000 年年初出版。

回顾这个过程，多位老科学家与中年学者对我国历史文化资料的珍惜和给予《论文选》的理解与珍重，特别令人感动与难忘。这里略举几例：

1. 福建农学院林露澄教授，作为相距千里，数十年未能见面的厦门大学早年学友，当获悉为已去世的学友遗著汇编《刘朝阳中国天文学史论文选》需查找刘朝阳早年相关文章时，年逾古稀的老教授，专程从三明赶到福州，亲自去福建省图书馆五天，查阅他所记忆的早年相关期刊刊登的刘朝阳文章。

2. 当年已 80 多岁，健康状况欠佳的北京天文馆顾问李鉴澄老先生，一边督促与指导我们搜集父亲早年失散多处的相关文章，一边组建《论文选》编辑组，亲自定名为《刘朝阳中国天文学史论文选》，还自告奋勇承担《论文选》主编。他聘请中科院自然科学史所原副所长陈久金，中国历史研究所研究员肖良琼两位中年专家协同进行文集的编审工作，还领衔多位科学家联名给江西大学党委写信提建议，以及邀请卢嘉锡先生给《论文选》作序，等等。当遭遇“学术文选出版难”后，他首先出面为《论文选》出版申请国家出版基金（后来又邀请多位老专家学者共同出面），为已故大学学友一本对我国文史研究有重要意义的《论文选》出版而思虑、奔走，前后忙碌了二十多年。

特别难忘 1990 年初我去北京首次拜访李老先生，只见他年事已高行走蹒跚，听力也差，但当一谈起《论文选》却即显精神矍铄，思维敏捷，行动高效。知道我时间局促，只能在他家大半天，他当即说："马上打电话请陈久金、肖良琼两位来，一起去卢嘉锡先生家商量"。因当时他家尚未装电话，他老人家马上领我到邻院单位传达室打电话（因听力差，嘱我代通话传达他的意思），得知陈久金先生无暇只有肖良琼女士能来时，他当即说："等她到后，我们马上一起去找卢嘉锡先生，先把写序言的事确定下来"。当知道我有一位老同学在水利水电出版社工作，他立即说："这家出版社就在附近，我马上带你去！如果这个出版社愿出版也很好！应该争取"。他老人家说干就干，真的马上陪我去那家出版社……

记得那天在李老先生家中餐时，李伯母面露难色地说："你看他年岁已高，身体又差，实在已不能胜任这样的工作了！现在他行动不便，耳朵又聋，哪里还能办这样的难事！……请你们今后不要再来找他了。"当时李老先生笑笑，不置可否。可我顿觉特别抱歉！心里完全赞同李伯母的判断，但实际上又不可能不继续求助与麻烦李老先生。果然，此后李老亦照旧和我们保持联系，不但继续关注与助推《论文选》出版，甚至在住院期间也从未拒绝接待为此事前去求教的每位来访者。

特别令人感动难忘的还有：

记得李鉴澄老先生一百岁生日后，李老先生的小儿子李践行先生曾来一信（并附李老先生百岁生日寿照一张），据他当时来信中说，在那几年中，李老毕竟上年纪了，经常会处于某种意识不清状态，但每当听人提到《刘朝阳中国天文学史论文选》，他马上会清醒如常。因而，那天他老人家在接受亲友祝寿时也不时呈现半睡眠状态，拍照时为让他老人家精神点，就特意递给他这本《论文选》，果然，李老接书后立即显得清醒与精神起来，家人就在这时按下快门，拍了这张难忘的照片（见下）。

李鉴澄老先生百岁生日照（手里拿着的正是这本《论文选》）

的确，自从那次去李老先生家后我就确信：主编这本书与促其出版，耗了李老先生晚年多少宝贵时间与精力！实际上已视同他自己的心血之作，成为他老人家晚年的最大愿望与主要工作。甚至可以说：这也成为他晚年的一种精神寄托，因而，《论文选》的终于出版给了百岁的他老人家极大安慰。

我国老一辈科学家对科学事业共同的使命感与责任担当，以及他们之间这种真诚、无私的深厚情谊，确实感人至深！令人特别感动与难忘！也是我们这些后辈该自愧与难企及的。

3. 中国历史文化研究所研究员肖良琼女士。1990 年初我去北京拜访李老先生时首次经李老先生介绍见面相识，当我们一起离开卢嘉锡先生寓所往回的路上，在我们短暂交谈中，她特别直爽、坦诚，一开头就说："李老先生刚找我时，因与刘先生素昧平生，我其实很不愿意看稿和参与这件事，实在不好意思拒绝李老先生，才答应试试。但看着看着却被吸引了，你父亲的文章非常出我意料之外。首先，一个原来学理科的人，怎么会对天文史料有如此兴趣、研究力与责任心？以不久前得到的一条消息为例，台湾某大学一位学者在一次国际学术交流会上发表有关我国古代某天象的研究结论，获得许多称赞，最近我从刘先生论文中看到同样结论，却早了好多年！其二，他与董作宾不同专业，却是好朋友，董作宾写好的文章请老朋友看看，不料他认真研读后，不仅指出错误，还提出不少不同意见，两人意见分歧，董作宾坚持己见，你父亲为更有力地说服对方，证实自己的观点，竟然进一步钻研起相关知识与材料，对事不对人，一发不可收，先后发表多篇自成系列的文章，开始了认真的学术论战，形成了我国古代天文历法史研究中较独特的学术争论局面，在一定程度上促进了相关学术研究的深入。其三，作为现代理科学者的你父亲，能跨专业进行如此深入研究，证明当年就已掌握了较超前的科学思维方法，这绝非所有学者都能做到的。我很佩服！但毕竟跨行，在对考古发现的一些拓片字迹的辨认与分析中难免个别差错，看稿时我都一一指出。”（在《论文选》出版后她发现审稿时所加的眉批文字全被删了。对出版社未就此事及时与她沟通，令她特别遗憾！）

她的认真与热诚还表现在此后与我们姐妹通信中，她一开始就率直提出，给她的书太少！她说有不少学者知此书后都向她要，要求我们尽快再寄多少本给她。还一口气开列了应赠此《论文选》的长长名单（包括姓名、单位名称、职务等）。

此外，她还在多封信中直率提到她对相关学术问题的一些与众不同的看法与思考。

她认真、执着、很有见地，具强烈责任心与使命感，的确是一位令人信任与敬佩的学者。

4. 大象出版社梁姓编辑（很遗憾与歉疚：因《论文选》书后“责任编辑”署名不是他，故连他的名字也不知道。只知他是该社前身，原河南教育出版社的退休编辑），因对古籍文字较熟悉，他受聘代为此《论文选》校稿。他很认真，遇有疑问时就会向在北京的陈久金先生请教，或与我们电话（回答我们咨询，或核实一些有关事，还会适时告知我们关注的进展情况，如：“此书的封面已设计好了，挺不错的！背景是星云图……”）。当新世纪初的某日，终于收到已出版的《刘朝阳中国天文学史论文选》，十分欣慰中，出于对这位认真负责的退休老编辑的敬意与感激，我汇去500 元致谢。不料很快就被全额退回，他回电话说：“我只是代劳尽责。已有工资，不该另收任何钱！”

这位退休老编辑的**“正”**，确实令我肃然起敬！

刘小丽　　2017.5.31

第三部分

刘朝阳先生的有关书信

早年给闻宥先生的书信

说明：闻宥先生与《落照堂集存国人信札手迹》

闻宥先生是中国语言学家、考古学家，文化名人。历任广州中山大学、青岛山东大学、北平燕京大学、北平大学女子文理学院、西南联大等校教授。他在华西大学文学院任院长时创建了**“中国文化研究所”**，出任所长。曾聘请**韩儒林、吕叔湘、刘朝阳、陈寅恪、刘威、李方桂、董作宾**等众多学者参与研究。该研究所出版的**“中国文化研究所集刊”**等刊物，在国际上产生过影响。刘朝阳先生的不少考古论著，正是通过上述刊物传播到了海内外。

闻宥先生还是一位收藏家，他喜欢将友人书信保存起来，留作纪念。闻宥先生去世后，他的后人几经周折才找回这批书信，以闻宥先生的室名“落照堂”，出版了**《落照堂集存国人信札手迹》**。

很凑巧，一个偶然的机会，刘朝阳先生的后人，从其同学那里获悉，在《落照堂集存国人信札手迹》中竟然有刘朝阳先生的书信手迹。

《信札手迹》中刊印的是刘朝阳先生于抗日时期，在大西南时与好友、教授、文化名人闻宥先生的通信。说的是他当时的教职活动和家庭生活方面的事。

这些信件让现今的年轻人看，恐难读懂它了。因是繁体字，草楷，文言文。如果现改为正楷，白话文，以铅字打印，固然增加了可读性，但已非原文，有损其原意、原情、文采与神韵，会弄巧成拙，不伦不类，故商定原文刊出，保留它原笔形迹。刘朝阳先生的字体矫健、俊秀，行书流畅，潇洒自如，言辞清晰而精准。他的书面水平如此优越，盖因“攻理而修文”。文字，文化是理科的基础。他文字功力精湛，文化底蕴深厚，正是他治学严谨的表现。

至于书信内容，细心研读，不难发现他坦诚直书，倾心而出，发自肺腑，和他们之间的友情纯真质朴。还不难窥见两位学者先生的文化、道德、学识更深层的内涵了。

朝阳先生这些书信转印自《落照堂集存国人信札手迹》，编号 88.

郜大琪

88 劉朝陽（一九〇一—一九七五）

劉朝陽，浙江義烏人。少失怙恃，賴姐姐接濟讀完小學，中學起半工半讀。一九二三年，入廈門大學教育系，兼攻數學、物理、天文諸科。一九二七至一九三〇年，先後任教於中山大學、清華大學、燕京大學。英國學者李約瑟編《中國科學技術史》第四卷《天學》，附錄劉朝陽〈史記天官書考〉、〈殷曆質疑〉、〈年代學〉等論文十二篇。一九三二至一九三七年，任青島觀象臺研究員。一九三八年起，歷任昆明北平研究院研究員，中山大學、貴陽師院教授，四川華西大學教授兼中國文化研究所研究員。一九四六至一九五八年任同濟大學、南京大學物理系教授，兼任中國科學院天文研究所研究員。此後擔任江西大學物理系教授、理論物理教研組主任，江西省物理學會第二屆副理事長。

①

在宥吾兄足下：前上一函，不知能寄達否？久未奉
教，頗以為念。子藏兄來，知
足下主持文化研究所，學書經營已具規模，將來
成績之能光明燦爛，當為意料中事，弟雖完全
外行，亦頗得聞其詳，昨閱科學始悉
足下前此主編之西南研究已在上海出版，內有亭
用之越曆一文，急欲一讀，可惜此間無從購買。聞亭
足去冬在港逝世，噩耗傳來，哀悼殊深。弟與亭
足交雖不密，而志同道合，允為不可多得之良友也。
此後悵隔人天，切磋無從，遺憾何如。敝校師院自去秋
以來從未平靖，今春開學先以二十左右教授之罷教

繼以全體學生之罷課，終於校長改委，新學年代理所
院，去舊人已去，新人未來，雖於下星期復課，仍未能上軌
道。弟雖素為學生愛戴，且譽於國難嚴重，誼不復計較
個人利害，故於雙方均之，箱置不忍用此頗得各方諒解
然以空氣果太惡，實不堪，毫無興趣，毫無可留戀，近且
又有搬回廣東之說，全輩外江佬豈尚能隨之以去，展
轉思維，計惟另想出路，成都方面倘有適當機會，渴望
足下費神留意，若能曉曉(?)之幸，亦先以此意（湖南國立
師院若需人，似亦可（小字旁注）
之有消息否）聞趙（?）先生近來頗感不適
足下亦當曉，誤暨風便，仍望時惠好音，敬頌
研安
弟朝陽頓首 五月十六

③

在宥吾兄足下：接誦
手書，藉悉
起居安好，深以為慰。承
囑寫點文章，伋有參攷書籍，原不難於奉
命，無奈此一條件未易辦到，殊以為苦。容弟稍稍翻檢舊
構材料，看有值得沾沾
貴刊篇幅之題材否，行郵遞被室鑒
貴處想亦時發警報，此間用許公遷、不來，校事無人

主持，加以撤換風聲，人心惶惶，前途莫測，至感煩惱，且前得曉舫之書，知蜀中學府已有人滿之患，似亦不易設法，故若此間能維持現狀，竟殊不願有所妄想，惟恐變化多端，風雲難料，即欲強留亦不可能也（一事差可告慰，即弟在此處殊受學生愛戴）。諸蒙關懷，彌深銘感，子藏兄每飯相過，亦時談及華西講學術空氣之濃厚狀況。專此，即頌

研祺

弟 朝陽 [illegible] 六月一日

君宥吾兄足下：前上一函，諒達左右。此間撤換殆爲不可避免之一事，安南又警，人心倍覺惶惶，弟雖已得續聘通知（且有加薪進級）可能，一切亦不復能留戀於此者。兄望能代想一辦法否？月前嚴濟慈兄曾來此小住，謂西康某專門學校正需要數理教授，當以道阻且長，終無前往之勇氣，實則湖南國師若有機會亦屬甚好，[illegible]

足下之尊處談及，某君頗有進言，[illegible]於不悉，可否轉託一

聲又此間同事有陳曉炳女士曾在倫敦大學治西洋史並曾任華中大學史學教授現任敝校史學教授與弟談頗有入蜀之意
足下倘能屬爲設法謀一史學教席當感同身受此間以半同事皆被解約聞或又有風潮正在醞釀之中前途之慘淡可想而知矣（十一號之聘書未收到將有補否可能）草草不一敬頌
研安
弟 劉朝陽 再 七月三日

在寄吾兄足下迭接來電甚感盛意弟本已決入蜀旋以婚期將屆兩人偕來旅費不貲而蜀中生活高貴以入恐不敷出以是特將款匯還（七月十號由校寄出）者更發電相告敬辭兩處但未能送達（另附電稿存底以後知者）不知何故號路在此間更換校長風潮已起是時人不願一日居弟亦已接受此間聘書（月薪三百元教授）並已與未婚妻張君以姐亦已在此爲君接洽（月薪八十元）兩人在此再加遊雖然對於物質精神上痛快計仍以速離此間爲上策廣西大學本校極欲去留兩人吃右

事皆过虑，问询以为请加以更换校长，此成定议。校长

教育研究所之宗旨，为维出高价以其所用，此不偏执，如

之转移，如何说，若[illegible]，起纷扰[illegible]

（学生毕业出来后，再加十元[illegible]）

惟前此说，再为设立专门研究一所，务求[illegible]（伊为江苏南通

人，江苏省立第二师范学院毕业者，言学七学位，田校长来信

所能一年，现任中大附院教务主任）并非本校之[illegible]说曾之[illegible]再

（博士曾在中大做过）

缺乏，并系干人之用，汇来此函，附剥否？为本校后续[illegible]

惟因此次[illegible]等于婚礼，又闻陈先生极度小病，奴仍此地安定也

所托不过如意之（普通来电一二保校长）问日安恭

惠为盼，托校中王君且惠寄傅斯年校长之函，上下托安铨

安宅，贤书等十二函

研安

一年 胡[illegible] 七 八日

此向新校长为张云，学七日对又说上午加以陈述向人

事询愿同（朋）门之核准凡非人所能料及标说

五点八分，亦在此人回答也

又及

⑦

在宥吾兄左下：前接惠書，敬悉一一。前讀
校同事只有大猷先生對於弟之所述[illegible]，並希
鑒納[illegible]為弟生[illegible]書求中英庚款董事會[illegible]
保[illegible]由[illegible]直接寄出，其餘各節當俟根據此行
從事。叢書之籌[illegible]先生已有定奪，[illegible]人之一試
之代為轉告，[illegible]如吳有所先事為弟[illegible]一通之[illegible]
最好能託友先生[illegible]通一下，[illegible]作如有時間，再行設法籌思
大概此後弟即以所[illegible]在研究所[illegible]，未能[illegible]
先生周星期以來之研究，弟已力為留意，弟[illegible]之工
作[illegible]一直[illegible]已決定編出物理[illegible]其[illegible]
性[illegible]到此[illegible]時不能[illegible]先生此間[illegible]
之通[illegible]即[illegible]日[illegible]天文[illegible]
特[illegible]由同[illegible]至[illegible]直[illegible]行[illegible]
[illegible]感謝[illegible]

教安

弟朝陽[illegible]

十二月十六

國立貴陽師範學院
（普通用箋）

在宥吾兄左下：去接三書，甚感盛意。以內子患病，未克時時作
一月之久，以致西周之編年體例未能繼續，[illegible]歉甚歉甚。
昨將本次一星期在商周三代之五大國都所在地研究[illegible]時間月
份，推算完畢，不久將寄[illegible]，此題擬為 On the Observability
of α Scorpii in 殷、商 & 周 Dynasties，或將登之[illegible]刊物用
之星[illegible]皆據續文本也。承詢丁山先生，弟亦甚思再[illegible]不
知[illegible]在山間[illegible]四五十元[illegible]任課[illegible]三萬元[illegible]
（下學年[illegible]）
二次[illegible]

國立貴陽師範學院
（普通用箋）

在宥吾兄左右：奉到手書并聘書等件，甚感盛意。茲
將應聘書暨[illegible]調查表奉上，並祈察收[illegible]
尊意之[illegible]若為[illegible]至[illegible]何[illegible]於[illegible]調養
已若飄零，何堪再病，想[illegible]了[illegible]之前
不相[illegible]，奉讀[illegible]可[illegible]月底即
動身回[illegible]，方[illegible]赴桂林，前與[illegible]商[illegible]其出事故
[illegible]
[illegible]在二月底至三月[illegible]多須一月
甚感[illegible]未必不能前往，可否請於校方多支一些路費（未完）

院址：貴陽市文化路　電話：二六七　電報掛號：〇二九七

國立貴陽師範學院
（普通用箋）

但[illegible]學生程度[illegible]校工作[illegible]一
向[illegible]近來[illegible]月[illegible]生[illegible]
既望[illegible]以[illegible]此較[illegible]七[illegible]校[illegible]聖[illegible]
隨東[illegible]以為[illegible]又[illegible]人[illegible]
若[illegible]望明[illegible]要[illegible]奉[illegible]
以[illegible]二人之一半[illegible]校[illegible]
[illegible]子[illegible]近來[illegible]否[illegible]近[illegible]
[illegible]馬[illegible]十[illegible]
[illegible]

弟朝陽[illegible]二月十五[illegible]

院址：貴陽市文化路　電話：二六七　電報掛號：〇二九七

(4)

國立貴陽師範學院

（普通用箋）

允宜少备仍北之牌雨情形俯提俾相互参照一般吃亏并无奇况少有特别价值之

维持二千左右（月家仅得读去十元四分）并每汇下三千以備後来寄用 成

者物价较高者五十罗宕雪宝口用品等事不能代为调查也

侵教育局如能推派赴南学校之教育心理及课及幻中史亦可

（至秋左右当前中印教师史）再此以后当另谋工作（英文不甚

好也请专业人帮扶加谭文有书）尚乞代为留意给介绍本省

居在内地各大学家本所用足依据旅社信些回事如为

来故总维一老路公不足安为恐俟君等 如无何人亦好加

入雇团不知可否，唯明先生直者老不久

國立貴陽師範學院

（普通用箋）

贵南行亟当遵嘱先生所命将有所依否前来分信复

闻 friends Social 好最后事可后后施宜住一样七机会

渴已奉复此较宽当渴位此赴威上政为开滋再寄回六

月十七日动身去桂自黔可返休日不见车而自柳州至独山

去贵阳信一日完毕后便有再说敬颂

旅安

弟 郭伯五 上言

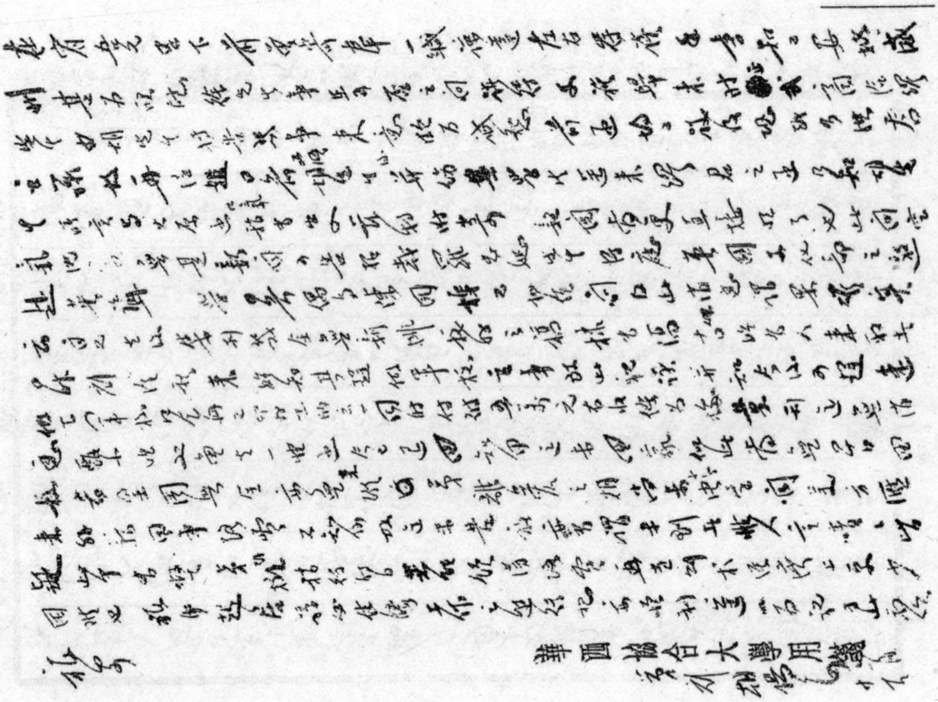

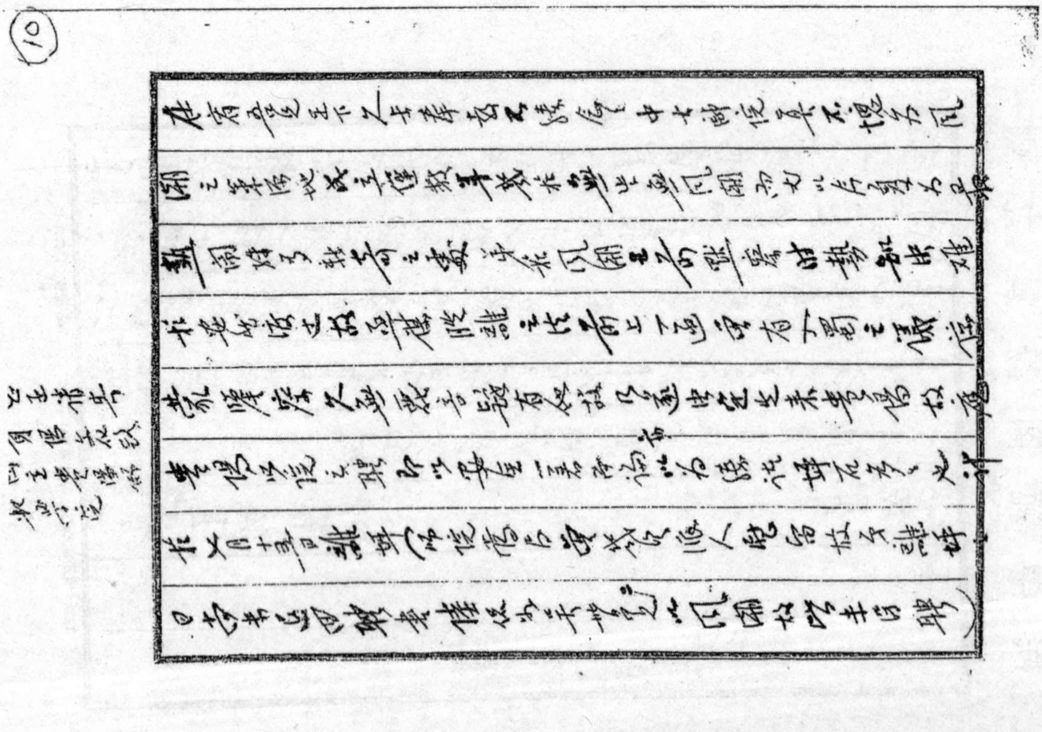

(7)

在桂林住一月半，即往此的生活一切如(?)。八月二十五日又離桂九
月八日得達貴陽師院，借用廣州(?)校建築，備有住宅、用具
及燈水等，亦尚稱方便。惟任主任職務，相繼迭辭不獲，此感
不快耳。兄下近來生活如何？暑假近有何著作？便希望告一二。
滬上有無信來？府上想都安好，此恒念也。以前說曉蘇已赴
在華大開教，聞先生任教中央大學，兼長總(?)，且兵後不惡，
確否？此間生活亦甚(?)堪，不不敢與較，每月每人伙食須八元以上，
減之去冬回師院在坪石時，因其無人係加，久之不相往來。不草此，
敬頌
教安
葉朝陽上 九月二十(?)

國立中山大學用牋

在宥吾兄左右：接誦
手書，知於福蒙厚聘，曷勝之盛，謝謝之至。
傳擬要擬一節，容再從長(?)商之。
兄下此次除外工作目的地在何處，計畫如何，願聞其詳。
此間情形，在從目前勉持維持之狀，惟(放)菜亦好，近日米每元
張(?)為而(?)，有向湖南(?)運廣米，不知能否實現。弟意
擬欲發起組織，因此要籌備辦事之處，放(?)請研究何人
不可一日居，可否乞九大秋(?)，極救許多人，快速家眷者(?)，鈞(?)諮(?)

國立中山大學用牋

為人或為己花費，弟甘為數人中一人，都不到一文，亦所教。
部，適在其事，名義上一向由此所，仍得之成，本館也仍舊研究
費，寸者亦如此，相隨殊不知恥，事的懂得，是否俗，時能
之者謂之，向者所進之經費，難於中尋出者，於此役如意
不十分贊成之故，弟意自無不願勉強進去也，若說部
來前代理接管事主任，以後其擔任時節，數月所設代據
脫此代理之處，以代理研究主任，相擇仍不勝，就只可代半年幫
忙而已，古人謂做之任，兩三年可得，幸此舉是以，老俗何如，因此後

國立中山大學用牋

故而所有家學之脈，以此將我高卿舒望名義似是誤人意見
而再者有人所以倡亂之，前月間之告以西北備學之北所
以遂謀生事，頗挑剔者安排將來是不知何如也
尊意若以事可遂也，兩廂報
其下合右作不如右在困難，弟前在西南聯大時完基先生思
明經濟處之兩門工業合成記錄代表之作，主用處先生
須遂之一行，弟自己亦想去助一條也不忘
其下改代弟設代理，草草敬謝，並頌
撰安

弟[illegible]上 四月十[illegible]

第　頁

在宥吾兄左右：久未奉教，正以为念。忽接手书，欣蒙关注，下学年仍以感荷
感甚。此间自从电梅任校长，大局稍见进步，惟仍须努力（右个之
珍也未果。一度作此想，惟离开校中此界亦非可去者（前接此间华北某校来信，弟尚未复）弟仍思另谋出路，七月
本拟游行湘东，现决定赴北平一游，弟有离去之意，只是早有此意，惟尚未决定（湘北某某）
不得不离开此处。兄处一面能否？二者比较权衡，三者均有不便，两人敢
恕纳非一般，请兄下询吾侪，究竟以何为善？然庶在港，如有安排，亦
所至愿也。倘六七两三月之空，交国立编译馆出版，以得学术界之助
再聆可也。专此奉复，并颂
[illegible]

中華民國　年　月　日

弟 郭偉 上 [illegible]

第　頁

在宥吾兄左右：此接两书，以吾兄此来尚心境不安适，喜报夏初赴桂本
拟不复返粤，当时此间马长发生风潮，弟以不欲卷入漩涡，故亟远引，
讵知西大又以马长发生学潮，被此[illegible]生一辍，由吾兄高谈后乃出去，又恐人
误会，而此间友见弟辞意，又因前度所订当初广西教育研究所
之需要，辞退令[illegible]欲延聘为研究导师，待遇特优，以其机关既
不正式，故而不能辞拒，而力辞却，唯此间上课之对象，须此间现境不
佳，无人能任，两者能否？屡电约弟返，不得不说此危[illegible]（今年
待遇明见[illegible]）阅后[illegible]

號　　頁

⑴此文係初次研究之意不敢多所旁徵博引尤是人之說之在
必要之時稍加移錄以明霸之說只舉大最重要者為常為世人所
稱引者餘則因此（如某某某之說）外此之意見有之及見者亦有未及見
者或有意不引或另因未及見亦要從詳作似恭然方今無人較難有
不易求求全者備茲內同感非僅此而已也⑵周器之為鑄範如為鑄
器時用只日要皆應為前者日子（如為鑄範應為鑄範此器如是此禮器
之日可也為鑄彝器時應為鑄彝器此器之意可也）業既有數百器之像鑄範日
子則言乃是無一以前旁生霸即旁死霸共出此數百日中至無一日恆違

中華民國　　年　　月　　日

號　　頁

旁生霸即旁死霸之月相乎此蓋由於當時撰寫此鑄器銘文之史官在
世之日尚未通行殷曆即逢此等月相之日亦不能錄出之也故不論此數百
周器之為鑄範或為鑄彝器或有一部分為鑄範一部分為鑄彝器其銘皆
不紀旁生霸即旁死霸一種紀某月相僅在記錄當時史官所用曆法不是殷曆
而之撰寫銘文或者尚未之史官（或非史官）在世之日則已通行殷曆故凡文不高尚
書之出世時代遠早寧不相同也弟意如此不知高見以為如何月前長沙之學
此間人心惶惶無從安地旋即接胡傳来好消息晚飯之後如見尼田蒼
給何遂華而爲在上車後相安否為此草覆高明

中華民國　　年　　月　　日　　弟 胡[illegible]

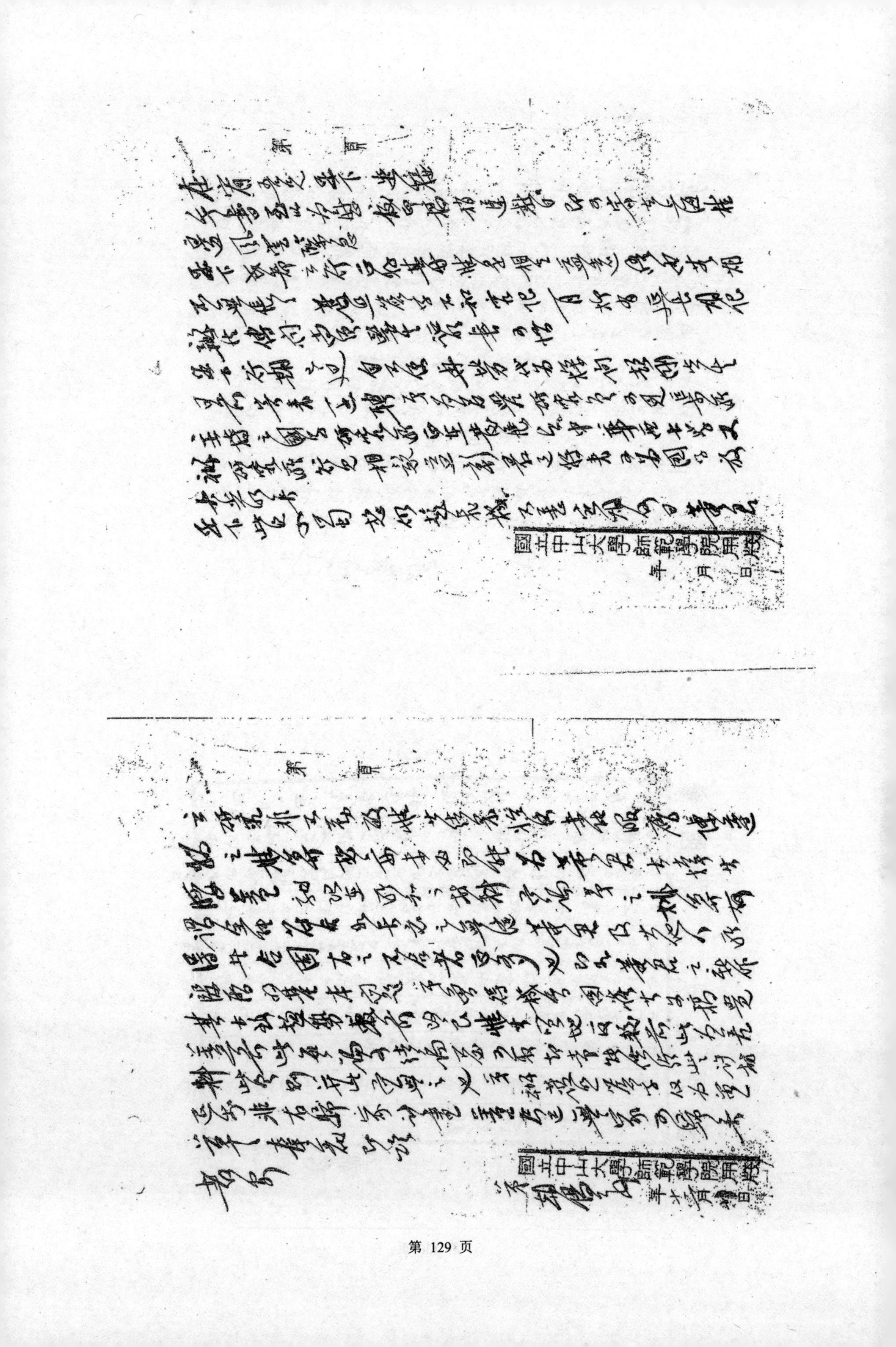

國立中山大學師範學院用箋

第　頁

年　月　日

國立中山大學師範學院用箋

第　頁

年　月　日

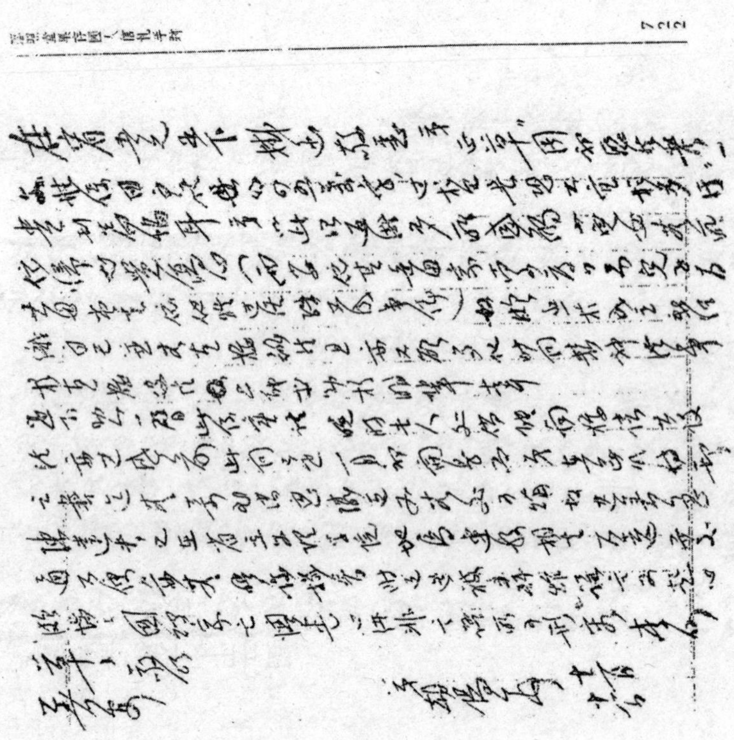

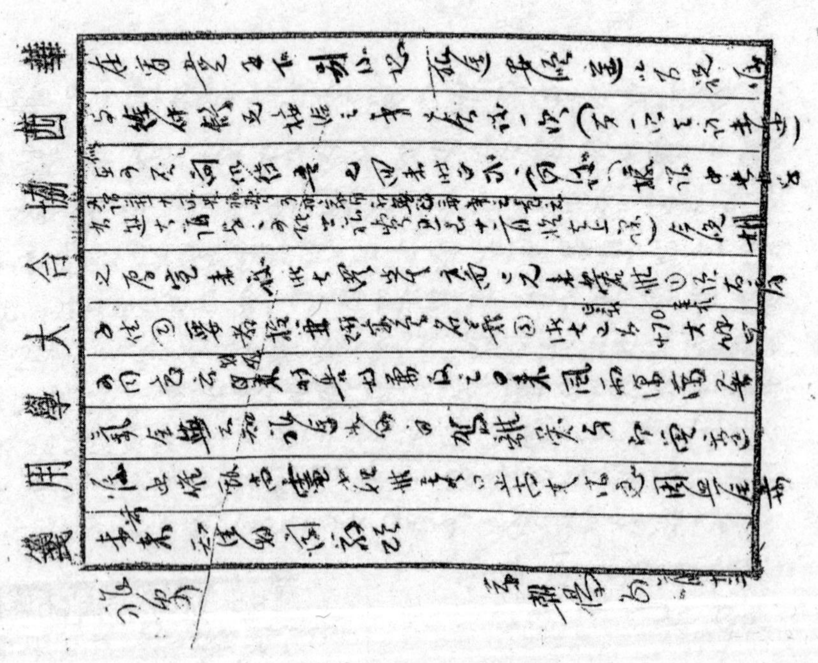
華西協合大學用箋

给杨正宗先生的书信摘录

说明：

为争取发表爸爸遗稿《相对论的根本问题》一事，1977 年 8 月下旬至 9 月初，与慎金、蓓怡一起专程到北京，在去了中科院物理所后，特寻访了杨正宗先生。从当时杨老师动情的回忆与讲述中，深为他们多年师生情谊之深所感动。在提及爸爸学术思想与晚年研究重点时，杨老师拿出他完整珍藏多年的一叠信件（除 1966—1970 年中断，从 1959.1.19 至 1975.3.2，近三十封信的合订本）并同意借给我们一阅。下述即为当时小丽阅信时摘录爸爸给杨正宗原信中与物理学发展相关的内容。

（刘小丽 2016.11.1）

1961.1.15 信中提道：

“发现狄拉克相对论的波动方程抛弃了一个因子。当时认为此因子不该抛弃而是代表质量为负的电子，并以为这种电子之所以能同正常电子一起湮灭乃由质量正负抵消所至。当时人们斥为‘狂妄’。在南大时，亦曾说起，亦被人斥为‘狂妄’。但不久后日本学者就有‘质量反演理论’。”

“我以为：现在正反粒子都是正负质量粒子。”（下接大段有关正反粒子与大能量释放的文字，达 11 页之多，其后还有关于“超原子时代”的予言。可惜当时时间紧未摘录。）

1962. 10. 14 信中提到对物质的新看法：

“物质是多样的：有质量的，没有质量的；有电的，没电的；有质又有电的，没质有电的；还有既没质也没电的，等等。”

信中还提到对物质运动，及对光的一些看法，如：“波粒二象性不对”，“物理理论应完全翻新一下”，还说“最近就想做这工作”。“对于力学、电动力学、量子力学和场论亦有这种计划。”

1963. 2. 6 信中提道：

“像你一样，我立下一个雄心大志，想把现代物理体系整个翻造一下。”并说：“几次学术报告已解决了热力学与统计力学的全套根本问题。说过光的本质，否认粒子的二象性、质量等问题。最近还想做几次报告说量子力学和量子场的根本问题。”

1963.7.5 信中提道：

“我以为整个物理体系都有问题，应该用正确的宇宙观把它建立在新的基础上才有出路。我现在订了一个计划想这样做，不过这种工作范围太大，分明很艰巨。”

“相对论把物质都看成一定有质量，认为光速在整个宇宙里都是常数这两种观点都不正确。”“爱因斯坦以几何学来推导物理的方法亦多少有问题。”（信中还提道：陈福生要在相对论方面做一些工作，得出的结论：牛顿的引力定律比原来要多出一项。）

1963.10.6 信中提道：

陈福生在《江大学报》［第 1 期］有一篇关于相对论的文章，还提及爸爸自己已写好的《经典热力学的根本问题》与未写完的《统计力学的根本问题》，“每篇都自以为解决了一系列问题，实际上提出了一下新的理论体系。”

1963.11.17 信中给杨正宗提出一项课题：“光谱线的理论问题”，还写了较具体的几点意见供杨参考。

1965.10.2 信中提道：

“对于近代的理论物理体系有整套的新看法。”在说到物理学与宇宙观时说：“我深信恩格斯自然辩证法的宇宙观实在是正确的宇宙观。特别是物质的观念。”并认为“以太是一种没有质量的物质”是正确的。还提道：“承认光速否认以太，等于在海水中度量了船速，承认船速而否认海水一样荒唐。”又说：“真空既有论据就是物质。”“经典统计与量子统计完全是一个东西。不过前者用于混乱的舞动，后者用于混乱的波动，形式稍微改变一点罢了。”此外还提到有关《量子力学的一些根本问题》。

1971.3.6（在景德镇时）信中说：

“如果你曾收到我寄给你的几篇在江西大学学报刊登的我的文章，就可知道，我后来的兴趣已转到打破旧的理论物理系统，建立一个新的系统方法。还有关于相对论的几篇尚未发表。（我现在认为相对论所导出的几个结论都可以用非相对论推导出来。）

1971.5.20 信中比较详细谈了对相对论的看法，并说已用非相对论的方法推导出一样的结论。（因原文较长，未摘记。）还说：“原想用这些新观点驱散在量子场的云雾与困难。”并说到，可惜没能到北京参加相对论的讨论。

1971.7.25 信中列举了 9 点有关新体系物理学的观点。

“对于建设一个新的物理理论体系，我现在大意是这样：

1. 以辩证唯物论的物质观代替机械唯物论的只是有质量的物体为物质的观点；

2. 以辩证唯物论物质可以不断分割，即物质总有结构的观点代替机械唯物论的观点；

3. 以内因为变化根据，外因为变化条件代替机械唯物论的外因论（质点就是没有内因的最后状态）；

4. 以辩证唯物论的热运动与机械运动为本质不同的运动的观点代替机械唯物论的唯机械运动论；

5. 基本粒子没有波粒二象性，波浪只是够多的粒子在特别条件下发生的一种集体运动的情形；

6. 量子的波动方程所有的波函数根本是同宏观的热运动有密切关系的概率，波动方程牵涉够多的粒子运动状态；

7. 相对论必须废弃，场论必须重新来过；

8. 物质是多样性的：有电的，无电的；有质量的，无质量的；有正电的，有负电的；有正、负质量的，等等；

9. 排拒现在的数学形式主义，特别是排拒现在通行的（坐标系）变换论。因为讨论运动状态必须计及能量，不能无缘无故来一个变换以加减能量。”

此外，此信中还说：“大局已定，细节正待讨论。”

1971.10.1 信中提到：

1. 福克著作里也说洛仑兹变换牵涉到转动而认为无关紧要，我们却认为重要。

2. 提到未及发表的几篇论文为：

（1）彻底批判物理学上的机械唯物论宇宙观，建立辩证唯物论宇宙观；

（2）《再论洛仑兹变换》；

（3）《再论狄拉克相对论的波动方程式》；

（4）《从矛盾论看基本粒子的波粒二象性》。

3. “我现在只想怎么能有一个机会，在相当多且普遍性相当大的群众中，发表我的这些意思，请他们详尽地讨论几次，把未尽完善的地方加以修正与补充。因为要推翻旧的理论物理系统，建立一个新系统，这是一项重要、重大而相当艰苦的工作。特别是近二百年来的大物理学系的理论。我相信如果我现在不提出，至少要迟几十年才有人会慢慢地走上我所指出的路。因为：

A. 资本主义国家……

B. 我们同辈……

C. 我们下一代……

（认为人们数学基础一时赶不上，而且很少人能详细研究马恩有关著作，如《辩证唯物论提纲》等。）

4. 回答杨正宗几个问题，以及有关洛仑兹变换。

1972.7.14 信中写道：“想起来只有一个心愿还未完了，就是要建立一个新的理论物理学体系，大意是：量子力学现在的理解是错误的；基本粒子没有二象性；波浪是够多粒子的特种集体运动；由于多而混乱只能用统计力学的方法对付，波函数就是概率；相对论的几种被验证的结论，我已用非相对论的方法推导出来。迈克尔孙——莫雷实验结果是错误的，洛仑兹变换是一种转动变换，根本不适合相对匀速运动两大坐标系。故相对论基础是错误的。想写一本书，称为《物理学向何处去？》正拟议中，许多新意见想得到批评、指正的机会。”

1972.11.7信说：“我正在写点关于理论物理的东西。”

1973.3.8信（刚从景德镇搬回江大）说：“在此十几年，没有朋友，难有交流，家居亦颇寂寞。”

1973.5.28信提到：

1. 想去南京、北京一次，看看外面情形，但因病未实现；

2. 关于相对论的书，几次搬家，损失不少。（并将现存外文书目列了16本）；

3. 想到北京一次。

1974.3.3信列出《关于相对论的根本问题》七章题目，并说：“大致已写完，多至300页，从哲学方面、物理方面和数学方面全盘否定了相对论。”并说：“这些意见以前就有了，可惜这里没有人可与之讨论。很想来北京一次。”并问到严济慈地址。

1974.8.28信说：“这一年来总算做了这样一点工作，讨论了《关于相对论的一些根本问题》，写成普通稿纸400页。”（并说了些内容，未摘录。）信中还说：“这只是我所拟写书的一章。”此外还提到“余论”中涉及引力波问题等。另附关于“单极磁子”问题。

1974.10.1信提到：

1. 引力波问题：（认为亦应否定。）最后说：“除以太外，没有不带电而只有质量的粒子所组成的广大媒质存在，故不能有引力波，特别是不能有以光速c传播的引力波。”（相对论的引力波亦以光速c传播。）

2. 关于相对论实验解释等问题的看法（因较长，未摘。）

3. 已交出文章给江大物理系，但没有人提意见与感兴趣。想拿回来给杨看请他提提意见。还说：“最好你能找到物理研究所请那里曾批判过相对论的一些同志看看，提提意见。”又说：“我想把形式稍微改一下，作为单行本付印。不知你能否帮忙找出版社友人谈谈？”

另在“补充”写道：“我认为有必要扫清宇宙演化论里相对论的一些成分，黑洞就是其中一点。”并表示想再看与购买天文学方面的新书。”

1974.10.4 信提到 29 年那篇文章。

还提到：正准备抄一份《相对论的一些根本问题》对词句再作修改一次。

还提到：“黑洞”说，主要认为光有质量，而我则认为光没有质量，故不能用相对论来说明黑洞现象。

信中还说：“本来想退休，但因为脑子里还有一些关于理论物理整个体系的看法，并想完成它，而这种工作最适宜在学校或研究所中做。故正迟疑不决。1969 年就曾想退休到杭州，那时我有一个女儿在浙江大学，她已替我办好户口，可惜这里领导不同意，未能实现。本来，退休到浙大住最有利实现我这个愿望。”

“天文学与光的关系特别重要，如果光没有质量，光速可以同别的物体的运动速度有相加性，现在有些重要结论就有问题了。”

1975.3.2（给扬的最后一封信），信中提到：

“此章‘绪言’已大致说明我对于相对论的主要意见与理由。请你批评指正。物理研究所方面对于相对论亦有所批评，你如由私人关系转请他们批评指正，亦极欢迎。”

杨正宗先生给刘朝阳先生的几封信

说明：

杨正宗原在南京大学天文系，师从朝阳先生，南大毕业即去北京工作。后调中科院，夫人也在中科院搞科研。杨与朝阳先生的师生情感真挚、深厚。后来，杨为研究去了美国，专攻天文、物理。全家五人（包括两个读大学、一个读中学的孩子），都随杨正宗研究天文、物理。杨来信甚多，只选几封摘抄于下，以便从侧面了解朝阳先生的治学和为人。**（郜大琪）**

敬爱的朝阳老师：

拜读来信，极为高兴。总算有机会在较稳定的条件下一边工作一边依靠书信听取您的指导意见。这是我的一个有利条件，也是对我有利的鞭策和鼓励。我应不惜余力地为您做些事，这算不了什么，只要在我的能力范围内，我权当做自己的事一样尽到自己的力量。

索要的刊物经几次查询，结果得于社会科学刊物，而且是早年过期刊物，现存柏井寺。昨去柏井寺书库提取，只有1934、1935两年的合订为一本。我将这两年的全部目录抄书如另纸，请您查对。不过我似乎看不出有这篇您要取的文章，因为这两年都没有那位作者。现在想问的是：1）是否系《Asia Major》这个刊物？2）是否系1934、1935年间的？（1936年全国目录上也没有，估计可能停刊）盼告。

另外您过去曾要我代复制的Otto.Radlick的《Jundermental Shormodynamic Since Caratheidory》（于Review of modern phjsim 1968.7）文章，今天也已找到。不知您还需要复制否？今天去复制组联系，他们现在的打印、复制只有两种办法：一为静电复制，一为缩微胶卷复制。第一种方法因机器坏了停用。现在只有缩微胶卷一种。（即用135毫米胶卷拍照，然后放大一倍。）放大后字体甚小，如刊物上最小号字，不知您是否能看清。如需要，而又可采用此法。请即来信告知。（如需要，此法不能看清，我代抄也可）。

我热切地等待着您的论稿《关于相对论的一些根本问题》的文集。我是很感兴趣的，一定好好学习。并在力所能及的范围内，请人提提看法。现在我记得天文台的有位同学参加过批判相对论的全部活动。如方便我可以找他交谈一下。不过如按您的意见应怎样合适？如：以什么样的方式？（原稿传阅还是提要讨论？）在什么范围内交流？和以什么样的名义？进一步的问题等文稿来到之后，再听取您的指示，一定按您的意愿办理。

又，曾记得您在江大曾出过《关于统计物理的一些根本问题》一文。虽现不再搞此，却很想向您要一份，以便集中在一起，成为您对整个物理的全部革新的成果精华。（我不知道您另外还有这方面的文章否？）近来我整理了您历来给我的信件，近 15 年计 28 封。这对我是一份极宝贵的科学资料。由于种种主客观原因，主要是自己抓得不紧，没有更多地取得您的指导，这是很遗憾的。相信今后会大有改进。

关于您所建议的一篇文章，也已在《Science》中找到，因近忙些事务，还未细读。现似乎站在一个路口，不少吸引人的专题在等着。他们大都建立在爱因斯坦广义相对论基础上的，由于您的工作使我对相对论的基础有了动摇。这一切都要求自己要进一步提高充实。只有这样才能用于创新。

二十世纪六十年代以来，天文界破天荒的四大发现是很激动人心的，特别是由中子星引起的黑洞理论是十分吸引人的。对这些，现只是学习它，了解它，不愿盲目地去赶热门，跟在人家后面爬行。引力波方面的工作现在也未做。我觉得现在最迫切的就是总结一下相对论。大量的工作等着要做，有心和您多通信，多请教些问题，相信您一定会给予支持的。

听说您的眼生白内障病，很是担心。不知采取了什么治疗措施没有？有病就要想办法对付、斗争。这方面您很坚强的。再叙，盼早福音！

敬祝

健康！

您的学生正宗　　10.15

敬爱的朝阳老师：

来信在渴望中收到，惊悉您曾重病一次，对此表示我们最亲切的问候。请务必多加保重。对您的脱险感到庆幸和慰藉。

寄来的大作稿件已收。接到后我和扶瀛同志都争先一口气地读了一遍，使我们得益不少。我们还希望早日看到正文的推演论证，以便进一步地领会到您的理论体系和精神实质。如果您在抄写方面不方便，不妨将原稿寄来，由我们代劳，不会有什么失误的。本来我们想在此谈一谈自己的一孔之见；但恐犯了“只见树木，不见森林”的片面错误，因此想读了全文以后再行讨论。加之近日盛传北京可能会地震之说，尽管我自岿然不动，也不得不牵涉到一些事务上的防备，干扰了一些思绪。恐您等信焦急，所以寄来此信。

为您办了一件小事，本理所当然，区区小事无需挂齿，如您有事可尽管提出。理应当仁不让，乐于代劳。

您这次寄来的稿件，正是我们运行这方面工作的时候，这是长期以来和您的工作最接近的时候。因此不需要另外花力气。关于相对论，我们也有些初浅的看法。近尤其在最为普遍的宇宙空间的使用方面，提出了新的问题、新的怀疑、新的想法。这些在我上两封信中都谈了一些。但由于长期以来总是在重病和严重的种种困难的威压下，才搁罢多次，这次在新的需要下又重新拾起。如能得到您的指教、支持和鼓励，当然是莫大的幸事。我对相对论的态度到了这样几个阶段，即 1．学习和使用；2．修正；3．放弃原相对论，另建“相对论”；4．绕过相对论建起宏观理论。目前前两项工作都进行和有了结论了，后两项创造性的工作提到日程上来了，在两项工作不能合而为一，不妨一先一后进行。在放弃了爱因斯坦学人的原相对论后将建立起什么样的新理论，现在还很难设想。相对论的最基本的假设（分设）现在确实都已成了问题。接连不断的重大发现已将天体物理推向了新一线。现在已有可肯定在总星系为单位的物质体系内，相对论是完全无能为力的了，这从科学发展史上看是理所当然的。二十世纪一开头，那几年谁也不会对光速为速度极限提供否定依据。至于引力质量，惯性质量的差测量就更谈不上了。现在的情况已大不相同了。以迪克为首的反对相对论的一派呼声很高，尽管布朗斯-迪克理论并未取得公论，但总算在旧传统观念上迈进了一步。究竟新理论什么为原则，特别是关于超宏观理论的纯属开拓性的工作，需要认真深刻思考的。这是一项极其艰苦的科学工作，我们从头做起，自然条件的严苛，工作内容的庞杂，都不足以成为障碍。我一直会坚持鲁迅先生的名言“路是人走出来的”和“我尚能生存，我仍需学习”的精神。在这方面我相信您一定会给予热心地帮助与全面的协作。限于条件，现阶段只有充分利用信件来交谈。我们的情况还是那样，幸好还不至于影响到学习，天不作美又加上个人干扰，看来也不会有什么大难。

师母的身体复原了吗？现有孩子在身边吗？望自多保重为妥。

敬礼

安康！

您的学生：　正宗　9.9

敬爱的朝阳老师：

来信在日夜盼望中收到，内情尽悉，读后极感欣慰。

的确，大半年来一直未能得到您的来信指教，使我愈来愈是挂念。特别是担心您的健康情况。从来信中知您虽年迈体弱，而奋力于伟大的科学事业，尤更老当益壮，不禁使我感动至极。在我所接触过的人中，唯独您——我所敬仰的老师，如不老松，傲然挺立。近二十年来的交往中不禁使我深刻地认识到您不仅是一位勇于开拓科学世界的战士，而且是一位能始终如一地把毕生精力贡献给科学的最好导师。您的勇敢、坚持和严格的治学的精神是最值得认真学习的。

得知您完成了自己的大作《关于相对论的一些根本问题》，非常高兴，并真诚的预祝它取得伟大的胜利。这是您坚忍不拔，辛勤劳作的结晶。由于我已按计划转入到较长时期内活力的科学领域——广义相对论、引力理论和宇宙论方面来，故对上述大作，尤其感到急于了解。最感遗憾的是不能当面聆听您的教诲，但不知是否有条件早日看到您的文章，不知道是否有可能早日出版？不然，不知有多余稿或底稿寄来，以供拜读，不知是否可能？

我的身体状况虽进展不大，可是精神也还还可以。我一直本着鲁迅先生的名言：“我尚能生存，我仍需学习”的精神，使自己的一生精力用到科学探索方面，并尽可能地利用我身边的条件——北京图书馆。此处属于我的第二母校，使我获得最充分的精神食粮。我半年多来从摸底调研开始，做了一点事务性的事，边学习和分析了一些问题。这已经等于做了我过去很长时间所没有完成的事。现虽了解到一些最近问题的进展，也选择了几个需要思考的问题。但所有这些问题均以广义相对论为基础。如果现有的相对论已为您所推翻，显然我那些思考就完全站在沙滩上的。因此不得不对相对论的基础进行重新分析、探讨、研究。

我极欢迎您能早日实现来京计划，以便能当面聆听您的教诲，重叙师生深情，此种心情极为急切，如不是客观所限，我定会跋涉三千里路，登门求教的。只要您的身体允许，在您愿意来京的时候都可以来。吃、住、用只要您不嫌委屈，我们都极欢迎您与师母来我们这里。这里条件虽差些，相信精神上定会得到愉快，这里每天都可以散步到藏书最多的北京图书馆研讨求问，没有时间限制。买北京的火车票据称有一办法，即只要您买超过北京一站的地点的票即可，如买通县或双桥的票即可买，不必提到北京，否则车站可能不会售票。

科技大学现仍在合肥办，看来将长期定在那里了，已经把三机部还给科学院了，严副校长已退休，他根本未随校去合肥，人一直在北京，而且有时候在重要活动时出来，地址如打听到即可告诉您。

我们已提出调动的要求，由于身体条件不能离开做手术的医院。理由很充分，但还未给答复，我最希望的是能到物理所安心工作几年。自然仍是搞纯理论好。

我爱人扶瀛同志一直和我在一起，照顾我。并坚持不懈地和我一起学习，研讨功课。如不是这般精神支持，我们早就会垮下来了，自然我们都一样地向您请教。

您如需要药或别的什么请来信，我尽力会办，不必客气。

您的《统计物理的一些根本问题》我一直未得到文本拜读，如有或别的文稿，手记可以给我读的望能一并寄来，以便仔细学习。盼早复！

此祝

安康　　向师母问候

您的学生：正宗

敬爱的朝阳老师：

近来的情况怎样？身体好吗?已有较长时间未给您写信了。此间我将自己前一段的工作暂告段落（因条件所限，只好搁浅）同时也要求做新的工作，以求推进。因此，目前我已将自己全部的注意力转移到相对论有关的问题方面来。您的大作我已反复地仔细读过，能在这个时候读到您这方面的独到创见，尤为难能可贵。因全部论题都有待看您下文的论证推演，十分急于接着读下去全部内容。不知现在能否将余下的内容寄来一读。如没有人力、时间复抄，可将原稿寄来，我相信不会丢失的。由我们自己复抄，以免耽误。在此请见信后，尽速给予复函是何。

文中提到超光速的问题，对此颇感兴趣。在这方面我早有所感，身边材料太少，请能多给些原始文献来，迫切需要。

近来在进行哪些工作，学校的教学及其他的情形如何？退休问题提出了没有？师母和孩子们都好吗？夏至时日在即，南方又很热了吧？今夏拟往何处避暑？请千万保重身体为要！再谈,盼早复函!

敬礼

健康

您的学生：正宗　1975年6月15日

给妻子及子女的几封家信

说明：

这里收集到的是刘朝阳先生给妻子孙杏芳及子女［刘雪来（莱）、刘小丽］的书信手迹影印件（按时间顺序排列）。

编者

雪东：

从去年到江西，差不多半年多了，怎么一封家信都不寄回来。到底怎么样了！你可能一定不想家，可是我们对你都很挂念呢！你还在工厂吗？婚姻的事你怎么样了？工作紧张吗？应该多写信回家才是。

家的都好。茅稻去年到北京后，又派去山东搞[redacted]工作。春节结婚，曾回家一次，不过来去匆匆，在家只住四天。勇畅又调到黑龙江了，通信处是：黑龙江省安达市喇嘛甸石油化工厂。你们都在东北，可以时常通通信。云东学了无线电，最近去无线电工厂劳动，要七个星期后回校。小畅在农村搞四清，据说她身体不大好。

江西大学从去年已经过教改，课程门数和内容都减少约一半，人都空下了。一些人要调出去。你妈妈在教务处，今后工作恐怕还要忙一些，由于人减少了，工作不但不减少而且还增加一些。这里还有一些备战工作，因为恐怕[redacted]疯狂，可能把她的[redacted]伸到中国来。有备才能无患。你们那里情况怎么样？

希望你即刻来一次信，详告最近半年来的情况。

祝你快乐！

雪雪 1966.3.29

装 订 线

货号：南27—17 16K 100页 包装试卷页稿纸（江）

雪来、淑媛：

信和照片都收到了。大姊和小姊又已回家。可惜你们还回不来。我们都还好。江西情形，总的说来，是形势大好。[redacted]委员会成立了，武斗基本上停止。去年六、七月间，形势最紧张，[redacted]包围了南昌，要进城[redacted]，有几天一夜数惊，现在回想起来还有余悸。现在好了。只是由于缺乏汽油，公共汽车停驶，感觉不便。

听说长春市曾有激烈的[redacted]，现在想亦平静了罢。工厂没有教育改革等事，应该抓革命、促生产，是不是？这里也于去年复课，但不是恢复旧秩序，一切在试验中。我因年老多病，想提早退休。听说国务院有通告，退休照旧章办理。你们看到过这个通告没有？如看到，希望能把这通告抄给我们看看。我们这里不曾看到这通告。

这几天南昌下了几天大雪，今天才晴朗，出太阳。东北天气当然更冷了。郑大琪来过。江苏事情还不甚好，大联合搞不起来。铁道线上一路有时还有[redacted]。大姊、小姊来时就遇到过一次。只要能紧跟[redacted]战略部署，形势就会变好了。但一直是问题出在不能[redacted]的指示办事。

因为不放假，我们没有到那里去。但许多人仍回家去过春节，实际上等于放假。学生尤其回去的多，到现在还很少人回校。

祝你们快乐！

爸爸　1968，2，8.

大妹在黑龙江安达市"喇嘛甸"石油化工试验厂工作。听说该厂将要归併到大庆，只要工人，不需要很多技术人员，故凡自己能联系上，可以调出。大姊很希望到南方工作。你们的同学和朋友中，有否在南方什么化学工厂工作的，如需要人，可以替她联系一下。她学[redacted]化学。如有北人愿意互相调，更好。

雪来：

几年没有来信，挂念得很。前天看到来信，才知道你们一些情形。小孩的照相也看到了。有了两个小孩，家务就不轻松，特别是做饭，恐怕是很忙碌了罢。

你的气喘前几年已完全好了的，怎么又让它复发起来，这就很麻烦了。现在怎么样？好了一点没有？东北天气冷，对气喘病人很不适宜。现在只好加意护理，适当休息，象去年那样让它慢慢恢复健康才好。

前几个星期江西理工科大学发了一个理工科大学教授的工作证给我，看它意思，一时还谈不上退休。今年全国教育工作会议有一条就是要安排年老教师的退休事情。但江西情形，往往与别处不同，不知道会安不安？照理，我年纪太老，身体又不好，应该退休，因为工作已没有什么能力了，特别眼睛患白内障，视力已很差。现在组织上虽然照顾，工作轻松，但我心神不安。一个人生活由阿国照顾。去年小弱本来已在杭州替我请准了户口迁入杭州，学校不同意，只得作罢。这里教授很少，都是年老大概怕大家走散罢。

我今年七月间，患因高血压，住医院治一月，杏芳赶来护理。治疗好了。但血压出院后又很高，经过两三星期的治疗休养，现在才降下来。可是还不稳定。

大弱在黑龙江大庆市喇嘛甸石油化工厂；惹弱一家在青海海南州人民医院；云来已大学毕业，分配在江西新建一个公社安村中学里教书；小弱已调去浙江丽水，同滨宾在这了。只有毛主席英明领导的社会主义祖国

6393

（香友西）

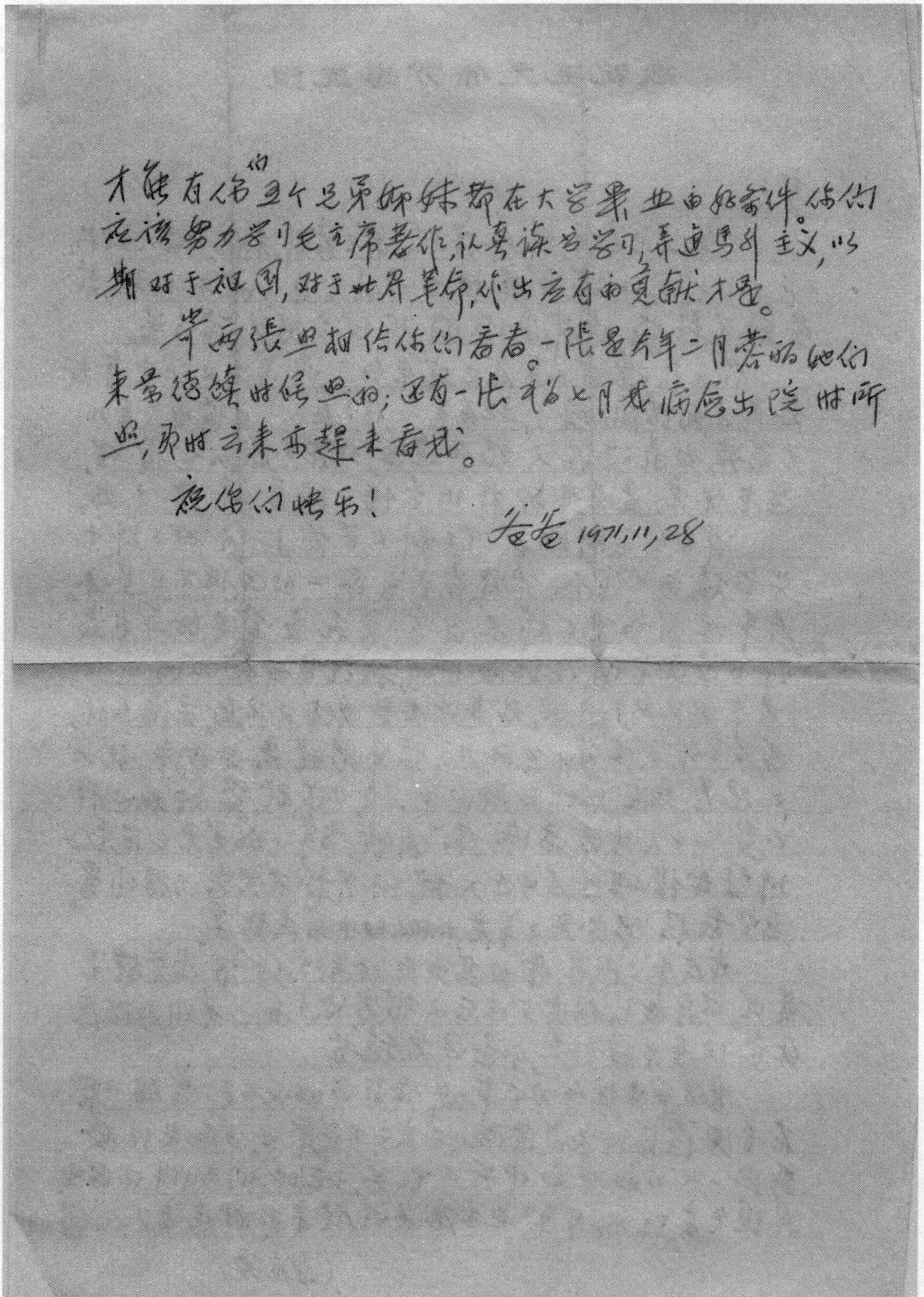
才能有你们三个兄弟姊妹都在大学毕业由我寄件。你们应该努力学习毛主席著作，认真读书学习，弄通马列主义，以期对于祖国，对于世界革命，作出应有的贡献才是。

寄两张照相给你们看看。一张是今年二月蓉丽她们来景德镇时候照的；还有一张是今年七月我病愈出院时所照，那时云来亦赶来看我。

祝你们快乐！

爸爸 1971,11,28

杏芳：

十二月二十六夜来信收到了。七一年已过去，七二年已到来。昨天洗了一床被单。出去上街，什么都没有买；好一段时间，景德镇市没有水果。昨天食堂有鸡鸭肉及各种鱼，向过节，还有水饺；晚上有晚会（前晚还看了一场电影）。不知你们过年有什么菜否？同学们曾否回来？

安慧岭听说要调回理工科大学教英语。吴剑章已从新余回来，现在属于人民内部矛盾，并开始到图书馆来工作。图书馆还照常工作，搬家还未开始。以前工学院在有图书馆已被针织厂改为厂房，故必须等他们搬出去后，加以修理，才能搬图书馆，因此，恐怕要在后期才能有搬家的计划。

这里没有人提出退休的问题，不知道是怎么搞的？你的退休问题，到现在尚未得到解决，真叫人着急。如果通知你退休，你将户口迁去南昌，恐怕是最好的办法。你箱子怎么能丢掉？特别有许多好的文稿（可以说是全部文稿）决不能放弃。最好托人想法（托组内同志）弄一个汽车运到南昌去，出一点运费（与人合租一辆汽车，如果还有别人也同时退休或调动工作要去南昌的话），就再几十元也上算，你考虑考虑。箱子放在那里，将来还要去那里拿，岂不多事。因为要等待通知，春节你不来是很须也罢。如果能我早日搬去南昌，如果在春节之前，那我一个人也可以回武宁来过春节。但这种情形能实现的机会是很少的。武宁县城还没有被淹在水中吗？

奶粉你那里有无糖的，最好寄给我，我这里只有糖的奶粉寄给你换过来。你看好不好？这里将来恐怕很难买到奶粉，因为后来我去问过一次，都说要有证明。

所需之报告书，我写在后面，届时你斟酌抄用。但是报户口迁去什么地方，恐怕只好由自己填写，不必抄稿去请组织批准。一切你自己掌握运用就是了。

下放

（随着五七大军

我原籍江苏南通，解放后先后在上海杨树浦和南京大学工作，65年调来南昌江西大学。68年响应[redacted]来到武宁路口公社奉水大队，转瞬已逾过三年。今我已58岁，得到上级通知，给我退休。这使我一方面深深体会到社会主义的优越性，另一方面又对党和政府的关怀感到无限的感谢。因为我的爱人现在江西理工科大学当保管，年近七十，亦将退休，而我的大女儿则远在安徽山区工厂工作，二女儿是在青海人民医院海南州工作，路远地千里迢迢，而不适宜于养老，而小儿子则未到，不来我家。因此我再三考虑，只有回去南通原籍家中老母，今年九十九岁，尚需人照顾（解放以来，其生活一直由我供给）。素知组织上对于退休人员生活，照顾无微不至，妥为安排，故请批准我的户口迁入南通原籍，俾晚年实感盛恩。此致

这个稿子好不好？你们已经拟好的吧。今天是星期日，本来想同孙泽瑞上街，因为车子人多，挤不上去，故没有去。棉花已买来，每人只半斤。71年布票买了一条黑绦色元呢机长裤。还有一、二尺布票，我想去买些头细布，以备补衣裳用。

我身体已好，血压下降了一些，但不稳定。前星期日上街，上车时遇到陈宝球，他说我一个人上街不大好，出了事怎么办？那天礼寿带着我上街去，也说你一个人上街不妥当。但有什么办法呢？小女、小丽都寄来一些维生素B_2，C等，眼睛好像好了一些，这些维生素看来是有作用的。你如春节以后来景德镇，记着把人参和莲子带来。对面医院的医生对我说，你这样大的年纪，吃些补品如人参等，会有好处，人参对高血压没有多大关系。将来小女在回时，如过上海，当叫她再买一点新鲜的人参来。

祝你们快乐

朝陞 72,1,2

大女好久没有信来，不知老中学的情况怎样以后，广州怎么如此吧，很挂念。

雪来、淑媛：

雪来寄来的1月21日来信收到了。长时间没有通信，不知道你们的情况怎么样，时刻在念中。看到这次来信，才知道一点。去年曾问小弟有关你们的情形，她说已好久没有通信了。本来想要小弟她们来我们这里过春节，因为她的小孩子身体不好，所以没有来。小弟因在浙江，相距较近，且时有信来，故情形比我熟悉。

我们去年底搬来南昌。这里省革委会决定恢复江西大学，故我俩又回到江大物理系，杏芳她们在教育系。我们先搬进工学院（原来是理工科大学，现在恢复为工学院），后又搬来江大。这里自64年被撤销后，由工宣队进驻，现在还未将全部房子让出，只让出一部分，故房子不够用，许多人还借住在工学院。杏芳下放农村几乎有四年，去年为了照顾我的生活，同时亦因为工作上的需要，调回学校工作。那时我还在景德镇，她又去景德镇，帮助我搬回南昌，此后生活要可比较安好。且听说中央要各地照顾高级知识分子的生活，这里亦自然不会例外。只是我年老（今年73岁）又多病，故需要特别照顾，

第　　页

不要担任教课工作，说只指导青年教师进修而已。原想请求退休，暂时未能如愿。69年本想退休到杭州去，当时小弱在浙大，也替我请求户口迁入，浙大总务科设法多加两间房子给小弱，而以此间住房不同意，未能实现。现在想起来，未免可惜。因为小弱已调离浙大，去杭的希望是大概不会再有了。最近身体还好。糖尿病仍靠胰岛素针剂控制。血压高，前、去年都要到范紫村疗养，前年住了医院（在景德镇，杰芳曾赶来照顾），去年虽未住院，学校曾电召杰芳去景德镇看护，后得治疗下降。现在仍要当心。

去夏英弱曾从青海去景德镇住两个月，粤弱一家则去住一个月，云来一家也住了一个月（他带了他的对象来的），颇有家庭团聚之乐。你们最好约同小弱他们来南昌住些时候。不过最好不要在夏天，因为这里夏天热得难受。你身体极须自己好好调理，东北地方，天气严寒，对哮喘尤为不利，须特别小心。肝炎已成慢性，而相当苦恼，总须当为疗养。小孩们想都好。我们很想看看他们。微娘身体想也好，你生病时，她未免责任加重了。

祝你们快乐！　爸爸　1973，2，9.

第　　页

雪来、淑媛：

前天明日，赵述卿同志来，带来许多大豆和粉，都收到了。这两样东西都相当重，亏他远道携来。听他说已去过你厂，准备即日回东北去，不知道已到你们那里否？因为他来了只说几个钟头就走，所以只留他吃了一顿便饭，由于校舍去市较远，买菜不便，故极草率，希望他能原谅。当时托他带几斤香肠、斤排骨和一包蜜枣给你们的，想已收到了。本来想带一些大米给你们的，听说他自己要带三十斤大米回去，就不好意思再麻烦他带大米了，因为太重，路远太不方便。

知道雪来身体还未完全恢复健康，只能上半天班，我们很挂念。应该好好休养，把身体搞好。吃得好一点。大部应该把大豆留给你们自己吃。小孩们的营养亦不能忽视，关系到他们将来的身体健康。听说你们不容易吃到米和面粉，不知道是暂时的现象，还是一向如此。其他供应如何？

寅弟来信说你们有熟人在他那地方，熟悉了可以常相来往，互相照顾，亦是好事。寅弟说，四月间想回南看我们一次，不知自己成行。我们亦想去南通一行，因为杏芳的妈妈今年十足一百岁，来信要我们去看看她。我们亦还未决定何日动身。

清明到了，这里桃红柳绿，已是春天景象。东北天冷，春天恐还未到。前几天学校曾要我去外面参观一次，不知道这个计划能实现否？我因年纪老一点，出门要杏芳陪我同去才行。如果要去，可能到北京一走。大家在搞教育革命，到外面看看开拓面是好办法。

前此曾请小丽她们一家来我们这里过春节，以她和小孩身体不好，故未实现。小丽在这个新的工作岗位，工作较忙，她身体一向不甚强壮，看似不大合适，不如当初在浙大那么好。但现在已不能改变了。

祝你们快乐！

爸爸 1973，4，4.

①听说你们厂将制压力锅，如有出售，请为买一只。

②华辉很小，一定要多从她身体的调养。 妈妈

16K50页公文付页纸 景德镇新华印刷厂出品 第 页

憬金、小滔：

小滔来信收到了，小孩的照相亦收到。我们都还好。因为开学以来，杏芳忙了一些，而且要去医院看病，检查，所以有些手忙脚乱。杏芳前星期检查结果还未看到。希望能有进步就好了。本来义乌姑母她们要来看看我们，因为兰姑眼患白内障，去上海动手术，所以并没有来。

蓓怡进小学，可能功课紧一些，生活有所改变，还不能适应，以致身体不大好。我想最好去请医生详细检查一下。看照相似乎瘦了一些。小孩子要让她活动，不要管得太紧，让她多跳跳蹦蹦，同小朋友多玩玩，才能使身心有正常的发展。

这里省革委领导人都去北京办学习班，[redacted]似仍未能完全解决，以致工厂停工，生产搞不上去。近来虽已有所好转，但仍似未正常化。[redacted]学校尚未波及，仍照常进行，只是受到社会影响，学风亦不能说好。要恢复以往情形好不容易。伙食还算不错，每月只供猪肉半斤（原来一斤）。受到学校附近的农民干扰很大，他们在学校里横冲直撞，砍树拾东西，不许筑围墙，校内教工所种红薯等物，都被他们在白天偷走，毫无收获，砖瓦随便拿去。

12——213　16K50页材料纸　一厂（73上）　　第　　页

今年以来，来客较多，很不安心。[redacted]。

大妹要请学校调来，[redacted]，一切事情都做得不得力，本经得亦已厌倦，故迄今无从进行，那边亦不肯轻易放她们去，因而暂无办法。小妹同大妹相约，明春同时回家。其实这个办法不好，因为我们只有两间房子（去年夜已因宝小军搬出，故还来家夜宿舍），两家回来实住不下。只好到时再说。

书早收到。此书很好，看了很有益处。你们自己身体亦要小心保养。平时饭菜不但在质上要加精，在量上亦要足够。年轻人不能同老年人相比，工作紧张时尤须讲求适当休息营养，才能维持健康。特别是小病，据说是日平时吃得太少。食少事繁决不是长久之计。小孩亦要吃得好一些，才能健壮。不要等到生病才治。身体健了疾病自少。以后可多得未免生意。若能给她吃些牛奶或奶粉，也可能会更好些。

大妹如果能够去哈尔滨，那就生活条件比较好了，如果厂里不放，那就请调小妹她们回来。她们都离得太远了。我们想请求退休，可惜不能到杭州去了。最好能去浙大或杭大，在那里的纺织系还可做些理论研究工作，只要她们能供给住房，和这里，想我搞好户口，当然不要你们的教工编制。但这事好像不可能的。64年七月在北大时，本已搞好户口，可惜这里又总不予同意，以致错过这个好机会，现在想起来还觉得十分可惜。这里最近办了一批退休老教师。按理系书记接了人，似乎不会轮到我退休，所以尽小心避免提起退休的事情。别的系里还动员老教师退休呢。现在只星期二、五和系里学习政治学习，此外没有什么工作，情形本与退休差不多。不过退休了就完全没有责任，可以自由行动了。这个问题时常在考虑中，你们的意见以为怎么样？因为我脑子里还有一些很大的问题待这可以解决，所以退休了也还要做些研究工作，只要身体和环境许可的话。

祝你们快乐！

爸爸 1974.11.4.

刘朝阳先生的诗词（草稿手迹）

说明：

朝阳先生的子女们都不知道她们的父亲还会写诗词。朝阳先生去世后，子女们在整理朝阳先生的论著过程中发现，在一些论著的手稿中还穿插有诗作手迹，它们反映出朝阳先生的心迹和情怀。这里提供的便是当年的诗作手迹影印件。**（编者）**

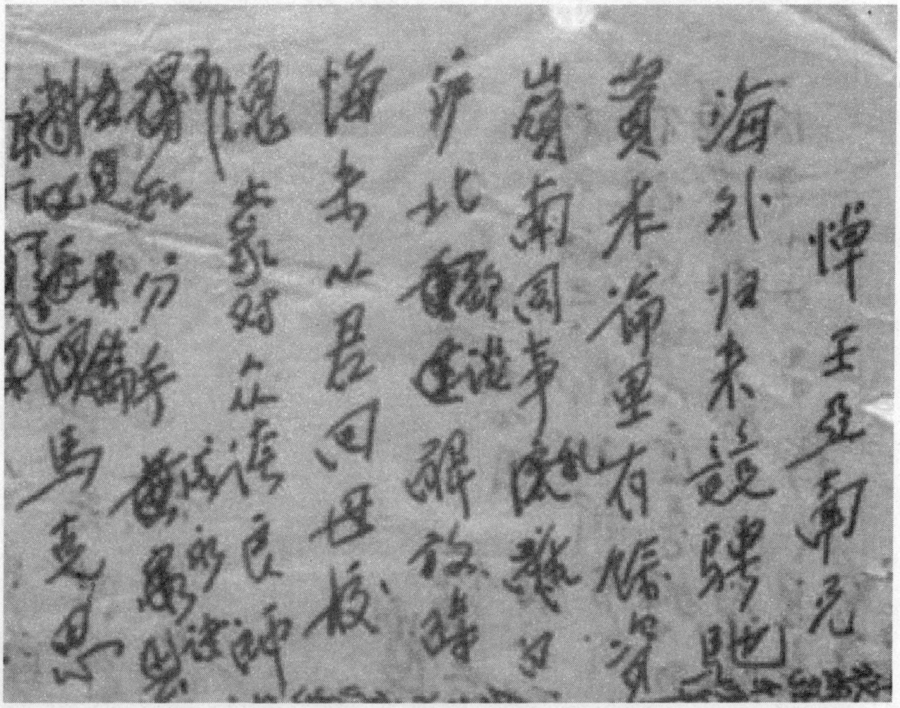

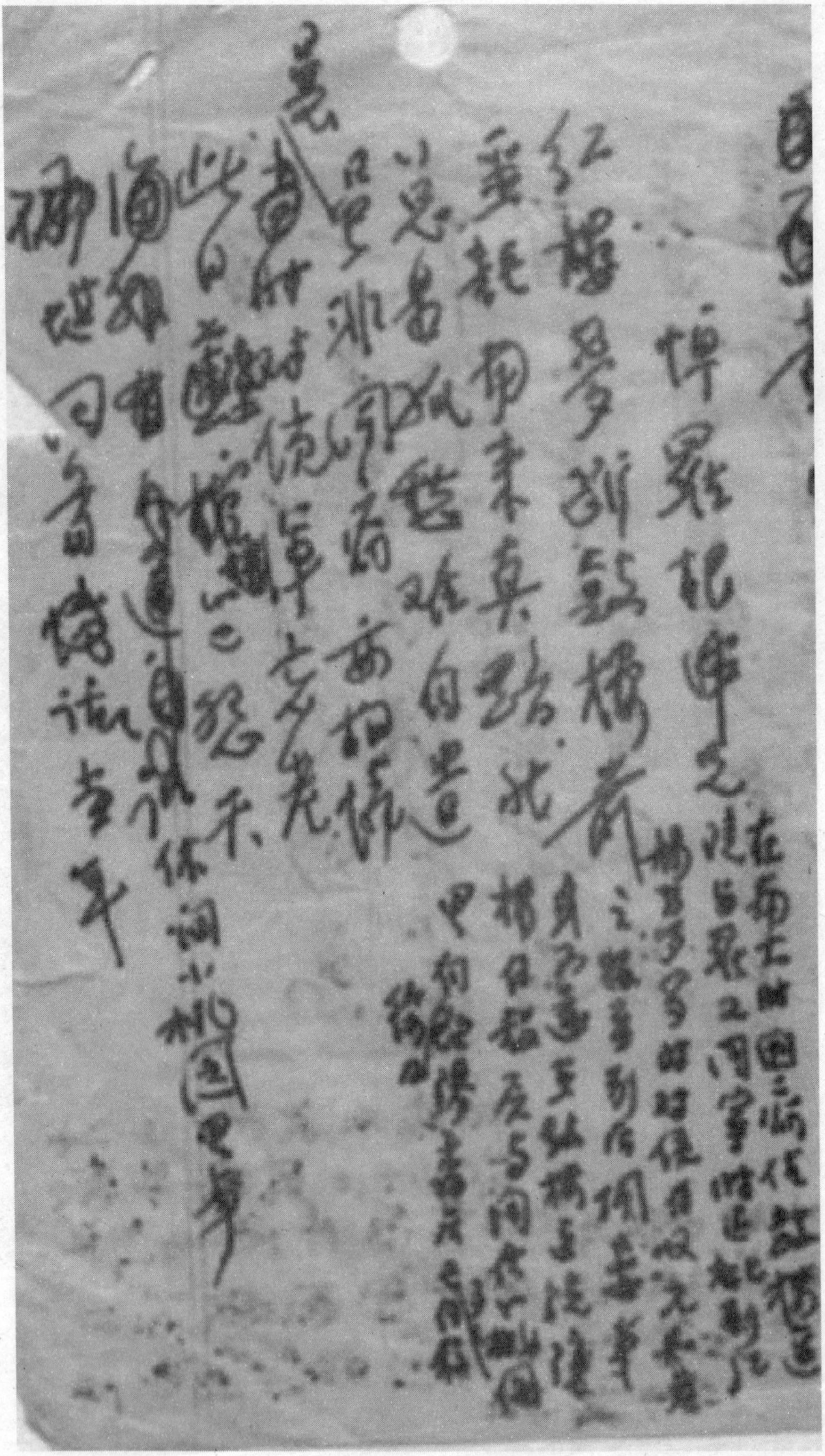

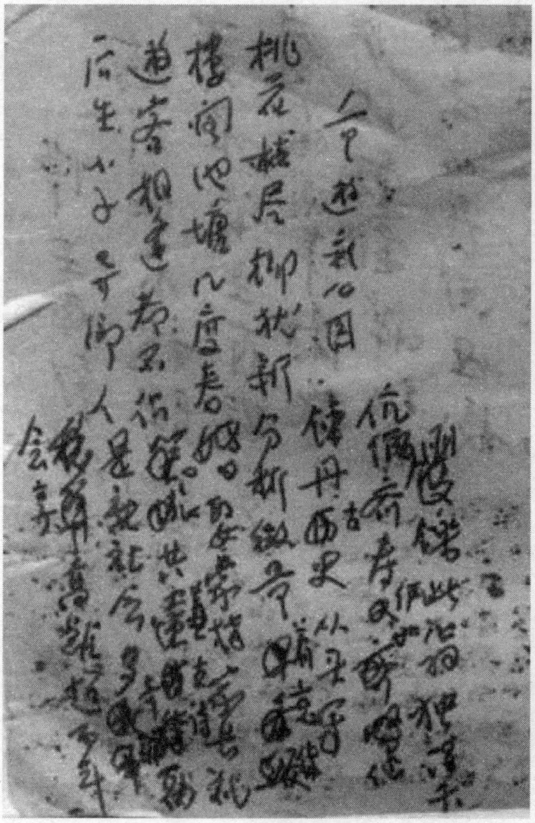

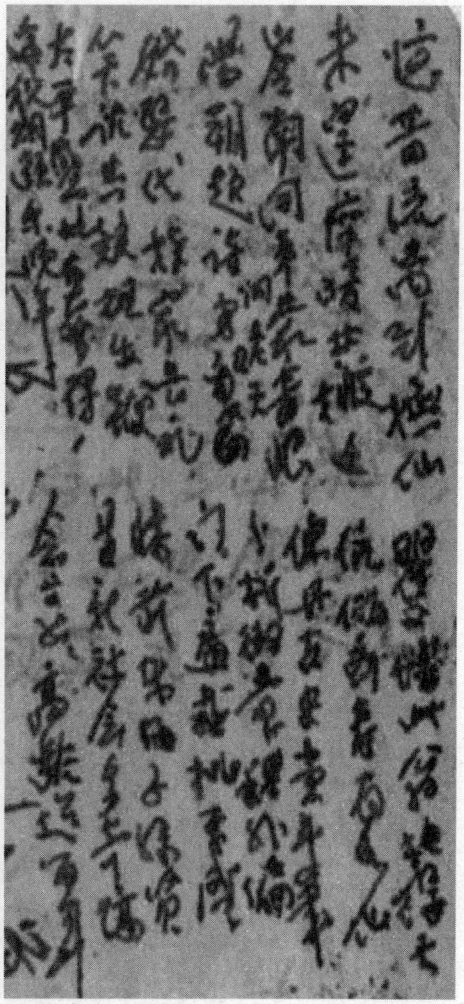

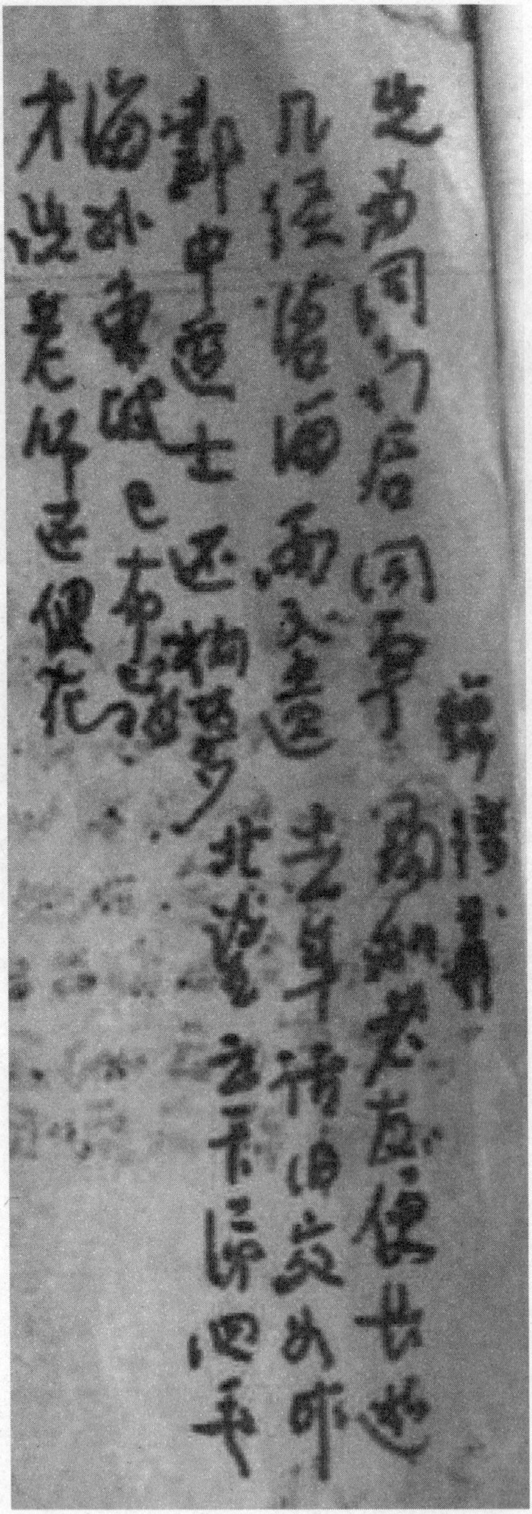

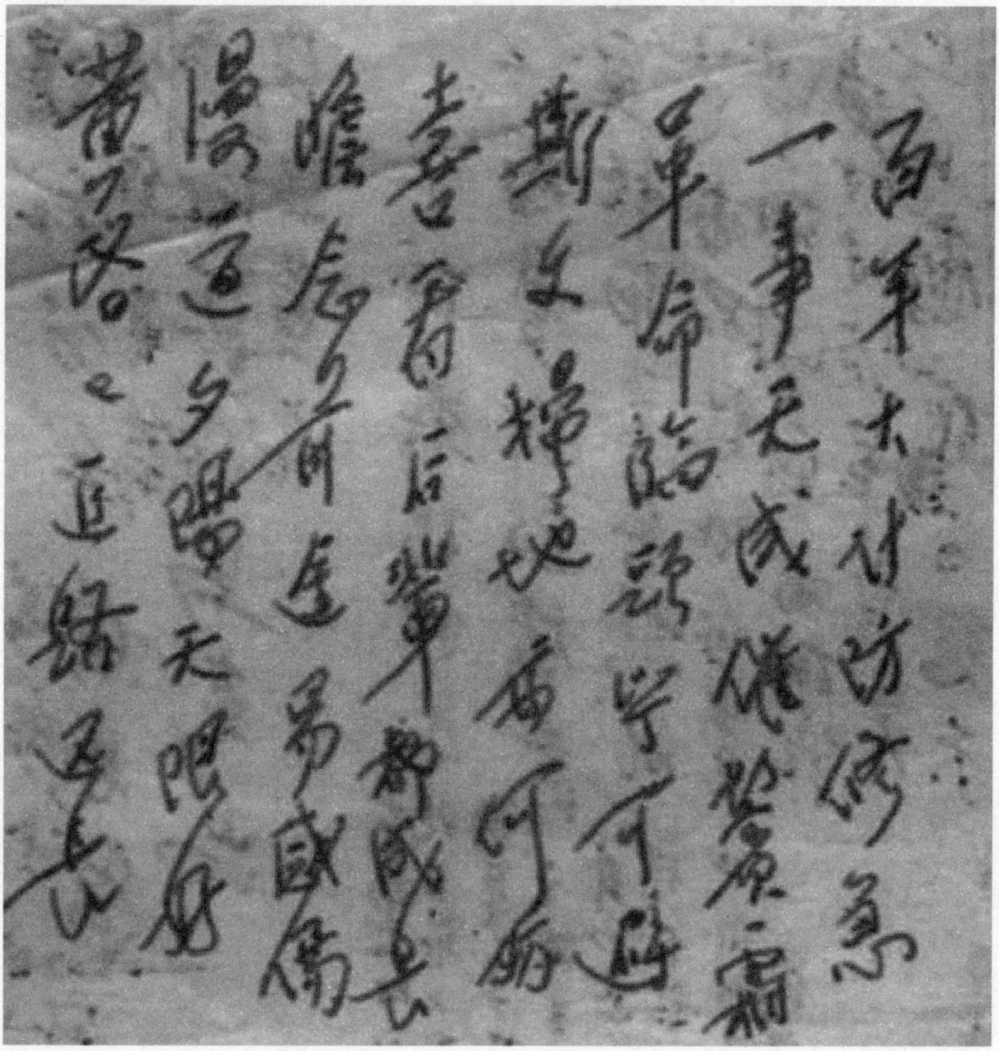

第四部分

刘朝阳先生去世后有关纪念文章和信件

杨正宗先生的来信

尊敬的刘师母及全家：

昨晚 11 点钟顷接来电，惊悉我最敬爱的朝阳老师不幸病逝，顿时沉浸在极大的悲痛之中。我和家属在此表达最悲痛的悼念，并向您及全家致以最亲切的慰问。

在这不幸的时刻，使我们无法抑制自己悲痛的心情。彻夜不能成眠，往事一篇篇涌向心头。朝阳老师是我们最好的老师，二十多年来他一直关怀着我们科学工作的成长，他最了解我们，最信任我们，最支持我们。我们将永远怀着最感激的心情怀念他。

朝阳老师在科学上的卓越见解和独创精神，给我们以最深刻的影响。朝阳老师为科学终生奋斗的崇高品格和顽强意志，给我们以最大的鞭策。朝阳老师始终坚持唯物主义立场和形而上学机械观进行的无畏斗争，给我们树立了最好的典范。我们将永远怀着最敬佩的心情学习他。

让我们把朝阳老师的未完事业继续到底！

敬爱的朝阳老师　　　　安息吧！

您将永远活在我们心中，继续鼓励着我们前进！

痛思之刻，在此我们十分关切地希望：

1. 请告诉我们老师病逝前、后的详细情况。
2. 请告诉我们老师生前的遗嘱和希望。
3. 告诉我们与您们新的联系地址和姓名，以便联系。为继续朝阳老师遗留下的工作和未尽之志而尽力。

此致

最亲切的问候！

诚实的学生　正宗及家属

1975 年 9 月 1 日夜于北京

孙熙民教授来信摘抄

说明：

孙熙民，上海同济大学教授，早年曾在贵阳师范学院攻读物理，朝阳先生任该校物理系主任，是他的指导老师。一个悉心指导，关怀备至，一个潜心学习，依恋深沉，师生结下真切纯朴的情感，并延续了几十年。这里摘抄的是朝阳先生去世后，孙熙民教授的来信内容。

郜大琪

一、朝阳先生从事教育工作的情况

刘先生一生绝大部分时间是在高等学校从事物理教学和研究，他不仅使受教育者获得知识，特别着重于使受教育者如何运用思维能力对知识进行比较分析，取精用宏，不囿于一家之说，在前人基础上能有所前进、有所创造。这是他把自己研究工作贯穿于教书育人中的表现，经他培育的学生，不少早已是教授、专家，甚至现已退休，但他们每当忆及刘先生严谨治学的学风教风时，无不为他兼收并蓄，广博知识及创造性学术活动思想所给后人终身获益所感奋也。

刘先生对天文、高等数学及物理都具有很高超的成就，特别精通中国古代天文历法和近代物理，前后发表论著不下数十篇，深得国内外同行专家重视和赞誉，英国李约瑟博士编写的《中国科学技术史》中不少是引自刘先生的著作。

刘先生晚年，集中精力深入研究理论物理和近代物理，以辩证唯物主义观点和方法统率自己的研究工作，在江西大学教学之余，先后发表了“光的本质问题”“相对论的根本问题”，凡数十万字，正当拟以新观点和学术思想着手编写一本新理论物理学时，惜天不假年，未能尽其宏愿，恒使人憾悼耳。

刘先生逝世一年多了，我一直念念不忘，读其遗著，如见生前音容笑貌，伤赋七绝：

遗著彤彤似火球　明非烛暗六千秋
云亡历历摧荒朽　辩证堂堂泣鬼魔
横扫残云如飙卷　直口道路等田畴
灯昏风雨人犹在　笑貌声情似水流

二、朝阳先生生前的二三事

刘朝阳先生是我大学时代的启蒙老师，对我为学、处事、做人有很大影响。从贵阳师范学院算起到现在四十多年了，从他逝世到今年八月三十日也整整十年了。**"竺城蓉市申江畔，几度欣随几度离"**。每一念及，往事如昨，历历犹在目前也。

1942 年我考进贵阳师范学院，原读的是史地专修科。刘朝阳先生在那里当教授，任理化科主任。这个科当时只有 41 年级的庄兆芝、吴德灿两个二年级同学，42 级却是空着没人读。寒假期间听人说刘先生大学时是学历史的，后来研究物理。我和张茂林出于好奇仰慕去拜访他，不知怎样的受到他的感染，寒假后，也就是 43 年春学期，我们两个转读了理化专修科。刘先生教我们普通物理，教材是 Duff 的本子，英语讲授，几堂课下来就听不懂了。特别是我的英文基础差，一些导数和微积分概念也接受不了，简直是想打退堂鼓转回史地科了。在这样的情况下，刘先生一方面鼓励我们，另一方面从实际上帮助我们克服困难。记得那年春天，每周至少有四个下午都要为我们讲英文，补微积分。一学期过去了，我们学习上路了。从那时起，这个班总共只有我们两个学生，至今在物理这条路上走了几十年。当时，刘先生为我们俩花了多少心血，我也算不出来，但是，有一点是很清楚的，在那米珠薪桂的抗战年月，刘师母每天忙于在学校里工作，刘先生每天下午给我们两个人在教室里补课。放在襁褓的大妹粤丽还不倒一岁，一直放在无人照管的摇篮里。由于房间光线暗，从小眼睛就变成高度近视。是父女亲还是师生情谊重，几十年来，萦萦心头，特别是自己有了孩子，一直不能忘怀。

刘先生学识渊博，数学、物理、天体物理、古天文学都造诣极高。精通英、德、法、俄诸国文字，不仅著名海内，就连英国李约瑟博士著《中国科学技术史》的古天文部分，很多处引述刘先生原著。刘先生怎么能达到这样境地，也许鲜为人知。因为刘先生和平常人一样有教学、生活和社会工作，但是他那每天按时工作，不管寒来暑往，风霜雨雪，艰难困顿，好像对他都没有干扰。在贵阳、成都、上海和南京每次见到他，都觉得他数十年如一日地孜孜不倦、一丝不苟、立论锋锐，是非曲直分明、成自己体系、主一家之言。就以那二十几万字遗著《相对论的根本问题》，花了十多年的工夫，方写成初稿。1973 年还处在动乱年月，刘先生在备受冲击、身体遭到摧残之后，怀着这个初稿，走访北京、上海同行征求意见，结果很失望。在临返江西之前曾对我说，那人（指陈伯达）批判“相对论”是望文生义的胡说，真正搞这方面的人是不敢说的了，只能回去自己设法。这篇遗著刘先生生前没机会出版，十一届三中全会以后，江西大学编委将这篇遗著公开发表。先生有知，也应得到安慰。遗稿中最后几个字歪斜过大，听刘师母说，这是昏倒前持放大镜所写，听了心中不禁震撼！

刘先生的思想敏锐、问题真切和逻辑的严密是无人可比的。他文如其人，字里行间条条缕析，宛若生时，每逢该情随意迁，深夜释卷，常恍惚黯然，惜未生前有以聆真谛耳。

刘先生为人刚直不阿，生前友好多学术文字之交。李珩先生是他抗战前青岛观象台的同事，对刘先生著作的赞助推崇是唯恐不及的。刘先生每次经沪再忙也得去看望李先生和罗玉君先生。陆侃如先生和冯沅君先生是刘先生抗战期间结文字缘的朋友。后来陆先生受过左的不公平待遇时，刘先生常常念念不能忘怀。同济夏坚白先生与刘先生交往也是从研讨天文测量开始的。至于学生，凡是在学术上能努力的，也往往成为忘年之交。北京天文台的杨正宗，福州师范大学的陈福生便是其中的一二。有一个叫齐泮林的人，原国民党中央政治学校教务长，为刘先生所恶。齐到中山大学，刘先生走贵阳，齐到贵阳师范学院当院长，刘先生就远走成都。刘先生平日很少和人过不去，但是是非非，从善疾恶，是毫不含糊的。

注：（文中提到的人）

张茂林——贵州大学物理系教授，培养该校物理博士生。

李珩——上海徐家汇天文台研究员。

罗玉君——李珩先生夫人，华东师范大学教授。

陆侃如、冯沅君——抗战时期武汉大学教授。新中国成立后，任中山大学教授，二老夫妇均已去世。

夏坚白——同济大学教授，曾任武汉测绘学院院长，已去世。

杨正宗——北京天文台研究员。

陈福生——福州师范大学教授。

齐泮林——已去世。

教学科研　勤奋毕生

——忆刘朝阳先生

（刘新芽）

在激情似火的1958年，在邵式平省长的直接领导下，在南昌大学前身之一的江西大学经过数月紧锣密鼓的筹备，于当年9月1日开学。在此前后，一批批知名学者、教授以祖国的需要为志愿，满怀豪情携妻带子从上海、南京、武汉、广州等地名校来南昌安家落户，支援江西的教育事业。其中一位是来自南京大学的物理学教授刘朝阳先生。

刘朝阳先生1901年11月生于浙江义乌，自幼勤奋好学。1927年厦门大学数理系毕业即应聘中山大学任助教，三年后北上应清华之聘任讲师，同时兼任燕京大学、北平大学讲师。一年后应德国办的青岛观象台之请任研究员，兼职青岛大学、山东大学讲师。1937年七七事变，抗战爆发，刘先生到昆明，在入迁至昆明的北平研究院物理研究所任研究员。此后历任中山大学、贵阳师范学院、华西大学教授、主任等职。抗战胜利后应聘任上海同济大学教授，兼大夏大学教授。1952年高等学校院系调整，调入南京大学任教授。

中华人民共和国成立前社会动乱，经济萧条，民不聊生，找工作谈何容易。刘先生能同时为两所名牌大学聘请，这是学识渊博、教学热情高、质量优、工作勤奋的明证，天道酬勤也！不仅如此，刘先生科研也成果丰硕。20世纪上半叶是物理学的大发展期，电子、核子的发现使物理学由宏观转向微观，由经典转向量子；爱因斯坦相对论的提出及逐渐被接受又使物理学由低速转向高速，由牛顿绝对时空观转向爱因斯坦相对时空观。物理学需要大发展，需要新颖的思想和巧妙的数学结合起来产生新理论，解释新现象。刘先生的青壮年正处于这一时期，而且大学毕业不久即达学术前沿。从1929年起在爱因斯坦新场论、电磁与力、波动力学、狄拉克电子理论、方阵力学、狄拉克相对论波动方程、正反粒子的平衡温度、原子核的结合力等方面发表论文多篇，为 学术界瞩目。此外，刘先生对中国古代天文学饶有兴趣，研究心得丰厚，发表过有关殷末周初日月食考证、中国古代天文历法研究等方面的论文，成功被英国著名学者李约瑟博士载入其名著《中国科学技术史》。北京天文台 1959 年曾商调刘先生任研究员，因更喜欢与青年学生一起，刘先生不愿意离开学校，婉言辞请。

刘朝阳先生 1958 年调入江西大学，任物理系理论物理教研组组长，主讲《热力学与统计物理》等课程，教学认真负责。课堂之外他还定时下班辅导和不定时到学生宿舍答疑，那时老教师少，教授更少，刘先生一到，学生必请教。先生知识渊博，除物理学外，曾任数学、天文学教授，据说还当过中文学教授，故学生有什么问题，不管与课程有关无关，都尽量向先生请教。先生懂多种外语，其中英语、德语口语非常流利。有一次学生一个俄文单词字典上查不到，请教刘先生。因眼睛老花先生要学生念。学生一发音，先生立刻回答，并进一步解释说此词英语、德语、俄语发音基本相同。二十世纪五六十年代教授在大学生心目中均为博学崇高的形象，刘先生正如此。

教学之外，刘朝阳先生不顾年迈体弱一如既往读书写作。校图书馆、系资料室各语种的有关书籍、期刊他都借阅，而且自己购书很多，是外文书店的老订户。在 1960 至 1966 年间，刘先生写了许多文章，讨论的都是当时物理学中的重大问题，如《经典热力学的根本问题》《光的本质问题》《量子力学的一些根本问题》《相对论的根本问题概述》《以太与真空》《质能关系和质速关系的正确推导和理解》《洛伦兹变换》《光的质量问题》《非相对论的波动方程式的电子理论》《狭义相对论问题的总结和广义相对论的问题》《统计力学的根本问题》等，范围之广泛之精深，令人闻之肃然起敬。博览群书、积年思考探索的学者，晚年将精力集中于“根本问题”是不奇怪的，物理学各个发展阶段的先驱们，如牛顿、爱因斯坦、玻耳等几乎都是如此。但不幸的是，1957 年之后，苏联学术讨论政治之风刮到了中国，刘朝阳先生受到了不公正的对待，在多次学术讨论会上被说成“唯心主义”。刘先生不服，再写文章为自己辩护。写过《恩格斯的自然辩证法对于物质和运动的看法》《从矛盾论来看微观粒子的波粒二象性》《彻底批判物理学中形而上学的机械唯物论的宇宙观，建立辩证唯物论的宇宙观，彻底改革物理教材》《再论洛伦兹变换》等文章，表现出不屈不挠的精神，在说说笑笑中刘先生曾多次背出整页恩格斯的原文来证明自己的观点正是辩证唯物论，其追求真理的精神真是可歌可泣，令人感动。

刘先生长期苦读，超负荷教书科研、不善体育运动致糖尿病缠身几十年。中华人民共和国成立后党和政府对他倍加照顾，三年困难时期也严格按医嘱配给食品，他的身体还是越来越弱。可先生却仍思索不停，读写不止。1975 年 7 月初的一天上午，我在去物理楼的路上遇到先生，先生步履蹒跚，把我叫到一棵小树旁，用浓重的浙江口语说:“数学和物理为何配合得如此好？”我被先生的追索精神所感动，顿时说不出话来，转过身意图控制自己的情绪。

1975 年 8 月 30 日先生与世长辞，留下一大捆待发的手稿。

《江西日报》（1962 年）曾在重要版面用粗体字对刘朝阳教授的事迹做过长篇报道。改革开放以后，《江西大学学报》编辑部曾组织人员整理刘先生未发表的遗作，从 1982 年至 1984 年陆续发表过 7 篇，现仍有 7 篇未发表，由其儿女保存着。

三十多年了，刘朝阳先生那勤奋朴实坚忍不拔的精神面貌一直留在学生和同事们的心中。谨以此短文略表对先生的怀念和崇敬。**（刘新芽，南昌大学教授、研究生处副处长）**

一块闪亮的基石

——物理学家刘朝阳教授侧记

（楼振亚）

序

《中国科学家传略辞典》对我国现代著名物理学家刘朝阳作了如下评价："精通德、英、法、俄诸文，数学造诣很高，治学极其严谨，对中外的天文与理论物理诸家学说兼收并蓄，明辨是非，从不阿附一家之言。每篇论文，不论长短，都究微索真，观点明锐，创见出新。"

刘朝阳教授离开我们已经八年了，但人们怀念他、追忆他，在他的家乡——浙江义乌县柳青公社山口富村，至今流传着这样一些动人的故事。

一

舍下笋穿壁，

庭中藤攀檐。

这副对联，是在他考厦门大学时，杭州书法家杨学乐赠给他的，极其恰当地形容了刘朝阳的顽强读书精神。

刘朝阳从小父母双亡。家里穷得时常难以揭锅。小朝阳靠姊姊接济读完小学，毕业后投考中学，由于成绩优秀，被录取浙江省立第一中学，公费入学。

虽说公费，总还须要自负一部分生活经费，但家里供应不起，只好利用课余时间做点小工或给有钱人家当家庭教师。有人荐他到当时省长那里去当秘书。这是一条通向宦途之路，可是年轻的刘朝阳一心想科学救国，不愿趋炎附势，满足眼前利益而丢弃学业，于是他依然选择了一条通向知识海洋的艰险道路。

二

在那个时代，毕业就是失业，不像现在这样国家会"统一分配"，而是要靠自己“找”“钻”或者靠人“荐”!即使是满腹经纶，没有后台也休想得到满意的工作岗位。刘朝阳在厦门大学读的是教育系专业，可是他爱好自然科学。在学好本专业的基础上，他猎及数学、物理、天文学等各门科学领域的丰富知识。尽管如此，他的生活仍是漂泊不定。

当他在青岛观象台当研究员时，工作刚刚相对稳定下来，每月工资约二百白洋。可是日寇入侵，霸占了青岛，连他的书室，也被洗劫一空，他义愤填膺，主动放弃工作，独自回到义乌，表示不愿为侵略者效劳。

三

刘朝阳教授的民族自尊心很强，主张外国的先进理论要学，自己民族的文化也不能抹杀。一九二九年他最早介绍了爱因斯坦的相对论，同时他也研究河南安阳小屯村（殷墟）出土十万余片、四千五百多个甲骨文字。经考证分析后，他指出：干支纪日从“卜辞”约公元前1600年（殷代）就开始，称“殷代历法”，比公元前46年在罗马统帅儒略·恺撒采用的“阳历”要早得多。他写了大量这方面著作，进行了深入的考证和研究，批判了饭岛忠夫“坚信中国天文学思想不少来源于西方”的谬误观点。他的论述引起中外学者的普遍注意和重视。著名英国学者李约瑟所编的《中国科学技术史》仅第四卷“天学”中就附录了刘朝阳教授的有关论文十二篇，并给予较高的评价：“……刘朝阳所作的高度系统化的工作是值得注意的，把这些资料全部研究过之后，我们将会拥有比任何前辈学者更加可靠的事实根据。”

就这样，刘朝阳教授为祖国灿烂的科学文化增添新的光彩。

四

刘朝阳教授十分爱惜时间。亲友到他家里，他从没有时间接待。他除了任教公事之外，就伏在自己家里的书桌上著书立说。

侄子当了公安员，到南昌有公事，去叔叔家探望，本应很好招待一番，可是刘教授拉了几句家常后就说：“自家人，你喜欢吃什么，就自己动手做什么！我没时间。对于我来说，时间比什么都重要。”说完，他又伏案去写文章去了。

五

刘朝阳教授从事教育数十年如一日，为党为人民忠心耿耿、兢兢业业工作到最后一息。

中华人民共和国成立后，他在江西大学任教期间曾三次被评为劳动模范和先进工作者，并被选为江西省第三届人民代表。党和人民给他的荣誉，他始终不忘。年过七十的刘教授，仍以恩格斯《自然辩证法》的辩证唯物主义观点，为写一篇二十余万字的新著《相对论的根本问题》而日夜思考着。终因身患糖尿病，日益恶化，于1975年8月30日晚倒在书案前，在科学进军的道路上战斗到最后一息。刘教授的生命好像一块闪光的基石，为后人通向物理自由王国展铺了道路。**《科学24小时》1984年1月第一期**

物理学家——刘朝阳

——《厦门大学校友通讯》1990 年 11 月第十期

在母校第二届毕业生中，产生一位著名的物理学家，他的名字叫刘朝阳，他在理论物理和古代天文历法方面，先人进行开拓性研究，作出极为有益的贡献。人们称他像一块“闪亮的基石”，为我国物理学工作者“通向物理自由王国展铺了道路”，踏过的人越多，它越发明亮。

刘朝阳于一九〇一年十一月二十四日出生，浙江省义乌县山口富村人。一九二三年，他考入厦门大学，念的是教育学系，但并不“安分守己”，在修读本专业功课的同时，充分利用业余时光，学习自然科学知识。因此，他一九二七年大学毕业时，不仅获得学±学位，而且在数理方面显露出不凡的才智。

那时，社会动荡，刘朝阳的工作极不安定，仅至一九三〇年之三年中，即先后在中山大学、清华大学、燕京大学任过教。在此期间，他刻苦探索，深入研究物理学中的理论问题，撰写发表了“电磁与引力”“安斯坦新场论之基本算理”等论文，介绍了爱因斯坦的相对论，成为我国最早向国内介绍这一新理论的少数学者之一。

与此同时，刘朝阳深研了河南安阳小屯村（殷墟）出土的十万余片、四千五百多个甲骨文字，接连撰写出“史记天官书考”“殷历质疑”“再论殷历”“三论殷历”“年代学”“从天文历法推测尧典之编成年代”等系列论文。这些论著，考证研究了我国古代历法和天文学史，批判了饭岛忠夫“坚持中国天文学思想不少来源于西方”的谬误观点，引起中外学者的普遍注意和重视．著名英国学者李约瑟所编的《中国科学技术史》第四卷，仅“天学”部分中即附录了刘朝阳的有关论文十二篇，并在该卷多次给予较高评价，认为“关于《天官书》的真伪问题，已通过刘朝阳的透彻研究而得到有效解决。”德国学者 W.EBERH-ARD 对此亦极力赞扬，并将其论文译成德文加以介绍。

一九三一年后，刘朝阳辗转南下，在青岛观察台任研究员．他主要从事天文学方面的研究，其著述有“地磁力之新周期”“1924 年以来之磁暴”“1936 年 6 月 19 日全蚀之青岛地磁”等。前一篇在第五届太平洋科学会议上宣读，受到与会者的重视。此外，还发表“方阵力学”“台拉克关于电子之新理论”等论文，及时地介绍了当时理论物理的一些新理论。一九三七年，日军侵占青岛，刘朝阳愤然回到家乡义乌，过着贫困生活。

经朋友介绍，刘朝阳于一九三八年远赴云南昆明，任北平研究院物理研究所研究员。但不久，又被迫颠沛流离，先后到中山大学、贵阳师范学院、四川华西大学执教。他每临一处，除教学外，仍坚持进行天文与历法史的研究，新作“周初历法考”“夏书日食考”“晚殷长历”“甲骨文之日珥观察记录”“殷历余论”等论文。对我国古代天文学和历法进行了更为广泛、深入的考证和研究，成果引人瞩目。李约瑟在《中国科学技术史》中认为：“在关于各时期的专门研究中，值得提出的有沙畹、刘朝阳和饭岛忠夫等关于商、周的文章”。并称道：“人们从卜辞中收集到大批天文历法资料，特别是郭沫若、刘朝阳以及董作宾所作的高度系统化的工作是值得注意的。把这些资料全部研究过之后，我们将会拥有比任何前辈学者更加可靠的事实根据。”

一九四六年至一九五八年，刘朝阳转到上海同济大学和南京大学物理系任教授，并兼任中国科学院天文研究所研究员。这时，他着力于理论物理方面的研究，曾发表“论 Dirac 相对论波浪方程式内之σ、θ、及α诸方阵”“从 Dirac 相对论波浪方程式看中微子与磁游子”等论文。

一九五八年，刘朝阳调至江西大学物理系任教授、理论物理教研组主任。在此十余年中，他孜孜矻矻，笔耕舌耘，撰写了《热力学与统计物理学导论》《物态》《太阳的的温度》等教学参考书，还发表了“非厄密σ、ρ矩阵的狄拉克相对论波动方程”“经典热力学的根本问题”“光的本质问题”“一些正反粒子的平衡温度”“量子力学的一些根本问题”等系列论文，在理论物理的几个重要方面提出自己独特的见解。

刘朝阳老当益壮，只争朝夕，不断地思索与写作，终于完成了《关于相对论一些根本问题》一书的写作，该书对爱因斯坦的相对论提出了己见，并进行论证，发表后为物理学界同行所关注。

早在一九二九年，刘朝阳就是中国科学社社员，从一九三二年起，为中国物理学会、中国天文学会会员。中华人民共和国成立后，一九五三年曾任中国天文学会筹备委员，兼任《天文学报》编辑委员会委员。一九六三年为江西省物理学会筹备委员，一九六五年被选为江西物理学会副理事长。在党的关心下，他更加发奋工作，施教育人，多次被评为先进工作者和劳动模范，并被选为江西省第三届人大代表。正当刘朝阳踌躇满志，计划撰写一部新体系的《理论物理学》之际，他的病情却骤然恶化，宏愿未偿，于一九七五年八月三十日晚倒在书案前。他为探求科学真理，奋斗到生命最后一息；为祖国的进步贡献出毕生精力。

刘朝阳：最早将相对论引入中国的科学家

（姜路明）

爱因斯坦创立相对论是人类科学史上划时代的革命，其历史的科学的深远意义永载史册。然而相对论创立之初，知之维护者甚少，讥讽批驳者众多，主要原因是当时相对论不仅难懂，而且完全有悖于传统的经典科学。

爱因斯坦创立相对论的时代，正是中国历史处于新旧变革之时，是中国大力提倡引进科学的时期。在这时期，物理学家刘朝阳的（安斯坦新场论之基本算理）和（电磁与引力）论文相继问世，从而使他成为最先引入相对论的中国科学家。

刘朝阳，我国著名的物理学家和天文学家，1901 年 11 月出生于我市山口富村。1923 年考入厦门大学，1927 年以优异成绩毕业。自 1927 年起先后在清华大学、燕京大学、广州中山大学、上海同济大学、南京大学等高校任物理学教授并兼任中国科学院天文研究所研究员。

作为具有深厚文史功底的自然科学家，刘朝阳于 1927 年至 1946 年间致力于中国天文学史的研究，先后发表研究论文约 30 余篇，计约百万字，他对天文学史的研究基本集中在中国上古时期。在整理研究卜辞和金文天文历法资料，对上古天象资料的收集整理，对天文文献的断代研究方面均有重要贡献。殷墟甲骨自清末被发现后，治之者盛极一时，但重点多为文字考释兼及经史诸学，刘朝阳与董作宾等一道，从历法角度另辟蹊径，将卜辞中散乱零星的月日干支资料加以系统整理，深入探讨，总结出殷商时期的历法，从而开创了卜辞研究的新方向。

刘朝阳从事天文史研究时，正逢古史辨派和疑古考信思想最为活跃时代，刘朝阳从中吸收某些合理部分，论述了《尧典》《周髀》等重要典籍的产生时代及有关问题，还从对比研究入手，详细研究了《史记·天宫书》的科学内容及其价值，肯定了他的可靠性。刘朝阳《史记·天宫书》之研究》《（周髀算经）之年代》《殷历质疑》《再论殷历》《三论殷历》《年代学》《从天文历法推测尧典之编成年代》等论文考证了中国古代历法和天文学史，批判了日本学者饭岛忠夫所谓“坚信中国天文学思想不少来源于西方”的错误观点。

刘朝阳在学术上不泥古，不盲目崇拜权威，有独创精神，敢于独树一帜，受到国内外学术界的广泛重视。著名英国学者李约瑟博士所编《中国科学技术史》仅第四卷“天学”中就附录了刘朝阳的有关论文 12 篇，并给予了很高的评价。他认为：“关于《天宫书》的真伪问题，已通过刘朝阳的透彻研究而得到有效解决。”李约瑟说：“关于各时期的专门研究中，值得提出的沙畹、刘朝阳和饭岛忠夫等关于商、周的文章。”并称，“人们从卜辞中收集到大批天文历法资料，特别是郭沫若、刘朝阳以及董作宾所作的高度系统化的工作是值得注意的。把这些资料全部研究过之后，我们将会拥有比任何前辈学者更加可靠的事实根据。”全国政协副主席、中国科学院原院长卢嘉锡则撰文写道：“刘教授精通英、德、法、俄诸国文字，对物理、天文、数学等学科，都有较高造诣。”“朝阳教授博学多识，讷于言而敏于思，为学极为专挚，他在科学上有敏锐的洞察力，特别喜欢作探索性的工作，从不阿附时流好尚，也不因循陈说旧义，在很多问题上都有独到的见解。”

1946 年后，刘教授将主要精力放在物理学研究和教学上，在物理学尤其是理论物理方面成就卓著。早年的《从 Dirac 相对论波浪方程式看中微子与磁游子》等论文便富独创性。共计 110 多万字的著作《热力学与统计物理学导论》《物态》和《太阳的温度》则运用马列主义唯物辩证法和自然辩证法作指导，对经典热力学理论上某些自相矛盾的问题等进行深入研究，具有很高的学术价值。他还将历年潜心研究的理论物理方面的成就写成系列专著，先后发表了《经典热力学的根本问题》《光的本质问题》《一些正反粒子的平衡温度》《量子力学的一些根本问题》等多部著作，在理论物理的多个重要方面提出了自己独特的见解。

刘教授治学极为严谨，对中外天文与理论物理诸家学说兼收并蓄，明辨是非，从不阿附一家之言。每篇论文，不论长短，都究微索真，观点明锐，创见出新。晚年虽身患重病，仍壮心不已，为加紧改写 20 多万字的新著《相对论的根本问题》争分夺秒地思索与写作并拟在上述理论物理有关“本质”“根本问题”类论著完成之后，着手写一部新体系的《理论物理学》。不幸终因病情日益恶化，于 1975 年 8 月 30 日倒在书案前。他在探求科学真理的漫漫路途上战斗到最后一息，为祖国的科学教育事业贡献了毕生的精力。

天文物理学家刘朝阳

（杨南山）

山口富村位于北苑街道办事处西部，义乌民航机场东侧，是已故天文物理学家刘朝阳的故乡，一个金风送爽的秋暮，笔者走访了这个古风犹存的山村，去寻找一位科学家留在家乡的足迹。刘朝阳的故居坐落在村子中央，砖木结构的老建筑、在斜阳中无言地诉说着孤独和沧桑。

仿佛是先生踌躇于象牙塔内的那些流金岁月，让人觉得陌生厚重而苍凉。透过窗户望进去，里面影影绰绰，十分简陋。离开故居，两幕镜头浮上心头，挥之不去，一幕是一个自幼父母双亡的儿童的凄苦形象，另一幕是一位老科学家握着笔倒在书案前，为科学与教育事业战斗到最后一息的定格。这就是刘朝阳一生的开始与结束，雪泥鸿爪，风骨长存，不由令人低徊嗟叹，感动不已。

刘朝阳生于1901年，出身贫寒，父母双亡后，已经成家的姐姐接济他读完了小学。毕业后考取了浙江省立第一中学的公费生。虽是公费，却还须自负一部分生活经费，而家里供应不起，他只好利用假期与课余时间做点小工或给有钱人家当家庭教师。毕业时，因他文笔不错，有人荐他去省府当秘书，这是一条通向官宦之途，可年轻的刘朝阳一心想科学救国，不愿满足眼前利益而丢弃学业，于是他毅然选择了一条通向知识海洋的艰险道路。1923年考入厦门大学时，杭州书法家杨学乐送给他一副对联：**舍下笋穿壁，庭中藤攀檐**。先生当年窘迫苦读之态可见一斑。

刘朝阳对天文史学的研究始于1929年对司马迁的《史记·天官书》的考证。二十世纪二三十年代，中国学术界出现了一股以钱玄同等学者为代表的疑古风潮。《天官书》是《史记》中记载中国古代天文历法的一个章节，历代都有学者著文否定《天官书》是司马迁的原作。刘朝阳将《天官书》的具体内容放在《史记》成书时的历史环境中作具体分析，一一驳斥了先前学者的论断，论证了它确是司马迁所作。此文一出，学术界为之侧目。先生的研究也从此一发不可收，他，先后对《周髀算经》《尧典》等中国古代天文历法著作的成书年代作了系统的研究论证，以致后来英国学者李约瑟在编著《中国科学史》时竟引用了他的论文多达 12 篇。

读刘朝阳的天文学史论文，可以感受到那字里行间的浩然正气与严谨之风，不愧是“学者之文、智者之见、勇者之声”，中科院院士卢嘉锡称他“从不阿附时流好尚，也不因循陈说旧义”，展现了义乌人刚正勇为的禀性。众所周知，王国维是近代学术界的权威学者，一代国学大师。他的《生霸死霸考》一文，采用他首创的历史“二重证法”(即取地下之实地与纸上之遗文互相释证的方法)，以“西周四分月相说”(即认为西周历法是以一个名词来代表七八天，四个名词平分一个月的日数的学说)取代了以往学者的“定点论”，曾轰动一时。刘朝阳通过潜心研究，对王国维的论断作了层层剖析，步步否定，证据累举之多前所未有，从而彻底推翻了王国维的“西周四分月相”说，提出了“初吉”的新说，并经受住了历史的考验，在近年出版的《中国天文学史》一书中运用近年新出土的铜器铭文，重新论证了该问题，肯定了刘朝阳的观点。董作宾先生是当时著名的甲骨文专家，他参加了 1928 年河南安阳殷墟的发掘，并将十万余片甲骨中记载的古代天文历法资料进行了整理与研究，写成《卜辞中所见的殷历》一文，发表之前交刘朝阳先看一下，嘱他写一点意见。刘朝阳没有因友情关系而附和董的观点，而是本着对科学负责的态度，写成《殷历质疑》一文，提出不同见解，由于两人相持不下，刘朝阳便又写出“再论”“三论”“余论”以及最后的《周初历法考》总论。刘朝阳在文章中指出：我国的干支纪日从甲骨“卜辞”约公元前 1600 年的殷代就开始，称“殷代历法”，比公元前 46 年在罗马统帅恺撒时采用的“阳历”要早得多，从而批判了日本学者饭岛忠夫所谓“坚信中国古代天文学思想不少来源于西方”的谬误观点，表现了刘朝阳强烈的民族自尊心。

刘朝阳作为“我国天文学史研究领域的主将和开路先锋”，他的学术论文显示出他独特的性格。这种性格的来源，一方面依赖先天，换句话说是义乌这方水土所造就的；另一方面是因为他后天文理双修，他是大学里较少见的由文转理而成果斐然的教授。文人的气质与科学家的作风在他身上融合得相当和谐，文人的正直与胆量加上科学家的理性与眼光使他的学术研究具有较大的时代前瞻性。不论是天文史学还是物理学方面，他都勇立一家之言而自成体系。他在学术研究上有几个

“早”：1929年，他在中山大学的《天文专刊》中发表了《安斯坦新场论之基本算理》，最早向国内介绍了爱因斯坦的相对论；1930年，他撰写了我国第一部系统的年代学著作—《年代学》，在清华大学发行，由此创立了一门新的学科；他是我国最早从天文历法角度研究甲骨文献并取得重要成果的少数学者之一，他利用古代文献记录和甲骨文中的卜辞资料研究三代的天象纪录，尤其是日食纪录，对夏商周历史断代有着重要的意义；1944年，刘朝阳率先解释了古籍中记载的“天再旦”现象并用于断代研究。天再旦，意味天亮了两次，最早见于古书《竹书纪年》中“懿王元年天再旦于郑”的记载(郑即今天的陕西凤翔或华县)，刘朝阳指出：“天再旦”是日出前的一次日全食。

刘朝阳先生为人刚直不阿，爱憎分明，对学生爱护有加。他一生的时间除了任教公务外，就伏在自家的书桌上著书立说。1942年他在贵阳师范学院任理化科主任，为学生讲微积分。因为用的是英文教材，而学生的英文基础又不过关，只好在上课时教微积分，下课后又要给学生补习英文，忙得不亦乐乎。而他的夫人孙杏芳又在大学工作，只好把尚在襁褓中的女儿整日放在摇篮中无人照管，室内光线又暗，时间长了，女儿因此从小眼睛高度近视。著名天文学家李珩是抗战前他在青岛观象台时的同事，两人在学术上争论不休，火药味甚浓，在私谊上彼此却亲如兄弟。刘朝阳喜择善为邻，对恶势力耻于为伍。中华人民共和国成立前有个叫齐泮林的，曾任国民党中央政治学校教务长，刘先生对其极为厌恶。当齐到中山大学，刘先生就离广州去贵阳；当齐到贵阳师范学院任院长，刘先生就毅然去了成都。宁肯历尽搬迁之苦也不愿与此辈人共事。

刘朝阳先生治学严谨，厚积薄发。以二十几万字的遗著《相对论的根本问题》为例，他就足足花了十多年的工夫。1973年还处于动乱时期，刘先生在备受冲击与摧残之后还怀揣书稿赴上海向同行征求意见，结果令他很失望，回江西之前对他的学生孙熙民（同济大学物理系教授）说：“那个人（指陈伯达）批判相对论是望文生义的胡说。真正搞这方面研究的人倒不敢说了，只能自己另外设法努力”。当时刘先生已积劳成疾，冠心病、高血压与糖尿病逐渐吞噬着他的身体。他知道自己时间无多，更加奋力工作，硬撑着重病之躯不停写作，直至心力衰竭，视力衰竭，最后于1975年8月30日晚倒在书案前。他的遗稿最后几页字迹歪斜、重叠，直至模糊不清，难以辨认……目睹过遗稿的同事、亲友与学生无不为之动容。

黄昏时分，我离开山口富村踏上回家的路程。回望山村，青山肃穆，残阳如血，不由想起刘先生写的两句诗：**漫道夕阳无限好，黄昏已近路还长**。是自嘲?是悲叹？但我更相信那是一个逆境中刚强的灵魂的声音。**《义乌日报》2002 年 10 月 18 日“文史纵横”**

第五部分

家人的追忆与怀念

岳父刘朝阳先生

（郜大琪）

早先，朝阳先生在我心中只是一位让我高山仰止的长辈亲属。二十世纪八十年代，为出版他的遗著，我南北奔走搜集资料，才走进了他的世界。他从一个山村穷孩子到名校教授中独树一帜的佼佼者，其间充满了神奇与启示。这些经历对我们家人来说，是极其珍贵的精神资源。“慎终追远”，我必须记录所知，供后人了解，垂范。

一、山口富村·穷孩子

朝阳先生 1901 年出生于浙江义乌山口富村。父亲是穷秀才，后在甘肃做过盐官，朝阳先生有一姐三妹，一家五六口靠父亲薪资与母亲种一点薄田维持一家贫寒的生活。

他是怎样成长的？家庭、学校、社会环境对他的影响与教育都无资料可循。为寻求答案，我不止一次去过山口富村。村子离城二十多里，青山、小溪、池塘、农田……，典型的江南农村。朝阳先生家在村子近村口的一处院落，首次去，那无声的村落和破旧的故居也给不出什么答案。第二次又去，正值山口富刘氏家族举行修谱活动，那天刘氏大祠堂里人如波涌，旗帜如林，香火盈梁，两幅刘氏始祖、晋代官宦夫妇的画像悬挂在祠堂大殿的北墙正中。上午九时许，刘氏族人从四面八方涌来，举行了拜祭、领新谱、游村、开会、唱戏、午餐等一连串活动。祭祀拜祖毕，接着游行。鞭炮震天，冲天炮密集炸响，全族人群排着浩浩荡荡的队伍，抬着三牲祭品，举着刘氏标识的灯笼，旗幡，穿村而行前往大会场。不知哪来这么多男女老少，似乎四乡八邻的刘姓族人都赶来参加此盛典，人人眉飞色舞，喜气洋洋。这一场景，看得我目瞪口呆，对我似乎有了触发。没想到在 21 世纪初还能看到古代“尊祖、敬亲、聚族”的“修族谱”活动，在浙江山村竟保存得如此完整。而这一活动所蕴含的“敬祖先、孝父母、尊师长、崇俭仆、尚和睦”的内涵也自然在影响着后人。义乌是文化底蕴深厚的古城，出过骆宾王、宗泽、朱丹溪、朱一新、陈望道、冯雪峰、吴晗等文化名人。大大小小的人物，他们小时候就生活在这一文化淳厚的环境里，接受着这一方历史文化传统的熏陶，教育是真实、具体的，几乎无处不在，无时不在。除家庭教育、学校教育外，许多社会教育如宗教、民风、民俗活动都从小植入后人心中。记得浙江天台山乡外婆家过元宵节时，有一种民俗“吃百家”。孩子们作兴在村中挨家挨户“游食”，所有人家的大人们都会准备上一份可口的食品作为礼物。孩子们成群结队地来去，大人们也开开心心地等候着一拨拨小客人。这一活动贯串着“爱幼亲邻”“德礼为本”的精神。我们无从了解到朝阳先生的家教，校教、社教的具体内容，但可以肯定在他幼小时，这类形式的宗族教育相当浓重与频密地影响着幼年的朝阳先生。他一生中突出的品质，如亲和、正直、爱憎分明、坚强、吃苦耐劳、简朴、自强自立等，就是从幼年（也只会在幼小时）时被植根的。可以说，朝阳先生一生的成就也是义乌这方水土与文化滋养的。

二、杭州第一中学·举债读书

读书成就了朝阳先生的一生。走读书之路也许是他两位长辈确定的，一是父亲，二是上过大学的小舅舅。父亲知道“学而优则仕”是摆脱贫困的最佳道路。小舅舅家兄弟姐妹 6 人，他是最出息的的一个（他北京大学毕业，在金华省立第七中学任校长）。估计就是家里这两位文化人主导了他的求学之路。1907 年朝阳先生上本村的小学。由于天资聪敏，成绩突出和出嫁成家的大姐愿意资助，1913 年他考进了县城第一高等小学，1915 年高小毕业。这时朝阳先生生病在家。毕业后怎么办？是务农求存，学工求安，还是继续求学？当时家里自然会一次次地多方考量。我到过朝阳先生的故居，一幢二层小楼并列三间房子，祖上分给了朝阳先生的三兄弟。北间住着朝明叔叔家，中间是朝阳先生家，南间是朝金叔叔家。每间房子约四十多平方。朝阳先生一家几口都窝在这狭小空间里。楼板薄旧，楼梯阴暗。曾有位朋友，后来赠诗形容朝阳先生读书时家境的困窘：“舍下笋穿壁，庭中藤攀檐”。这样的家境想继续升学最大的问题就是钱，哪里有钱供他读中学？大姐已尽力接济他读完小学，再也无能为力了。但令人惊讶的，他们最后不仅决定他要读下去，而且决定读浙江省立杭州第一中学。这太超乎想象了。如果决定读义乌县城中学，即使去金华读小舅舅的第七中学，都合乎情理。但他们居然决定报考远离家乡去浙江最大的城市，浙江省会的中学，而且是最有名的杭州第一中学。这真是“敢于上天揽月，敢于大洋捉鳖”太胆大了。这个决定自然有父母支持，出主意也许就是搞教育的小舅舅“高开高走”？其间有没有朝阳先生的分量？他已15岁的半大人了，若没有他成绩优异，没有他的主见与决心，恐怕什么事都办不成。事实证明报考杭州一中是朝阳先生一生的转折点。杭州是什么地方？历史悠久的文化名城，浙江省的政治，经济、文化的中心，地杰天灵、人文汇萃。几年里，他在杭州一中打下了文史数理化坚实的基础，为求学深造创造了良好的条件。在这里，他接受了新思想、新教育，确立了他的价值观，实现了一个小城偏村穷孩子的龙门一跳，成长为一位有理想、有志气、有才能、有作为的爱国青年。这一段经历，让我们看到长辈亲人的深情与担当，也看到小时朝阳先生敢于闯关的奋发上进、自强、自立、与自信。

赶考时，朝阳先生单身一人步行了120里路，到达诸暨县城，再乘小火轮到杭州，参加了一中入学考试，考的是公费生。考试通过了，新学期开学，一开头他就迟到两个星期。为什么迟到？筹钱。家里杀了一口猪变卖了钱。钱不够得向人借，等凑够了钱才来入学报到，交膳食费，进课堂。公费生虽说不交学费，但每个学期伙食费、书本费、杂费与零用钱还得自己负担。如何解决四年读书的不菲费用呢？一是举债，二是做工。家人用田地做抵押，向人借了高利贷；朝阳先生则利用寒暑假给人家做家庭教师等等，凡能挣到钱的活儿，他能做的都去做。有人形容他当时以工养学的状况是“艰辛悲悴”。“艰辛”言其负荷极重；“悲悴”言其身心极其疲惫，生动地概栝了他四年苦读的过程。当时苦的不仅是他，全家举债后的生活清苦也是不可言状的。后来母亲终于病倒，病得很重。朝阳先生借到钱赶回家里，未及见面，母亲就病故了。

1921年朝阳先生以优异成绩从杭州一中毕业。原计划毕业后去读北京大学。北大可是中国享有盛誉的最高学府，当时蔡元培主政，云集了许多中国最优秀的学者和教授，朝阳先生敢于上北大足证其学业过硬。可惜小舅舅去世，无亲人资托，北上的计划就作罢。

两个重要的亲人先后去世，朝阳先生受的打击是很大的。

三、厦门大学·甲等奖学金

中学毕业朝阳先生20岁。他成绩优秀，文笔好，有人推荐他去浙江省政府做秘书。这可是个有钱有势的好差事，能立马改善境遇，提高身份。朝阳先生却谢绝这份差事，报考了厦门大学。为什么不走仕途？为什么继续读书深造？这一选择具有怎样的意义？

问题是：朝阳先生当时是怎样的一个青年？这问题，应该联系那个年代的时代背景来解答。朝阳先生生于1901年。1901年在历史上是中国伟大时代的开端，他正逢此时。如1901年，满清政府和八国联军签订了“辛丑条约”（他出生），1911辛亥革命成功（他11岁读小学），1914-1918第一次世界大战（他小学毕业前后），1917俄国革命成功（他中学一年级），1919年五四运动（他中学二年级），1921中国共产党成立（他中学毕业），大时代的大事件朝阳先生适逢其时。那个时代，一边是中国灾难深重，生死存亡之秋，一边是革命浪潮迭起，风起云涌。尤其“五四运动”高举民主、科学大旗、反帝反封建运动席卷全国。这时的朝阳先生正读中学，正在杭州，正是青年。他参加了“五一”劳动节大游行。他阅读时兴的进步书刊。一个明显的证据：崇拜鲁迅。鲁迅是五四新文化运动的主将，那时正在向几千年封建专制主义的文化传统猛烈开火，是进步青年的偶像，也是朝阳先生的偶像。鲁迅文章风靡全国，万千人嗜读，朝阳先生也是。《狂人日记》发表在1918年5月，《药》、《孔乙已》发表在1919年4月、5月，《故乡》发表在1921年，《阿Q正传》开始发表是1921年，而大量的战斗杂文从1918年9月开始陆续发表在《新青年》上。这一段时间（1917-1921）正是朝阳先生读中学的时间。他深受当时救亡图存、民主革命和鲁迅思想的影响，成长为爱国的进步青年是确定无疑的。后来他说：“我们尊敬鲁迅，崇拜鲁迅。他是我的老师，我听过他的课。我还有鲁迅给我的手迹。”（这件手迹珍藏了多年，后在动乱年代遗失了。）1926年，鲁迅乘船离开北京到厦门大学任教授。朝阳先生学的是数理科，为了鲁迅，他特地加选了鲁迅的《中国小说史略》的文学课。一个鲁迅的信徒，不是爱国进步青年是不可能的。按朝阳先生当时的思想，不入仕途，选择继续求学深造，走科学图强之路是符合逻辑的。这一选择从此决定了他科研求真的一生。科学之路永无止境，他义无返顾地朝前一直探究下去，终生都是一位典型的、虔诚的求索者，直到生命的终结。

在厦门大学他是怎样学习的？

厦门大学是陈嘉庚先生于1921年创建的，初设教育与商业两个学院。朝阳先生考取的是第一期师范教育学院的公费生。这时他生病了没有上，回杭州养病，在西湖英算补习学校教英语。第二年即1922年再回厦大。朝阳先生选的教育、物理、数学、天文四个专业，后来增加鲁迅的文科。一下子选学教育、数学、物理、天文相距甚远的几个专业，现在是不可能的。但那时最早办的几个高等学府如北大、东南大、厦大等实行了教授治校，学生自主治学，选修不同学科，在通才的基础上求得专精，是允许的。因而教育史上称："二十世纪二三十年代的教育是出大师的时代。"朝阳先生选修多门学科是他后来获得突出成就的基本条件。

学了这么多学科，成绩怎样？朝阳先生由厦大一期转为二期，病假一年取消了免费待遇，幸而他学业好，得到老师推荐获得了甲等奖学金，奖学金是一年一评的，必得年年评上奖学金才能读下去。他的同学李鉴澄先生说他"沉默寡言，潜心学习，博览群书，刻苦攻读。在所有学科上成绩突出，还能通晓英、法、德三国语言。"这简直难以置信，所有学科（数学、物理、天文、教育）都能成绩突出，这不是奇事吗？而且还通晓三国语言。厦大有的学科用英语授课，自然必得学英语，通英语，但法语、德语又怎样在大学里学到的，并且不是洋泾浜式的，又不是粗通，而是"通晓"。一个本科大学生能四个专业门门优秀，还掌握了三国语言，岂不神奇（后来又有俄语）。这只有用天赋、雄心加苦读来解释。后来他通过四国语言，获得大量文献与信息，是朝阳先生能成就卓越的又一基本条件。

有两件事让我们更了解朝阳先生在大学学习生活的情况。一件是翻译教育学。为筹措日常生活的零用钱，他替老师为编辑汉英辞典搜集材料。之后，厦大教育学院院长孙贵定要朝阳先生代他翻译一本英文的教育学，说好翻译完成后由孙院长审定再出版。这部英文教育学朝阳先生如期译好了。这时，这位院长改变主意不要了。但他跟商务印书馆已有约定不好撤约，就由朝阳先生把书稿寄给商务印书馆，于是朝阳先生得到了200元的稿费。有了这笔款子，朝阳先生就与同校文科的王师韫结了婚。第二件事是兼职与打工。甲等奖学金虽年年获得，但生活还较拮据。李鉴澄先生写道："他在学习期间生活非常清苦，每年暑假他都去杭州求职，充任一些暑期学校的老师，以求得一点薄薪，贴补学习费用的不足。"结婚以后又要维持两人的生活，朝阳先生还得在当地一所中学兼课，一周约二十个课时。学校制度虽允许这样工读，自已则辛苦异常，十分疲劳。后国民党清党封闭了这所中学，朝阳先生生活更艰苦了。

1927 年 6 月厦门大学的苦读结束，朝阳先生毕业了，成绩优秀得到学士学位。

厦大期间朝阳先生获得了教育、数学、物理、天文几科的专业知识，奠定了向科学探索的专业基础，他对母校是感激与怀念的。后来，他给同学同事王亚南，即《资本论》的首位译者写过一首诗：

海外归来竞骋驰，资本论里有馀资，

岭南同事乱离日，沪北欢谈解放时；

悔未从君回母校，愧蒙对众夸良师，

哪知分手成永诀，泉下可遇马克思。

朝阳先生的父亲在他读厦大时期病逝。至此，长辈亲人先后离去，一切靠朝阳先生独自面对了。

四、中山大学、清华大学、燕京大学、北京大学·开创与挑战

朝阳先生初涉社会就业绩非凡。中国科学院自然科学研究史所副所长、研究员陈久金先生评论说："在辛亥革命和五四运动的推动下，中国开始将西方近现代的自然科学系统地引进中国，培养出一大批具有较深厚自然科学基础的知识分子，其中有一部分人将其学得的知识用于中国科学史的研究，在中国掀起了一个研究科学史的高潮。其中朱文鑫、董作宾、刘朝阳先生等人，便是这个潮流的主将，也是将现代最新自然科学知识用于科学史研究的开路先锋。"朝阳先生是怎样成为研究科学史的一员主将和开路先锋的？他经历了什么？

1927 年朝阳先生大学毕业，求职的路是不平坦的，有三个月时间，他先在杭州一所弘道女子中学代课，后来才谋到广州中山大学一个统计学助教的职位，再后才调到中山大学教育研究所工作。从厦门大学来的著名历史学家顾颉刚教授，要他做些中国古代天算方面的研究。1927 年 10 月到 1930 年 6 月他在中山大学三年。1930 年 7 月到 1931 年 6 月，他在清华大学，燕京大学、北京大学任讲师，又兼了北京女子师范学院的讲师。在这几所名牌大学任教期间，他接连在中山大学学报、清华大学学报上发表了十多篇中国古天文学史的论述，开创先声，挑战权威，引起学术界的关注与赞赏。哪些论述？举例如下：

《史记·天官书》考证。天官书是中国古天文学的重要著作，但它是否是司马迁所作，历史上一直质疑不休，现代著名学者钱玄同为代表的疑古风潮又起波澜。朝阳

先生以丰富而确切的史料考证了天官书确系司马迁所作，恢复了它的历史地位与价值，断了千年的疑案。此文一出就引起学术界的瞩目。

《周髀算经之年代》的考证。周髀算经是古代一部综合性天文学的重要著作。历代的定论是“作自周公”。现代学者也认为成书于周。朝阳先生作了系统的考证，确认该书系东汉初年之作。

《尧典》断代的研究。著名的学者竺可桢为代表的学者，研究认为此书大部分内容是周初之天象，仅一处合乎唐尧之时。此权威的论点为朝阳先生所推翻。经过他慎密研究定此书为春秋前期的作品。在古史辩派和疑古思潮最为活跃的时期，朝阳先生《中国天文学史之一重大问题——周髀算经之年代》和《从天文历法推测《尧典》之编成年代》两篇论文的发表，引起了学术界的注目。

批驳周初历法的“四分说”。王国维是学术大师，他对周初历法研究有一种“西周四分月相说”的论点曾轰动学界。朝阳先生则挑战这一观点。他在《周初历法考》等论文中，以丰富的史料，层层辨析，步步否定，推倒了王的论点，也否定了日本学者新城新藏修正的“四分说”，创建了新的论点“初吉新说”。后来出版的《中国天文学史》一书，运用了新出土的铜器铭文，重新论证，肯定了朝阳先生的观点。

《饭岛忠夫<支那古代史论>评说》一文中，朝阳先生以大量史料批驳日本学者饭岛忠夫所说的“坚信中国天文学思想不少来源于西方”的观点，指出干支纪日从公元前1600年的殷代就开始了，比公元前46年罗马统帅恺撒采用的“阳历”要早得多。此论述引起中外学者的重视。

《殷历质疑》《再论殷历》是论战和探索之文。考古学界发现殷墟甲骨文后，从清末起，众多研究都侧重于考释文义，解读经典。而朝阳先生和董作宾先生则从甲骨文卜辞中研究殷、商、周三代的天文历法，开创了卜辞研究的新方向，获得了大量的新成果。《初论》、《再论》及以后发表的《三论》、《余论》是董、刘两大学派争论之作，呈现两位先生系列的见解与发现，是古天文学史研究的精彩文献。

《年代学》系朝阳先生依据西方时间学的理论，在中国开创的一门新学科，用来研究历史事件、朝代、历法等出现时间真伪正误的。李鉴澄先生在为编辑《刘朝阳中国天文学史论文选》一书时认为：“《年代学》是我国学者中尚无人涉及的重要著作”（因部分章节遗失而无法编入）。1996年我国投入巨资研究的夏商周断代工程，其基础之一就有年代学。

科学界、天文学界对朝阳先生的论述作怎样的评价呢？中国科学院院长、院士卢嘉锡先生说：“刘教授主要研究中国上古天文学史，在整理研究卜辞和金文的天文历法资料方面有重要贡献……（对殷墟甲骨）从历法角度另辟蹊径，将卜辞中零星散乱的月日干支资料加以系统整理，深入地讨论和总结了殷商时期的历法，从而开创了卜辞研究的新方向，受到国内外学术界的重视。”“他是本世纪前半期最先以近现代的自然科学知识为手段，从事中国天文学史研究，并取得许多重要成果的少数几位学者之一。”

中国科学院北京天文馆顾问李鉴澄先生说：“朝阳先生作为我国天文学史研究领域中的一员主将和‘开路先锋’，生前发表了几十篇内容极为丰富的科学著作和学术论文。这些重要的论著在我国近代的天文学史研究中曾经起到了‘奠基石’的作用，它是天文学史研究的一笔宝贵财富。”

“从 1927 年到 1930 年间，他先后发表了天文学史的研究论文十余篇……这些论文考证了我国古代历法和天文学史，批判了日本饭岛忠夫所谓‘坚信中国天文学思想不少来源于西方’的谬误观点。他在学术方面不泥古，不盲目崇拜当时的权威，富有独创精神，敢于独树一帜，因此他的这些论著引起了中外学者的广泛重视。”

英国皇家科学院院士、英国文学院院士、生物化学家和科学史家李约瑟博士主编的世界名著《中国科学技术史》第四卷仅“天学”部分，即附录了朝阳先生的有关论文十二篇，并在该卷中多次作了较高的评价，如：“刘朝阳曾摘要介绍并批判了饭岛忠夫的观点。饭岛坚信中国天文学思想有不少来源于西方。”

“关于《天官书》的真伪问题，已通过刘朝阳先生的透彻研究而得到有效解决。”

“人们从卜辞中收集到大批天文历法资料，特别是郭沫若、刘朝阳先生以及董作宾在《殷历谱》中所作的高度系统化的工作，是值得注意的。把这些资料全部研究过之后，我们将会拥有比任何前辈学者更加可靠的事实依据。”

“在关于各个时期专门研究中，值得提出的有沙畹、刘朝阳先生和饭岛忠夫关于商、周的文章” 等等。德国学者 W・EBERH—ARD 对朝阳先生的《天官书》的论述也极力赞扬，并译成德文介绍。

我们从所引用的材料来看，中外著名学者都对朝阳先生的论述作了高度的评价，肯定了他论著的科学性，开创性、奠基性及重要贡献。在中山、清华、燕京、北大等高校的四年中，朝阳先生初入社会，就在名校学报上密集发表了大容量、高水平的古天文学论文，开创先见，挑战权威，去伪存真，为展现中国历史真貌，展现我国古代文化灿烂，提升国人的民族自信心与凝聚力作出了积极的贡献。

五、青岛观象台·太平洋学会

1931 年 7 月朝阳先生南下就职青岛观象台研究员。青岛观象台是“远东三大观象台”之一（上海、香港和青岛），其规模之大，仪器设施之完备，技术之先进，都是国内其它台站无法比拟的（如拥有当时国内最大的天文折射望远镜），全国气象学会就设在这里，万国经度测量点也设在这里。朝阳先生在观象台工作了七年。身为年轻的研究员，他待遇优厚，生活稳定。王师韫辞去工作做全职家庭主妇。大女儿刘马力生于厦门，此时上小学；小丽、雪莱相继出生于青岛，雇了保姆。朝阳先生还兼了青岛大学（后改山东大学）的讲师，可以潜心投入科研与教学。他先后发表了《安斯坦新场论之基本算理》，是国内最早引进爱因斯坦相对论的学者之一。还发表了《波浪力学》、《狄拉克关于电子之新理论》、《方阵力学》、《电磁与引力》、《地磁力之新周期》、《1924 年以来之磁暴》等，并将青岛观象台每年的地磁记录整理后，发表在美国《天电与地磁》季刊上，与国际交流。1933 年第五届太平洋科学会议在加拿大多伦多召开，由于国内经费短缺，只派全国物理学会理事长吴有训一人前往，朝阳先生的那篇论文《地磁力之新周期》就由吴先生带到大会上宣读，受到大会的重视与好评。在青岛期间他又在燕京大学学报上发表了《再论殷历》，在中山大学学报上发表了《三论殷历》等天文学史论文。

我们注意到朝阳先生除天文学论述，又有不少物理学专论的文章相继发表。既在文科又在理科这两种截然不同的学科上同时在作研究，而且都有建树，这在学术界并不多见。为什么朝阳先生文理双挑，后来研究他学术的杨南山先生分析说：一是天赋，二是在厦大他文理双修：“他是大学里较少见的由文转理而成果斐然的教授。文人的气质与科学家的作风，在他身上融合得相当和谐。文人的正直与胆量，加上科学家的理性、判断力与使命感，使他的学术研究具有较大的时代前瞻性，不论是文学还是物理学方面，他都勇立一家之言而自成体系。”杨先生对他的融合文理的文风作这样的概括：“浩然之气，严谨之风，学者之文，智者之见，勇者之声”自成一格。

六、辗转于西南学府·“天再旦”与“断代工程”

1937年7月，日本侵华战火蔓延，朝阳先生携妻小南下义乌故乡避难。阔别老家十几年，一间老屋已成危楼，就去了金华。金华正值日机轰炸，墙倒屋塌，尸体纵横，再去天台王师韫父母家。此时夫妻人到中年，长期性格差异，导致失和吵架，朝阳先生只身去了天台在育青中学教课。1938年中英庚子赔款委员会来函，资助科研人员，邀朝阳先生去昆明。1938年他离家一人去了昆明，在北平研究院物理研究所任研究员作光谱分析实验和昆明经纬度复测。此时王师韫去信离婚并登报声明。国仇家破困扰朝阳先生。两年不到，昆明遭敌机轰炸物理研究所迁至乡村。1939年物理研究所所长严济慈介绍朝阳先生去设在云南的广东中山大学师范学院数学系任教。1940年孙杏芳就读于该学院所属的社会教育学院，两人相识相恋并于1941年结婚。1942年陪孙杏芳去桂林分娩，粤丽降生。1942年任贵阳师范学院物理系教授兼系主任。1943年贵阳师院调来新院长齐泮林。齐是陈立夫的亲信，为朝阳先生所厌恶。朝阳先生不接受聘书，1944年去成都华西大学任教授暨中国文化研究所研究员，并兼开物理课。是年，蓉丽在成都诞生。

抗日战乱的岁月，朝阳先生辗转于西南学府，四易工作与住地，颠沛流离，生活艰苦，但研究探索从未间断，依然硕果累累。他先后在云南大学学报、华西大学学报、南京大学天文学期刊《宇宙》和《中国文化研究所集刊》上发表多篇论文。如《昆明之经纬度》、《三正说之由来》、《三朝代关于天蝎座之观测》（英文版）、《三代之火出时间》、《殷末周初日月食初考》、《周初历法考》、《夏书日食考》、《晚殷长历》、《甲骨文之日食观测纪录》、《Opplzer及schlegel与kuhnert所推算之夏代日食》、《小乙正羌方考》（英文版）、《关于殷周历法之基本问题》（英文版）、《殷历余论》等。朝阳先生不断拓展天文学史研究范围，使得不少扑朔迷离的疑案得以澄清，恢复了历史真相。这里举一案例说明。

古籍中记有“天再旦”天象（懿王元年天再旦于郑）。这“天再旦”指的是什么？在他之前就一直未被破译。1944年朝阳先生指出，这是指日出前的一次日全食现象，天亮而黑，黑而复明。这个解法对不对，谁也没看过，谁也不能证实。四十年后1987年美籍华裔著名学者周鸿翔也对那次日食作了考证。时间推迟到1997年3月9日的清晨，中科院陕西天文台在新疆布设了20多个观察点在观察。果然“天再旦”了。日出前，天已发亮，日全食发生，天黑下来了；日全食结束，天又亮了。仅仅几分钟的绝妙天象，过去绝少有人目睹，这次终于证实了。中科院自然研究所史副所长陈久金研究员从北京打来电话，兴奋地说：“朝阳先生的‘天再旦’的学说得到了证实！祝贺你们！”此事在《光明日报》《报刊文摘》都作了报导。

“天在旦”的历史意义，在后来的“断代工程”中体现了出来。我国古代文献中记录了夏、商、周三个最早的朝代，但有案可查的年代只能追索到《史记》所记的西周晚期的共和元年，即公元前 841 年，再往前只有帝王的世系而无年代。五千年文明史只有三千年有史可查，以前则是空白，不仅是缺憾，或被人疑为虚构。1996 年，我国启动了一项浩大的文化工程：“夏商周断代工程”解决三代的年代问题。茫茫的远古要确定准确的相关年代，谈何容易。学者们经过研究，确定两个核心的关键时间点来攻关：一是周“懿王元年”的年代；二是“武王伐纣”的年代。第一个时间点，史料记的是“懿王元年天再旦于郑”。这一时间点，最早在朝阳先生的考证中认为是明确可靠的史料，可作为推算年代的基点；第二、朝阳先生已破译了“天再旦”是日全食。渺茫的远古年代无从确认，但日食则有规律可循，破解了“天再旦于郑”是哪一年，也就破解了“懿王元年”是哪一年。“断代工程”的学者们就以这一关键时间点的天象攻关，运用现代科学技术手段，对太阳系天体运行规律作精确反推计算，并结合多种科学方法验证，终于准确算出“天再旦于郑”的“懿王元年”是公元前 899 年。自此，中国有文字记录的历史就从西周共和元年的公元前的 841 年，上推到周懿王元年公元前 899 年，整整上推了 50 多年。朝阳先生首先破译“天再旦”是日全食，为“断代工程”运用“以天象推算年代”的攻关思路提供了钥匙。

第二个关键时间点是“武王伐纣”年代。“武王伐纣”是历史上标志性的事件，这一惊天动地的战争是商代的终结，周代的开始。朝阳先生在四五十年前数篇文章中都已关注“武王伐纣”，也都运用“天象推算年代”的思路，（如《殷末周初月食初考》、《殷历余论》等）发表在全国著名的学术刊物上。1954 年他还专门写了一篇《关于武王伐纣这一战役的天象纪事》更突出研究了当时发生的月食天象。可惜这篇论文在寄往《天文学报》中被遗失。“断代工程”的学者们，抓住这个核心时间点攻关，运用天体运行规律反推年代，结合运用多种科学手段相互检验（如用碳十四测年的技术，运用古代文献资料及发掘出来的出土文物等），最终准确地算出“武王伐纣”年代是公元前1046年。攻下了上述两个关键时间点之后，以这两个时间点为基础，历史学家就可以上下一一推算出夏、商的年代（夏约公元前2070年，商约公元前1600年），制定出商武丁以来的年表、各王的年表，填补了中国上古历史的空白。朝阳先生能在半个世纪前就关注到上古史的关键时间，并运用天象纪事去考证年代的思路，确实令人佩服。

七、同济大学、南京大学·天文学报的唯一

1945年抗日战争胜利，朝阳先生十分想念在浙江乡间的三个孩子，早想东返。1946年他曾在成都的金陵大学和航空参谋学校短期任课。同年，云来也在成都出生。暑假时朝阳先生接受在成都的上海同济大学之聘，随同济一道返回上海，担任该校物理系的教授。这时主动抚养几个朝阳先生子女多年的外婆，找到朝阳先生住处（上海礼查大楼）送来了小丽、雪莱（马力是后来找上门的）。八年分离的骨肉相聚，家里充满了热闹与生气。当时，内战爆发，时局混乱，物价飞涨，一家七口的生活费、教育费难以维持。他就兼任大夏大学数理系教授和国防医学院的物理课。从1947年到1949年他身兼三职，往返奔波，过度劳累，患上了糖尿病，住院治疗。这一期间，朝阳先生的研究重点已转入物理学，发表的论文有《论Dirac相对论波浪方程式内之σ、θ及α诸方阵》《从Dirac相对论方程式看中微子与磁游子》。后一篇论文曾在1948年中国科学社南京联合年会上宣读。

1952年全国高校院系调整，朝阳先生调入南京大学物理系，教热力学和统计物理兼在数天系任教，兼任中国科学院自然科学史研究室研究员。朝阳先生的天文学史的研究始于上世纪二三十年代，终于四十年代末，最后一篇论文是1953年在南京大学发表的《中国古代天文历法研究的矛盾形势和今后的出路》，具有一种总结性。自此以后，他的研究基本上就转入物理学和天体物理的方向了。有意思的是那篇总结性的论文有二十多万字，登在南京大学天文学报的第一卷第一期上。这一期的学报只登了他一篇文章，而且他向学报主编李珩先生（留法博士、后任上海天文台顾问）声明：“不得改动一字，否则就不必登。”这是李老先生后来亲自向我们说的细节。这也说明朝阳先生的硬气与自信，以及他在天文学界的影响。

南大六年，朝阳先生先后住在南大教师宿舍（南京漢口路5号与小粉桥），均为单门独户，前者单层，有大院。后者上下两层带前院。居住环境均较舒适。他生

活安定，专心研究。书房是他一人的天地，除了吃饭，他整天都在书房里看书写作，直至深夜。亦在此时段，他的糖尿病正朝坏的方向发展，他却依然著作不断未有懈怠。

在南大，他的著述有：《恒星质量随其中心压力变化的几种特别情形》（物理课手稿）、《非厄密σ·ρ矩阵的狄拉克相对论波动方程》《关于武王伐纣这一战役的天象记事》等。

八、江西大学·科学与学科

1958年，各省都要建高校，江西大学在南昌创建。高教部指定南京大学为支援单位。朝阳先生主动申请去江西大学，经批准举家迁去。（离南京时除带走全部书藉，己无法再带任何家俬，到江大后的新家简陋得形同单身宿舍。）他担任江西大学物理学系热力学、统计物理学和理论物理学系的教授和主任。后来又任省人大代表、江西物理学会副理事长，几次被评为劳动模范。此时他全力贯注于物理教学与理论物理的研究上。著有《物态》、《太阳的温度》、《经典热力学的根本问题》、《光的本质问题》、《量子力学的一些根本问题》、《一些正反粒子的平衡温度》、《关于相对论的一些根本问题》等。此时论述跟早年天文学一样都具有一种大容量、系统性、严密性和密集出手的态势，并表现出他的治学具有研、教合一，科学和学科一体的特点。他的学生孙熙民教授回忆朝阳先生的教学说，他在教学中："不仅使受教者获得知识，特别着重于使受教者如何运用思维能力对知识进行比较分析，取精用宏，不囿于一家之说，在前人基础上能力争有所前进，有所创造。这是他把自己研究工作贯穿于教书育人的表现。"又说"经他培育的学生不少早已是教授、专家，但他们每当忆及刘先生严谨治学的学风教风时，无不为他兼收并蓄的广博知识及创建性的学术思想所留给后人终身获益所感动"。这种高超的教学境界，正体现了朝阳先生的研、教统一、科学与学科一体的治学特点。这个特点即先科研：以学者身份，先对某一科学领域作"广识——思辨一精通"；后施教，再以教者身份，将研究所得转化为某一学科课程，让学生"广知一思辨一求真"。

这里以《热力学与统计物理学导论》课程为例来说明。朝阳先生在南京大学已研究这一领域。他在探究中发现这一理论存在根本性的难以说明的矛盾：如"熵"或热力学第二定律，理论上都未能说得通。于是他先后阅读了几十种中外有关书籍刊物，研究了各学派的观点和见解，广泛与同行、同学探讨，写下许多笔记与心得，整理成系列的论文；又作过多次学术报告，并邀请同行与学生参加讨论。这些学术报告有《经典热力学的基本概念》、《卡诺循环作为一种理想的工程循环》、《质量与能量的关系》、《统计力学的根本问题》、《从基本粒子的二象性及以h为微宏观的识别标准问题》等。经过与会者讨论、争辩，丰富、扩大和校正了自己的分析，充实了著作的内容，提高了著作的水平。在这样先科研的基础上，写成了《热力学与统计物理学导论》这一课程。全书四十多万字，分24章，历经了十几年。在这部著作中，朝阳先生认为热力学和统计物理学都是研究物质系统内部分子热运动的理论，不应各立门户，应当统一成为一门学科。他批判了"热力学属宏观论""统计物理属微观论"的割裂观点。他又批判了"热力学只有实践基础无理论基础"的观点，批判了"热力学研究的能量转化是万能的，能解决宇宙中的一切问题"的观点。在论述中朝阳先生从这两门学科的一致性，完整性出发，重新阐述了其基本概念，明确划分了一般物质量系统的对外运动状态和内部状态、微观和宏观方法、平衡和不平衡状态、可逆过程与不可逆过程等。朝阳先生以自己科研的求真，引导学生在思辨中求真，使学生在前人已有研究的基础上，有所前进，有所创新。他的科研是严谨的，他的教学是严密的、负责任的，做到了科学与学科完美的结合。再如《物态》一书，是应用热力学和统计力学的理论，研究世界上人们生活常见的气体、液体、固体各聚集态的物质方程式的理论，并为研究热力学中解决具体问题提供了必要的物态方程式。这一学科著作有四十多万字。《太阳的温度》也是应用热力学的方法，研究太阳内部状态和太阳各部分：光球、色球、日冕、太阳中心等的温度。这对研究地球的温度和气象学有重要的理论价值，此书成稿有三十五万字。中科院南京紫金山天文台、北京天文台研究员、加拿大科学院赫兹堡天体物理研究所客座教授林元章评价说："全书以太阳各气层的温度研究为主线，实际论述涉及太阳物学近一半领域。每章中的论述层次分明，条理清晰，推理严谨，引用的文献相当丰富。对于用到的一些数理公式，有时还作了推导，十分难得。该书稿在二十世纪六十年代初，应算是一部关于太阳温度研究领域相当全面和系统的总结性论著，若能在书稿完成后及时出版，会是一本很有价值的教学和科研参考书。"

九、综述·学品与人品

上世纪八十年代，我去南京紫金山天文台搜集朝阳先生生前遗著。上了紫金山，走进掌握资料的天文台情报处的办公室，里面坐着五六位先生埋头于桌上工作。有人问我有什么事，哪来的。我说我是刘朝阳先生的女婿。屋内工作的几位先生全都站起来致意，并询问刘老师可好，其敬挚之情溢于言表，我很感动。小学生跟大学生对老师态度不一样；小学生是情感型的，只要老师亲近他，他就爱老师；大学生偏重理性，他们敬重老师，是老师的学术人品。中科院院长、院士卢嘉锡先生评价说："刘教授精通英、德、法、俄诸国文字，对物理、天文、数学等学科，都有较高的造诣。他博学多识，讷于言而敏于思，为学极专挚。他在科学上有敏锐的洞察力，特别喜欢做探索性的工作，从不阿附时流好尚，也不因循陈说旧义，在很多问题上都有独到的见解……他提出的许多观点和结论，已经经受住了考验，显示出他的真知灼见。"这里所说的"精通""造诣""博学多识""专挚""洞察""探索""独到""真知灼见"等，真实而确切地概括了朝阳先生的学品与人品。朝阳先生是不善言辞的，但他渊博的学识、勤奋的态度、严谨的学风、正直的品格、独立的精神，深受学生的敬仰、爱戴。同济大学的博导孙熙民教授深情地回忆这样的经历："1942年我考进贵阳师范学院，原读的史地。刘朝阳先生在那里当教授，作理化科主任。我和同班张茂林出于好奇仰慕去拜访他。受到他的感染，我们两个也转读了理化专修科。刘先生教我们普通物理，教材是DUFF的本子，英语讲授，几堂课下来我就听不懂了。特别是我的英语基础差，一些导数和微积分概念也接受不了，简直是想打退堂鼓回史地科。在这样的情况下，刘先生一方面劝导鼓励我们，一方面实际帮助辅导我们，每周至少有四个下午都要为我们讲英文，补微积分。一学期过去了，我们学习上路了，刘先生为我们花了多少心血，我也算不出来。在那米珠薪桂的抗战年月，刘师母亦每天忙于工作。刘先生每天下午给我们两个在教室里补课，方在襁褓的刘先生女儿粤丽还不到一岁，一直被放在无人照管的摇篮里。由于房间光线暗淡，从小眼睛就变成高度近视。是父女亲还是师生情谊重？几十年来，萦萦心头，一直不能忘怀。从那时起，至今我们在物理这条路上走了几十年了。"孙教授又说："抗日战争的环境是十分的艰苦的，什么条件都没有，朝阳老师还获得了惊人的成果。他如果是在美国，有实验室，有经费，他的成就会超过爱因斯坦。"在南京大学学习，后来是中科院研究员的扬正宗先生在信中说："您虽年迈体弱，而奋力于伟大的科学事业，尤更老当益壮，不禁使我感动之极。在我所接触过的人中，唯独您——我所敬仰的老师，如不老劲松，傲然挺立。近二十年来的交往中不禁使我深刻地认识到您不仅是一位勇于开拓科学世界的战士，而且是一位能始终如一地把毕生精力贡献给科学的最好的导师。您的勇敢、坚持和严格的治学精神是最值得认真学习的。"又说："我经常想到您，您为科学奋斗的精神和您在科研中独树一帜的创造精神，始终对我是一个巨大的鼓舞力量，二十年前是这样，现在也是这样，将来仍然是这样。"上海天文台顾问李珩先生是朝阳先生在青岛观象台的同事，北京天文馆顾问李鉴澄先生，是朝阳先生在昆明时北平研究所的同事和厦大的同学，他们都深知朝阳先生的学术与人品，赞叹他的勤奋、探究、开拓进取与创新的精神。上世纪八十年代，我们拜望过李珩先生。他听说要搜集朝阳先生的资料，说："你们还想出他的书？他名牌大学教遍了，论文够多了。要不是子女多，他老早发财了。"李鉴澄先生说："他是学教育的，写过教育、数学的论文，却一篇篇出了天文学的东西，接着又出去了一篇篇物理学的东西，叫人十分惊讶、佩服。""他在学术方面，不泥古，不盲目崇拜当时的权威，富有独创精神，敢于独树一帜。"

朝阳先生又是一位钟爱子女、负责任的父亲。他一人在西南时，从未间断寄钱回天台给一位亲戚，托她代为照管三个孩子。八年下来，寄费收据积了一迭，但这位亲戚把钱吞了，.对孩子却不顾不问。三个孩子均被好心、自强的外婆接去抚养了。后来他的六个子女有五个培养到大学毕业（只有马力年龄大，没有继续升学。这是他一生的憾事，他多次感叹说："马力没读大学，太遗憾了！"）。但平时他太专注于自己的教学工作与学术研究，从不过问子女学业（只在每学期末看各人成绩单时略加点评）。平时缺少与子女的日常交流，只在周日陪同子女游公园，吃便餐等。直到一个个子女先后考大学填志愿时，他才发现要说服子女选物理专业已为时太晚。

十、晚年·未竞之志

朝阳先生晚年多灾多难。十几年的糖尿病越来越重，天天打胰岛素。到 1960 年已不得不第二次住院治疗。时值三年自然灾害时期，物资极度匮缺，他的病需要少吃粮，多吃肉和素油来补充营养。市场上根本无肉无油卖。经江西省委和教育厅特批，供应了定额高价肉油，缓解了困难。糖尿病之外又有了高血压，动脉血管硬化。这些病症都不宜高度用脑和长时间伏案，而《物态》《太阳的温度》两部书 80 多万字，完稿时间是 1960—1962 年间，也就是说他是带病在坚持高负荷地写作。他似乎在运用一种反向逻辑：写作意愿与健康规律是反向运作的。他说："如果我不提出，此事至少会推迟几十年。"他要将他超越同代水平的，对一批课题的新见解与教学经验尽快赶写出来。两本书完稿后，又赶写《关于相对论的一些根本问题》，挑战爱因斯坦。从二十世纪六十年代起，他在不断学习恩格斯的《自然辩证法》中得到深刻的启示，以辩证唯物观点用于科研与教学，对理论物理学研究有若干新的突破，继而萌生"重建理论物理体系"的新构想与宏大志愿。（有关过程可参见小丽摘记的"刘朝阳给杨正宗信摘录"）显然，他想将毕生研究物理学和几十年高校物理教学的体会总结起来，（他自信同时代还没有人达到他系统、深刻阐述理论物理学的程度。）以他的探究力，洞察力、概括力、批判力、创新力，创立理论物理新体系。

朝阳先生未能等到科学的春天到来，1975 年 8 月 30 日晚，他倒在家中书桌前。江大派来的车，在送他去医院急救途中，他的生命已终结，享年 74 岁。书桌上手稿的最后数页字迹已模糊得难以辨认，有的笔画还重合了起来。那是他视力丧失，用放大镜摸索着写的。他用最后一息生命写完了这篇论文稿：《关于相对论的一些根本问题》。（数年后，此遗稿于 1982 年起由《江西大学学报》分七期连载刊出。）

2000 年 1 月，中国科学史著作出版基金委员会资助出版了《刘朝阳中国天文学史论文选》。该书由中科院北京天文馆顾问、研究员李鉴澄先生主编、中科院自然科学史所副所长、研究员陈久金先生与中科院历史研究所副研究员肖良琼先生校阅与点评。由河南大象出版社出版，全书 34 万字，印数 500 本，专供相关研究机构及科研人员参阅所用。朝阳先生的部分论述由此得以文选形式长久保存。

《新体系理论物理学》专著未写成，朝阳先生遗憾而去；事业中断这不止是国家科学事业的损失，也是他此生的遗憾。他的六个子女，没一个人学天文、物理的。关于这件事，雪莱回忆道：1955 年高中毕业时，母校（南京第十中学）推荐我报考国防专业。这恰巧和我的国防报国理想相吻合，未回家商量便表态同意，并当即填报了高考志愿书。高考过后不久，当北京工业学院的录取通知书送到家里后，父亲才知道此事。他异常气愤地责问我："这么大的事为什么事先不和家里商量就擅自决定？！”当时，我以为问题出在没把父亲放在眼里。后来才知道，其实，父亲真希望我报考南京大学物理专业。1975 年夏，父亲已重病在身，我举家南下看望父亲。那时的父亲坐起来都挺难的了，研究工作却并未停下，他让我们帮他眷写稿子。当我们遇到问题和他商讨时，父亲立马两眼放光，滔滔不绝，随之提出这样那样设想，还不时硬撑着，在放大镜的帮助下，断断续续地去书写。父亲在自己生命倒计时刻还这么执着于他的研究事业，我被深深触动了。忽然想起，当年如果我报了物理专业，就可以跟父亲研究和探讨种种问题，传承起他的事业了，那该多好啊。可现在呢，除了无奈还是无奈，心里不由感到阵阵刺痛。这时，我才领悟到，人的一生中会有种种机会或关口摆在那里供我们选择，然而，又有多少人会一次又一次地都能作出正确的抉择呢？！……。是啊，朝阳先生的子女们那时都年轻，根本不了解他们的父亲多少年始终执着钟爱并为之献身的学科深意，自然也都无意去继承。朝阳先生的学生、中科院研究员杨正宗先生就曾不客气地对当时为父亲遗作出版事专程到北京的小丽与慎金说：“想不到，刘先生在家庭教育上会如此失败。”他说：“搞天文，物理研究从来需要几代人努力。你们的父亲怎么不重视培养子女去继承呢？”（他与在中院从事数学研究的夫人着力培养子女去了解天文、物理。后来一儿两女果然都学了天文）杨正宗先生去美国时，带走正读清华快毕业的大儿子。那次我去北京他家，他夫人正在收拾行李也去美国，把读清华大三的大女儿也带走。两代人全搞天文。他们家的事业果然是持续发展的。

朝阳先生，专著未出，事业中断。这成了他未竟之志的遗憾。

往事已不可追，但传统不能丢。朝阳先生是我们大家族的典范。他的学品、人品，他的精神、态度，都是我们后人的榜样！是我们该认真继承的巨大的精神财富，应永远激励我们一代代前进。

朝阳先生的骨灰安葬在杭州近郊半山陵园，岳母孙杏芳陪葬在他身边。

杭州是朝阳先生早年读书和工作的地方，在这里长眠符合他的心愿。

墓地视野开阔。远眺：青山丛立，穹苍浩茫。

朝阳先生，他的精神与天地同在。

想和父亲说说话

（刘马力）

爸爸：

虽然我儿时和您在一起只生活过数年，儿时的记忆里，却深藏着您对我的疼爱和期望，令我终身不忘且一直默默地坚守着。

谢谢您对我的爱

妈妈曾提起过，我小时侯，一位与您同单位的德籍女教授非常喜欢我，还给我起了一个外国女孩的名字——玛丽，她曾殷切表示想要抱我做她的女儿。当时妈妈曾欣然允诺，爸爸您却坚决不答应，为此你们还发生过激烈的争吵，我才没让她抱走。足见您对我疼爱和深情，这件事让我铭记终身。

您在家里挺威严

我记得，您上班的时侯，我常跟着妈妈去邻居（观象台长姨太太）家串门，对那家的奢侈生活方式（又是唱戏又是跳舞）甚感惊羡。那时，弟弟很小，带着他不方便，妈妈便把弟弟留在家里让保姆看管。有一次，爸爸您有事回家发现此事，您与妈妈好一番争吵，甚至动了手，您不许我们再去。当时，您的粗暴和威严，让我很害怕，妈妈也由此产生了怨恨。长大后我才真正理解了，实际上，那是两种生活取向的争斗。它让我坚持了我们家世代祖传简扑、务实的家风和自尊、自强、不卑不亢的做人原则。

您很爱我的弟弟

我们在青岛生活期间，您整天忙于工作。您曾用仅仅一点点的空余时间，带我到海边栈桥遛弯，或去公园漫步。后来，我那幼小的弟弟因病夭折后，您为他精心修建了小墓地，好几次，我跟着您去墓地看望过他。您在墓碑上植上弟弟的照片，胖胖的小脸，墓地周围特意种植了一圈绿绿的小松柏树，上面还有不少蓝莹莹的小星星闪烁着，很好看……

您带我上观象台看星空

我还记得，您曾带我去您工作的青岛观象台，让我观看月亮和星星。每次都是您抱着我坐上高高的观察台，透过可旋转的圆顶窗口下的天文望远镜，观察遥远天空的奇特景象，为我幼稚的心灵开启了天文科学的启蒙教育。当时，我曾想过，将来，我也像您那样，去揭开星星世界的秘秘……爸爸，那是一段多么美好的时光呀！

日寇太可恶

可惜，这一切都被日寇侵华战争给彻底地毁灭了。“卢沟桥事变”爆发后，整个华北危在旦夕。为了家人的安全，您把我们送出了青岛，从此，我们踏上了惶恐不安、流离失所的逃亡之路。记得有一次，许多人挤在一起上船，尽管我紧紧拽住妈妈的衣衫，忙乱中，我还是被挤掉到水里，差一点淹死。之后，我们这个家庭也在那个战乱纷飞的年代里解体了。我自己呢，更遭遇了一段最黑暗最悲惨的少年经历——您独自赴大西南工作前，把我托付给我生母家乡的亲戚家（生母的亲舅舅家，在当地挺有势力），没想到，噩梦从此不断。上学不到一学期，在亲戚家打工的放牛娃病死了，我便被顶替当上了亲戚家的放牛娃。白天，怀揣几个糠皮饼，和几头牛在荒郊野外作伴。放牛归来，还要帮在亲戚家打工的阿婆烧火做饭，和她一起吃亲戚家的残羹剩饭。晚上，在亲戚家肮脏的小仓房里，和阿婆挤在一起过夜。糟糕的生活条件使我全身长满了疥疮，痛痒难忍。后来，又染上了可怕的疟疾，把我折腾得死去活来，那还有个孩子样，我恨死这个亲戚家了。好心的外婆得知后，把我接去外公老家马里岙，我才得了救。爸爸，我的这段苦难经历，您可能并不知道。

到马里岙后，虽然身心得到了解放，闲着的时侯，心里也会感到困惑——我躺在晒谷场边的石板上，仰望蔚蓝天空中朵朵白云飘向天边，看着挑着担子去城里上学的孩子从身边走过，好羡慕，好茫然，“我的爸爸妈妈都在哪儿呢？”我呼喊着，苍天、大地都没有回应，我的泪水随即默默地淌落下来……

战乱和离散，让我早早漂泊在外，它给我的稚嫩心灵留下了可怕的阴影，也给我的人生带来了深深的影响。

爸爸，日寇毁灭了我们国家几代人。这国仇家恨已深深烙印在我的心灵里，永生不忘。它让我懂得了："有国才有家，有家才有我"的道理！

您生活最简朴，对科学事业最执着

爸爸，我记得，您对生活要求非常简单——吃的穿的都是最普通的。您在青岛观象台工作，又在山东大学教书，经常是两头跑。当时的上班族，阔气的坐小汽车，常年雇佣着司机接送。次之是自家的人力包车，只有一般的小公务员才乘电车上下班。爸爸您要么步行，要么乘电车上下班，难得为赶时间坐一趟人力车。您上班走得早，回来却晚。您不关注社会交往，精力都集中在研究中，一直到深夜还能听到您在书房里的来回踱步声。您这种埋头钻研学术的态度，深深影响着我对科学、对科学家的特殊崇敬与爱戴，怀有特别的情怀。特别是在整理您遗稿和未完成的草稿的过程中，从字里行间中直觉到，您那种勇于挑战、不屈不饶追求科学真理的精神，深深触及我的心灵深处。我更加意识到科学家心灵之伟大、高尚的非凡之处，绝非一般常人能所理解。由此更为我们拥有您这样的爸爸而自豪骄傲，和深深的怀念！

阔别七十一年之后的2008年6月，在家人的陪伴下，我重访了童年故城青岛。 当我再一次登上爸爸您曾经工作过的青岛观象台时，它敞开了我童年的回忆之门，我心如潮涌，泪如雨下。

爸爸，能告慰您在天之灵的是，如今，我们的国家已经十分强盛，再也不怕日本鬼子了。她已从过去长期饱受列强欺凌中“横空出世”了，不再背负“东亚病夫”弱国可欺的耻辱了。我们国家在各个领域都以“井喷式”的速度势不可挡的发展着，在我国历史上是从末有过的。

爸爸，听弟弟、妹妹说，就在抗日胜利后的第二年吧，您决定接弟弟妹妹去上海时，我们原来生活着的那个小县乡村山沟沟的“马里岙”山村吧，村民们从祖辈传下来多少年都曾以一小勺食油就满的小铁勺，放一根灯芯草点燃来照明一屋的实况。离开马里岙时，她们经过驴背驮，椅轿抬的几百里九曲山路，才到新昌县城。夜宿小旅馆时，雪莱弟弟曾被从屋顶上吊着一根“绳子”，下端悬挂着一个发亮的玻璃球感到非常奇怪，才第一次知道，那个东西叫电灯。那已是抗日胜利后的1946年了，我们国家的农村山区竟还是那么的落后？！到现在2017年，您可知道？仅隔半个多世纪，中国已迅猛发展成为能与世界最强大的帝国平起平坐的国家了，这是多么巨大的提升和改变啊！这是对爸爸您以及您那个年代为之付出毕生心血的老一辈科学家最大的告慰和至尊的怀念啊。

向爸爸您那一代老科学家们致敬！

您的长女　玛丽（马力）2017.7

我心目中的父亲

（刘小丽）

一、日常生活中的父亲（摘自1983年8月给义乌楼振亚先生的回信）：

他对时间特别珍惜。不仅极少走亲访友，就连节假日也从来都是他的工作日，且天天晚上必工作至深夜，几十年来都是这样。在家里，除一日三餐时和家人聚一桌外，其余时间他都一个人在书房。偶尔外出，也只是看病或买书。当远在外地的子女难得回家探亲时，他也至多化一、两个半天陪同去公园，在那个并不清静的草地边或树阴下坐坐，说起话来总离不开他的研究课题。遇到病重住院或避暑疗养，他总是把书与稿纸都带到病房，继续他的研究与写作。

1975年初，他心脏病发作，情况较严重，医生认为应马上住院密切观察。但当时医院里很挤，只有多床位的大病房，住院当然就无法工作，他便拒绝入院。当时他正一心想把《相对论的根本问题》及早改写完。就仍坚持在家中边吃药边工作，基本不卧床休息。甚至更抓紧研究与写作。就这样又坚持了半年，撑到8月30日晚突然倒在书桌前，连抢救都来不及。

父亲一辈子习惯于整年不间断的工作：教书、看书、思考、研究、写作，是典型的脑力劳动者。

这倒并不是因为他没有别的爱好，或者不知道休息和游览的乐趣，其实他也爱听音乐，不知从什么时候起，经过多少次跨省搬迁，在他书房墙上总挂着一把月琴作伴。其实，他很喜欢在林间漫步，在草地边静坐凝思。甚至也喜欢登山留影（附旧照：62年在江西庐山）偶尔还会在自家院子里植树或剪枝。

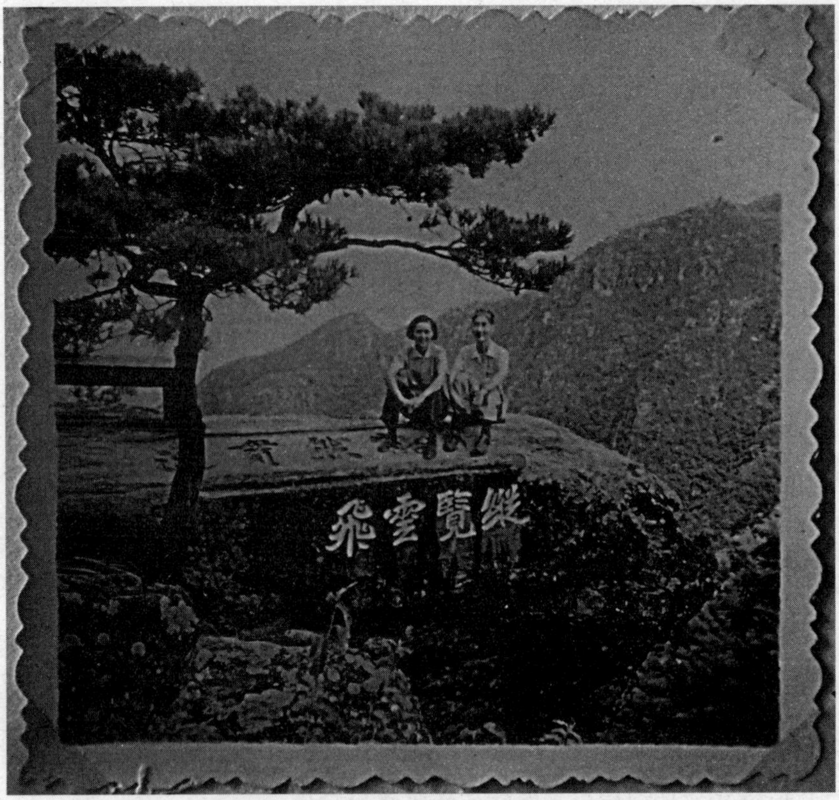

爸妈在庐山上的留影（摄于 1962 年）

他当了几十年的教授，收入不算低。但从他晚年生活、工作的环境看，条件绝不比刚参加工作的助教优越。文革前，有子女在身边帮着收拾，家里还有点样子。文革期间，搬了几次家，除了书，一切从简。他却照样忘我的工作着。

他去世后，我们在他的书桌上看到的也是缺角、磨旧了的三角板、缺零件的钢笔，以及那些在空白处写满字迹的小纸片和旧稿纸，还有他那晚年离不开的旧怀表和放大镜，想想他在这样简陋的条件下，撑着重病之躯，艰难地为祖国的科学事业工作到最后一息，真不禁让人潸然然泪下。

为什么会这样？显然，越近晚年，越加体力不支，他越急于完成自定的目标。于是，只要有工作的自由，哪里还计较什么甘苦。他一边顽强探求科学真理，一边还得准备再次被批判。但他说：“怕什么，如果有错，应该批评，如果正确，批是批不倒的”。当子女为了他的身体劝他退休时，他说：“我脑子里还有很大的物理问题需要解决，即便退休了，换个地方我也还要工作。”

二、**“物理课上讲鲁迅”**

一九五七年，有一次周末我从华东水利学院回家，经过南京大学门口时，看见有个题目是：“刘朝阳教授在物理课上讲鲁迅……”，我很好奇，回家见到爸爸时就问，没想到爸爸当时很轻松地笑着说：“是有这事，因为我喜欢这班学生！常常提前去课堂。鲁迅先生是我在厦门大学读书时的老师，我忘不了他的课，所以很高兴有机会和这班同学讲讲鲁迅先生，……”原来是这样（作为子女，实际上直到爸爸去世后，我们才知道，爸爸早年在厦门大学时，最初攻读的专业是教育学，难怪与鲁迅先生有缘）。

讲到爸爸和鲁迅先生，我想起，小妹夫张恩言有一次来信中曾提到；爸爸曾和他讲起早年和鲁迅先生的情谊，说爸爸在离开厦门大学前，鲁迅先生曾亲笔给爸爸写过一段赠言，爸爸特别珍惜，可惜在红卫兵抄家时拿走了。现在回想起来，爸爸在不少学术论争文章里只讲事实，不讲情面的文风，确实有些像鲁迅先生。

三、**关于父亲的优缺点**（摘自 1983 年 6 月 8 日给生母的信）：

不错，他比常人急躁、主观、过分自信、孤傲，等等；但他的有些缺点，实际上是在优点上派生的。比如，他耿直、坦诚、有很强的事业心与使命感，对科学执着追求，对领导与群众一视同仁，不卑不亢，据理不让，唯理是从。因此，常不惜为坚持某一观点（原则），忠于某一事实而跟别人激烈争论，甚至闹翻。他爱憎分明，对那些行为欠正派的人深恶痛绝，而对同事、学生、友人、亲人、后辈则满腔热诚，习惯给于既严格又执着的关切与爱。同时，他爱大自然，爱树木、草地和湖光山色，并经常充当它们的卫士。还有伴随他一生的对书的特殊感情等等。这些优缺点交错在一起，知识与感情相互渗透，信念与行动一致，以及较突出的独立思考，敢想敢做的精神等，构成了他比较独特的个性和品格。正因为他那些优缺点常集中表现在对人对事的态度上，因而，若光从态度上看，不论领导、朋友与亲属、子女，当不太了解时，都会自认为有权指责他，都能够抓住他态度差的一面，对他曲解、疏远、甚至离异。这也恰是他命运中总带某些悲剧性的一面，让他不能像其它学者那么顺利，甚至在某种程度上限制了他在科学上的成就。因为，这种只认理不认人，凡事只习惯坦诚相对的性格，在封建哲理较浓的中国尤其吃不开，所以，不论解放前后他都没少碰钉子。但他是顽强的，他勇于坚持自己的路，甘心为自己认准的目标奋斗不息。他像一名高度自觉的无畏战士，明知道路艰险，也乐于奋战与牺牲，襟怀坦白，无所顾忌。

他的个性中既有对己对人偏严偏急而产生的简单、生硬的一面，也有对人对事深情珍爱而派生的乐于承担责任与牺牲自己的一面。

他是值得尊敬与学习的学者、师长，也是特别值得敬爱与信赖的父亲。

我们对他的认识与热爱也是理性和感性统一的，因而格外真挚难移。

凡真正了解他的人都诚挚地怀念他。

四、他属于浙江（对 1983 年 6 月 1 日给义乌楼振亚先生回信的补充）：

父亲从中学起就离开义乌老家转到杭州上学，考入厦门大学后，凡寒、暑假都回杭州谋职（供自已与两个妹妹求学）。大学毕业后的数十年中，他先后受聘到广州、北京、济南、青岛、贵阳、成都、上海、南京、南昌各大学任教。抗战前他在青岛观象台供职多年，但当日寇迫近青岛时，他首选回浙江杭州。只因当时杭州的大学与研究所等也正纷纷内迁贵州、广西，回老家义乌又没有合适的工作，不得已他只好应聘去贵州，云南相关大学，后又转到四川成都，离浙江越来越远。直到抗战胜利后应聘到上海同济大学任教，从此离浙江近了，和老家有较多联系，他工作得很安心。

上海解放前，主要为几个孩子连续上学和安全考虑，父亲他特地把我们几个孩子护送到义乌乡下亲友家暂住和上学。上海解放后又把我们接回上海。

1952 年我国高校院系调整，他被调到南京大学物理系。和老家义乌仍常联系。1958 年响应高教部“支援内地高校建设”，调到江西大学物理系任教。在江西多年中，和故乡亲友联系更多。

他数十年四海为家，却一辈子乡音未改，一直说一口“浙江普通话”（也成为我们家特有的“家庭方言”）每当见到老乡他特别高兴，马上改用全家人都听不懂的义乌方言交谈。凡来自义乌的，无论近亲、远邻，关系一般或亲密，他都特别热情接待，有求必应（譬如曾先后资助培养多名乡亲子弟上大学）。

记得十多年前，我们四姐妹难得相约一起回义乌看望表姐妹兄弟，专程去了一趟山口富老家，当我们在阔别数十年的祖传老屋院内察看与议论时，从院子西北角一家走出一位中年男子，因从不认识，他问我们：“你们找谁？是找刘朝阳家吗？

他家在江西，家里很穷！”我们很惊诧！随口反问：“你怎么知道？”他答道：“我去过江西他家多次，他房间里的家具都是破旧的，除了书，他家里什么都没有，连块手表都没有！”我们更惊诧：“你怎么知道他没手表？”他说：“我每次去都看到的，他桌上只放着一个小小钟。”（我们明白了，原来他指的是书桌上那块旧怀表。父亲当然有手表，显然因为视力不好才改用怀表的，确实已有好多年了）。这件事说明，父亲曾多次在书房里接待过乡亲。以前，规矩甚严，连家里小孩都不能随便进入书房的。这大概就是父亲的乡情吧。

1960年夏，他的二女儿小丽大学毕业，因“服从分配”被通知到浙江大学任教，这对当时一心向往水电大工程工地的她实在并不理想，但父亲却甚感欣慰，特别高兴！

此后多年中，父亲每次去上海、北京，路过杭州时，总爱在杭州稍作停留，住在西湖边的旅馆里，出门就可以在西湖边漫步，就餐就选杭州最普通的面点。

1964年秋天，父亲和小丽在西湖边留影

在杭州期间，若有时间，还会在女儿陪同下拜会在浙大任教的前师长、老同事。

当路过杭州却不可能多留时，他也会电报通知女儿到杭州站站台一见，问问杭州近况。

1974 年 10 月 4 白他在给杨正宗先生的信中说："想退休，但因为脑子里还有一些关于理论物理整个体系的看法，并想完成它，而这种工作最适宜在学校或研究所中做，故正迟疑不决。1969 年就曾想退休到杭州，那时我有一个女儿在浙江大学，她已替我办好户口，可惜这里领导不同意，未能实现。本来，退休到浙大住最有利实现我这个愿望。"

而结果他只因为校方要求就继续留任在江大，一直工作到 1975 年去世。再也未能回杭州。

考虑到父亲一生与浙江、杭州的特别情缘，决定将父亲的骨灰安葬在杭州，由于种种原因迟迟未能如愿。在他离世多年后，于 1991 年秋，我们终于帮父亲实现了他回杭州的遗愿，由大妹、小妹亲自护送他的骨灰从南昌到杭州。

这次随父亲骨灰一起放入墓穴的是消耗了他毕生精力，却在他生前尚未问世的一些论著及相关反应。它们是：

1. 《中国科学家辞典》有关刘朝阳条目的放大复印件一份（16 开大小）
2. 《中国科学技术史》引录刘朝阳论著十二篇的篇目复印件
3. 《中国科学技术史》对刘朝阳有关论著的评论摘录复印件
4. 《刘朝阳中国天文学史文选》入编书目复印件
5. 《刘朝阳中国天文学史文选》序稿复印件
6. 《相对论的根本问题》全篇单行本一份
7. 父亲生前一直爱用的那支钢笔
8. 长女刘马力代表子女们写了一封告慰父亲的短信。

下面即是这封短信的影印件。

91.10.13. 随骨灰盒一起放入墓穴.

骨肉重聚先父前
神意延继永相连
西湖辉映垂青史
天上人间长相念

爸爸：

今天能告慰您的：是您的未了巨著《相对论的根本问题》已在江大学报上连载出版；您的早期著作《天文史论文集》已经过几年的收集、审编，将要申请出版，我们将努力争取出版，把您的科学精博结出的硕果再贡献给人类，以实现您的志愿。让后人学习您的追求科学坚韧不拔、含英精博的精神，为人类造福。

马力、小丽、雪葉、粤丽
蓉丽、云来
一九九一年十月十三日

愿父亲在他的著作陪伴下，安息在绿树葱茏的半山向阳坡，与故地同观钱塘江水的潮起潮落，共度西子湖畔的秋雨春风。

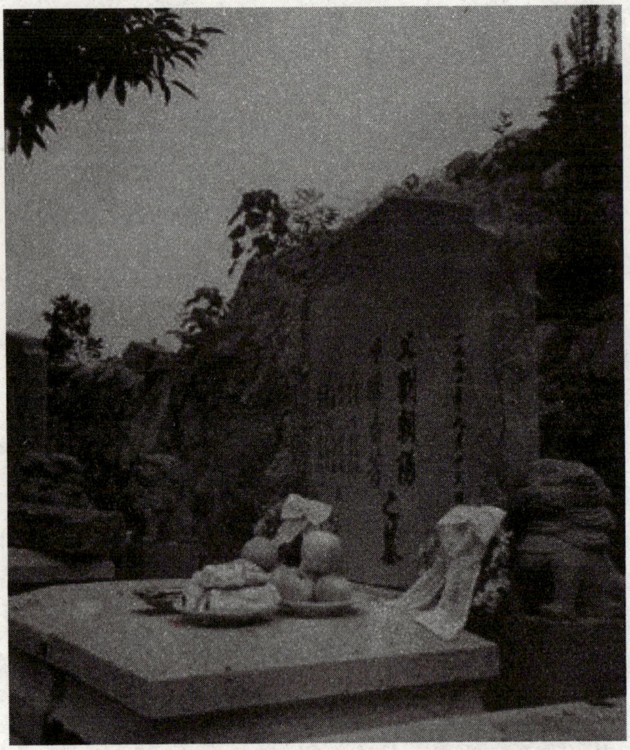

墓地实景，摄于 1991 年 10 月 13 日

与众不同，特有个性（真的像山一般倔强）的父亲！他离开我们已经 40 多年，他还在继续远去，但他始终活在我们的心中，并将永远活在祖国科技发展的历史里。

完稿于 2017.6.6

墓地在原址上重新修，摄于 2018 年

回忆父亲

（刘雪莱）

1946年—1955年，我在父亲身边生活过十年。除了吃饭时在一起外，他都在自己的书房里，很少和大家交谈，我和他的交往就更少了。给我的印象是暴躁，不会关心人。

父亲把毕生精力都投入在教学和研究之中，直到病入膏肓时，还没有放下他的研究工作。

1975年夏，我们举家回南昌看望重病中的父亲。那时的他坐起来都很困难了，然而，一旦谈及他的研究课题内容时，他立马兴奋起来，两眼放光，滔滔不绝地提出一个又一个想法。他在自己生命倒计时刻，还这么热心于自己从事的事业，我被深深触动了。这时才想起，当年，如果我报考的是物理专业，现在就有可能和他一起研究和探讨他的种种想法，并传承他的事业了。可如今呢，除了无奈，还是无奈。心里不由感到一阵刺痛。

是啊，人们在其一生中，会有种种机会或关口摆在那里由他们去选择。然而，又有多少人，能一次又一次地都能作出正确的抉择呢？！

当我们爬上一辆江西大学的大卡车，就要离开家时，回眼望去，只见父亲竟然依着窗户默默地望着我们，流着泪，我心里好一阵发热——这分明告诉了我，他是爱着我们的，可我以前怎么就没有感觉到呢？这不得不让我重新思索我和父亲的关系。

自从到上海后，虽然和父亲生活在一起了，由于父亲对家人都比较严肃，体会不到父子之情。发生了第一次冲突后，我产生了越发敏感的逆反心理。当时我并不清楚，父亲和外婆之间，其实还夹杂着相互的隔阂——外婆认为，我们在马里岙时期的清苦生活，是父亲没有尽到责任。父亲则以为，他的前次婚姻破裂，与外婆有牵连。当然，这都是后来才知道的。

之后，我和父亲又发生过两次冲突，说明父子关系确实不很正常，也有隔阂。父亲性格内向，不善于表达情感，再加上我从小不在父亲身边，没有情感基础。父子之间没有情感沟通，隔阂自然也无法消除，回想起来，这才是人生中的一大遗憾。

1975 年 5 月，淑媛领着两个孩子先期抵达南昌，近三个月的时间里，淑媛和父亲之间交流得就比较好。淑媛向父亲详细介绍了我们这边的情况，当然也包括我在工作中的表现，父亲得知后感到很欣慰。父亲也向淑媛讲了一些过去的事情。例如，他说，我和小姐姐生活在马里岙时期，他都定时给我们寄钱，并说，寄钱的凭据还一直都留着呢。他又说过，早在解放前夕，他就已经把我们这六个子女一直到上大学的所需费用都已提前存到银行里了。为了积攒这笔钱，不得不同时在好几个大学里兼课，结果累出了糖尿病。他还对淑媛说，他对我们这些子女都是一视同仁的，要买什么东西，都是一人一份，等等。

这次相处，淑媛也在父亲心中留下了很好的印象。母亲后来曾对淑媛谈起过，父亲生前曾建议过，让她以后跟我们在一起生活。

父亲一生节俭，没有奢求。在他的人生中，看重的只有两件事，一是在科学研究领域里追求卓越，二是为子女成才准备好物质条件。其实，就凭这两条，他就是一位顶天立地的好父亲。

父亲对子女过于理智而缺少温情，这当然不好，但却有相当的代表性。所谓严父，其实仍然关爱着自己的子女，只不过表现方式不同罢了。人们说的父爱如山，是不是也包含着这么一层意思——让人觉得沉沉的。

我虽然早就决心摈弃父亲脾气暴躁、不讲究方式等为人处事上的缺点，可是在自己的生活实践中，却还是时隐时现父亲的这些缺点。难道，这也是遗传基因在作怪？

我们是八月初才离开南昌的，八月末，突然接到一封贴有黄丝带的加急电报，（这是当时最为快捷的通讯手段了）。内容是：父病故，速回。我一看，这封电报是周六发出的，居然时隔两天后才送到我手中，真气人。我连夜急返南昌，还是没能赶上父亲的追悼会和出殡仪式。

我独自站在赣江大桥上，木然地看着一弯江水穿过脚下流向远方。

这是怎么啦！才一个月前，我们帮父亲誊写他的论文手稿时，父亲还曾兴致勃勃地提出过，想通过某些实验去验证他的理论判断呢。我们告别南昌到达杭州时，小姐姐曾急切地询问起父亲的身体情况，我还满有信心地跟她说过，父亲当前的精神状态很好，看来还能坚持相当一段时间去从事他想完成的事业呢。谁能料到，一个顽强的生命体，如今却永远销声匿迹了，就像经历千里奔腾的赣江水，从眼前的脚下淌过后，渺无声息地消失在烟雨迷蒙的远方。我呆呆地眺望着，不经意间，视线已被泪水淹没了。

父亲早年离家上中学时，第一站就是杭州，在那里曾经历了一段半工半读的艰苦生活，后来还在那里结婚成家。上世纪六十年代，小姐姐曾在浙江大学执教，父亲又去过杭州，曾表示过，退休后想在杭州定居。父亲去世后，小姐姐决心将父亲安葬在杭州。由于父亲户口不在杭州，小姐姐又在父亲去世前已从杭州调往丽水，在那个户籍待遇异常严格的年代，这件事就难成。直到蓓怡（小姐姐的女儿）和卫戈结了婚，借助卫戈户口在杭州，到了1991年秋，终于将父亲的骨灰落葬于杭州半山公墓。

这年冬天，1998年夏天，2016年秋天，我们先后去杭州扫墓，看望已逝多年的父亲。

父亲早已乘鹤远去。不过，那年（1975年）夏天，当我们爬上一辆江西大学的大卡车，挥手告别家人的时侯，一向倔犟、冷峻的父亲，居然硬撑起病体，依着窗户，流着泪，默默望着我们离去，这意外的一幕，是我第一次看到父亲人生中的亲情流露。那一刻，我那颗叛逆、冷漠的心被点燃，怦怦直跳，热血封喉——此时，我只能在心里念叨“爸爸别难过，我们还会来看望您的。”

没想到，那场无言的别离，竟然成了我们父子之间生死诀别的方式，父亲的泪水，在我的心中激荡——我为自己过往的冷漠而心痛、而遗憾。不过，父亲追求卓越的事业心，却早已潜移默化地推动着我，在国防科技领域里，专心致志，执着前行。

忆爸爸的往事

（刘云来）

爸爸不幸于1975年8月30日病逝，离开我们已四十余年。每当忆及，爸爸热爱教学与科研，数十年如一日的忘我工作，高度负责，以及与疾病顽强抗争的精神，都依然历历在目，其中尤以下面几件事令我难忘。

一、“离不开学校和学生”

爸爸一生中绝大部分岁月都是在高校任教。自1927年从厦门大学毕业后，先后在中山大学、燕京大学、清华大学、山东大学任教。抗战中，在贵阳师范学院、云南大学以及四川华西大学任教。抗战胜利后，又在同济大学、大夏大学及国防医学院任教。1952年全国高校进行院系调整，爸爸调到南京大学任教。1958年，江西大学创办时，爸爸完全没有考虑南昌与南京、江西大学南京大学的种种差别，主动申请去江西大学工作。从江西大学创办的第一天起，爸爸便满腔热情地投入教研工作，经常了解学生的学习情况，给予个性化的指导，还主动承担相关科研。每天除了三餐及午休外，无论是否节假日，整天都在看书及写文章。一年到头通常工作到深夜。

1959年，北京天文馆因工作需要，专门发了商调函，想把爸爸调往北京，请求江西大学给予支持。这是爸爸专注从事科研工作的绝好机遇，我们全家人都盼望爸爸去北京工作。在江西大学领导和同事的再三挽留下，爸爸对家人说：“江大需要我，我也离不开这里的学生”。决定还是留在江大。

二、热爱教育、科研事业

爸爸博学多才，对理论物理的研究尤为专注，不断提出新的见解。 爸爸除日常教学外，科学研究从未间断。从 1958 年到 1966 年，发表了不少理论物理方面的论文。由于工作出色，数次被评为先进工作者，劳动模范。还当上了江西省人大代表。

他依然学习与思考不止，更认真学习恩格斯的自然辩证法和毛泽东相关理论，更自觉以辩证唯物主义指导自己的学习与研究。

爸爸想办理退休，再去杭州定居（当时，我姐姐在浙江大学任教），以便继续理论物理的研究。在姐姐的努力下，浙江大学与杭州公安局分管浙江大学所在区户口的分局均同意接收。但因江大领导多次出面挽留，不同意他退休，希望他留下来再带一带青年教师，他竟然又一次答应留在江大继续工作。当时，江大每周都有一次教工政治业务活动安排，爸爸每次都积极参加，利用这个机会和同行交流教学问题，谈谈教学经验。物理系的中青年教师也经常到家里来请教爸爸。

三、和爸爸一起的最后日子

1972 年以后，爸爸原有的糖尿病、高血压病及心脏病，都进一步加重。这时他已经很少外出散步了，与外界的联系也更少。医生多次让爸爸住院治疗，他却因当时没有单人病房可供他研究和写作，拒绝住院。

1975 年 8 月初，爸爸不但行走更加吃力，双目视力也迅速下降，但仍然坚持着工作，修改和完善着《相对论的根本问题》长篇论文。有一天，他正在修改论文，我递上一杯水，只见他一会儿陷入沉思，一会儿又露出微笑，吃力地修改着论文。我说：“爸爸，休息一会儿吧！”他摇了摇头，继续着他的思索。显然，他想尽快完成写作，了却自己的心愿。过了一会儿，我再次催说：“爸爸，还是休息一下吧”，这时，他才慢慢躺下休息。

8 月中旬，爸爸看东西也困难了，还感到胸部疼痛，他便服用一些药物维持着，仍然思考着问题。夏天的南昌异常炎热，爸爸胃口不好，每餐只吃几口，晚上也睡不好觉。我和妈妈都很担心他的身体。

8 月 30 日晚，爸爸躺下不久又起来，坐在书桌前思考。突然，他一头倒在书桌上，我跑过去叫唤：“爸爸，爸爸！”他没有反应。我和妈妈赶快去叫医生，但爸爸再也没醒过来。校正中的《相对论的根本问题》手稿，还摊在书桌上。

爸爸来江大后，他写的书稿（包括已发表和尚未发表的论文）足可装满几个大纸盒箱。

我很伤心，也很后悔：当时没发觉爸爸处在病危状态，因而没能照顾好他。

爸爸在教育战线上勤奋耕耘，不断创新，数十年如一日，一直在研究、探索、再研究、再探索中。他把毕生精力与智慧都献给了祖国的科研、教育事业。

我们永远怀念他。

第六部分

刘朝阳先生身边尚存的原版外文书目

父亲和他的书

（刘小丽）

父亲爱书，一辈子真正和书结下不解之缘。订书、购书是他日常最主要的开支，书房、书架、书桌是他最主要的工作与生活环境，书成了他平日学习、工作、生活最亲密伴侣，甚至也是他事业与生命不可或缺的一部分。

书越来越多，每逢搬迁，父亲不变的原则却是：如果有困难，什么都可以丢，唯独书不能丢！必须完好无缺全部带走。因而，如何整理与保护所有各类书，就成了我们家每次搬迁中最主要又棘手的难题。妈妈说起过，1958 年我们家由南京迁往南昌，当时行李重量是有限制的，为确保书籍都带上，全套家具只能滞留在南京。到南昌后，不得不从学校借用必要的桌椅板凳，过起了最为简单的家居生活。重新整理搬回家的书时才发现，书遗失太多（甚至包括多部有待出版的完整手稿和著作登记表等重要文件都不见了）。后来才知道，在那些年中，不少精装原版书已被保姆撕了当生炉火的废纸。

妈妈就此成为被不断问责与怪罪的主要对象。其实当年她自身难保，连身体都顾不上了。她回忆说："当年书实在太多！只能用大箱装，但实际上大箱没人能搬动，于是到乡下时，往往又被拆装成许多小箱，在搬运过程中七手八脚，就难免搞乱、丢失。"

父亲去世后，杨正宗先生曾乘参加厦门学术会议之机，回程到南昌看望妈妈，特地在爸爸的书房呆了一阵，后给我们来信说："刘先生的书怎么就剩下这么一些！少了这么多书！真让人心疼！"

我和慎金每次回家也依然会先去看看爸爸的书房兼卧室。多年了，室内四壁依然是挤满了书的大小书架，以及窗前那张旧书桌，熟悉的景观氛围都依旧，似乎爸爸也随时能回来，仍坐到他的书桌前继续看书、思考、写作，或坐在他的书架前遐思。

父亲坐在书架前（1967 年冬摄）

1993 年春节回家看望妈妈，我和慎金照例又到此室，看到满书架积灰的旧书，突然产生一种危机与责任感，心想：爸爸这些书不可能长久如此原封不动保留下去，应乘难得的假日好好整理一下这些旧书（特别是原版外文书籍），登记造册，捐给需要这些精装外语原版专业书的高校图书馆。同时，仔细找一找，看那些曾让爸爸痛惜不安多年的书稿是否真的全都丢失了？

就这样，我们两人开始了一整个假期在爸爸书房里的忙碌，逐本书的清理、查看，必要的修补，分语种登记。

慎金正复核已按语种分类登记的多国原版书（摄于 1993 年春节期间）

当时，我们心里是想为捐献这些书做必要的准备。并且曾先试着让还在江大的爸爸生前同事们按需借阅与选用。此信息一出，果然就有数学专业的老师前来借阅。

但当我们问起曾和爸爸联名发表论文的陈福生教授，允许他前来按需要多选一些所需的书带走，他却当即婉拒说："这不妥！我不应这么做！刘先生的书最好原封不动尽量多保留几年！因为这也是他生命与精神的一种延续。"（后来陈先生又来信专门提及此事说：每想到在动乱年月学生我自身难保，无力保护老师，我心中一直有愧。刘先生去世多年后，若因为我和其他人都借用许多书而影响刘先生室内原有格局，就更说不过去，这事决不能做。）

是的，他说得对！我们当然也知道：把一个人生前多年形成的主要生活、工作环境彻底改变，这无异他的第二次死亡，但理智告诉我们：家里人现实居住条件与实际精力都不可能长久保持父亲书房的原状。

整理、捐献是唯一正确的选择。

在整理中我们发现：显然只因为实在放不下，爸爸有些大书架的书都是内外三排，难怪好些书和资料找不到。（我们这次整理的主要收获之一，就是在一个大书架顶层最里排找到原先以为已经丢失，实际是用旧报纸包着，正是《江西日报》1962 年 5 月 14 日报道的，爸爸在完成的三本完整书稿：《太阳的温度》《物态》和

《热力学与统计物理学导论》。）

为以后查阅方便，当时我们将整理过的书放回书架，都只按单排排放，于是更放不下了，只能延伸空间，整理好的书于是又加占了客厅空间的1/3。

本想马上就近捐给江西大学图书馆，不巧恰逢该馆大量处理馆藏旧书报，这令我们担心起爸爸这批外文原版旧书会否也遭此厄运？就决定由姊夫携书目试与南京大学图书馆联系，南大方面当即表示欢迎，说“会专程派人到南昌举行较隆重的接书仪式。”

这当然令我们感到宽心。

但没想到“好事多磨 ”（甚至“好事终不成”！）

就在南大图书馆行动前，大妹接到调往广东惠州的调令，需马上去新单位报到。大妹调走后，在妈妈卧病期间，爸爸这些书，被谁（不知出于什么目的）全搬空了。

伴随了爸爸一生的这些书，最后竟然以这种方式后他而去，这也成为爸爸一生中的悲剧之一。

这件事无论过去多久，一想到就会令我们特别的伤心！

尚存原版外文书目（影印）

说明：1993年春节期间，刘小丽女士、阮慎金先生专程赶回南昌老家，整理登记朝阳先生书房内尚存的书籍，特意列出了尚存的原版外文（英、俄、德）书目清单，为向有关单位赠书作准备。这里提供的便是当时登记的原版外文书目清单手迹（影印）。——**编者**

刘朝阳书目 93年春节期间登记。 1.

（文革后保存的外文原版书）

江西大学

1. "Forces & Fields"（力与场） Mary B. Hesse

2. "Quantum Field Theory"（量子场学说） H. Umezawa 1956

3. "International Series in Pure & Applied Physics"
（物质的量子理论）

4. "Experimental Atomic Physics" G.P. Harnwell, J.J. Livingood 1933

5. "The Theory of Electrons"（电子理论——其在光和辐射热现象中的应用） H.A. Lorentz 1952

6. "The International Series of Monographs on Physics"

7. "Abhandlungen Zur Wellenmechawik"（德） von E. SCHRÖDINGER

8. "Introduction to Modern Physics" F.K. Richtmyer, E.H. Kennard 1946

9. "Theory of Electricity & Magnetism" Max Plangh

10. "The Physics of High Pressure" Bridyman 1952
（高压物理学）

11. "Fundamental Particles"（基本粒子） K. Nishijima 1963

12. "Superfluids" Volumn I（超流体第一卷：宏观超导电性理论）
Fritz London 1950

13. The Theoretical Significance of Experimental Relativity"
（实验相对论的理论意义） R. H. Dicke

第 1 页

14. "Theory of Relativity & Principles of Modern Physics"
Höseyin Yilmaz.

15. "General Relativity & Gravitational Waves"
(广义相对论和重力波) J. Weber

16. "Gravitation & Relativity H. Y. Chio, W. F. Hoffmann 1964

17. "Superfluids" Volumn II (超流体第二卷：宏观超流体氦理论)

18. "The Theory of Groups & Quantum Meghanics"

19. "Atomic Structure & Spectral Lines" Arnold Sommerfeld

20. "An Introduction to Relativistic Quantum Field Theory"
(相对论量子场论导引)

21. "Geometrodynamics" J. A. Wheeler

22. "Relativity Physics" (相对论物理学) W. H. McCREA 1954

23. "Lectures on Magnetoionic Theory" (磁离子论讲义)
K. G. Budden 1964

24. "Schrödinger Plank · Einstein · Lorentz Briefe zur Wellenmechanik" (德"关于波动力学薛定谔与普朗克、爱因斯坦、洛伦兹等往返书信集") von K. Przioram 1963

25. "Theoretical Physic in the Twentieth Century"

(二十世纪中的理论物理) M. Fierz, V.F. Weisskorf 1960

26. "Materie ALS Feld" (作为场的物质) von Friedrich Hund 1954

27. "Gravitation" (万有引力) Louis Witten 1962

28. "RAUM · ZEIT · MATERIE" von HERMANN WEYL

29. "Modern Physics" H.A. Wilson

30. "ТЕОРИЯ ПОЛЯ" Л. ЛАНДАУ И Е. ЛИФШИЦ (俄) 1948

31. "Mesons & Fields" Volumn I (介子与场) Fields 1955

32. "Symposium on Particle Size Measurement" No216 1958

(粒子大小测量论文集)

33. "PCT, SPIN & STATISTICS, AND ALL THAT"

(PCT, 自旋与统计学及其它) R.F. Streater, A.S. Wightman 1964

34. "The Theory of Groups & Quantum Mechanics"

Hermann Weyl

35. "Introduction to Theoretical Physics" Leigh Page

36. "Physics" For students of science & engineering

37. "Optics" (光学) Bruno Rossi 1957

38. "Relativite Generalisee Gravition" Fascicule II.

("广义相对论和万有引力"第二册)

39. "Enrico Fermi 国际物理讨论会文集" 1961
"Course XXI Liquid Helium" (液体氦)

40. "Enrico Fermi 国际物理讨论会文集" 1960
"Ergodic Theories" (各态经历)

41. "Enrico Fermi 国际物理讨论会文集" 1964
"Dispersion Relations & their Connection with Causality"

42. "Enrico Fermi 国际物理[redacted]论文集" 1963
"Selected Topics on Elementary Particle Physics"
Course 26

43. "1954 Glasgow Conference on Nuclear & Meson Physics"
(国际核子和介子物理学会学报)

44. "International Conference of Theoretical Physics"
(国际理论物理学会学报) 1953 TOKYO

45. "The Universe of Time & Space" (时空宇宙)
S. T. Butler, H. Messel 1963

46. "Kinematic Relativity" E. A. Milne 1947

47. "Elementary Nuclear Theory" H. A. Bethe

48. "Relativity Thermodynamics & Cosmology"

49. "Introduction To the Theory of Relativity" Peter Gabriel Bergmann

50. "Relativistic Kinematics" R. Hagedorn 1963

(相对论运动学)

51. "Elementary Particles" (原质点) Enrico, Fermi 1951

52. "Modern Quantum Theory" (现代量子学) Behram Kursunoglu

53. "Theoretical Physics" (理论物理) A. SALAM 1963

54. "Mathematical Aspects of the Quantum Theory of Fields"

(量子场论的数学概况) K.O. Friedrichs

55. "Fundamental Theory" (基本理论) Arthur Eddington 1953

56. "Boltzman's Distribution Law" E.A. Guggen

57. "The Elementary Differential Geometry of Plane Curves"

R.H. Fowler. M.A.

58. "Introduction to Elementary Particles" W.S.C. Willians. (基本粒子导论)

59. "The Mathematical Theory of Relativity" A.S. Eddington.

60. "Relativistic Wave Mechanics" E. Corinaldesi. F. Strocchi. (相对论性力学)

61. "Electricity & Magnetism" A.R.SC.

62. "Atomic Physics" Max Born.

63. "Mathematics of Relativity" G.Y. Rainich.

64. "The Special Theory of Relativity" David Bohm. (狭义相对论)

65. "Niels Bohr & the Development of Physics". W. Pauli.
(玻尔与物理学的发展)

66. "General Mechanics" Max Planck 1933.

67. "First Course in the Theory of Equations" Leonard Eugene Dickson.

68. "Four Lecture on Wave Mechanics" Dr. Erwin Schrödinger.
(关于波动力学的四次讲演)

69. "Positronium Chemistry" James Green. (正负电子化学)

70. "Theoretical Physics" Georg Joos 1934.

71. "Introduction to Quatum Mechanics" Linus Pauling 1935.

72. "Equilibrium Statistical Mechanics" F.C. Andrews
(平衡状态的统计力学)

73. "Kinetic Theory of Liquids" J. Frenkel (液体动力学理论)

74. "The Molecular Theory of Fluids" Herbert S. Green.
(流体的分子理论)

75. "Relations de dispersion et Particules Elementaires"
(色散关系和基本粒子)

76. "Cosmical Electro-Dynamics" H. Alfven 1953 (宇宙电动力学)

77. "Lectures on Gas Theory" Ludwig Boltzman (气体理论讲义)

78. "A Self-Consietent Field Theory of Quantum Electrodynamics".
——A goverment Research Report.

79. "Advanced Quantum Mechanics" F.J. Dyson (高等量子力学)

80. "Meteor" T.R. Kaiser 1955. (陨星)

江西大學

81. "Selected Topics in Nuclear Theory" F. Janouch (核结构选编题)

82. "Encyclopedia of Physics" S. Flugge 1956. (物理大全)

83. "1962 Cargese Lectures in Theory Physics" (1962年卡吉斯理论物理讲义)

84. "Relativistic Quantum Mechanics" James D. Bjorken (相对论量子力学)

85. "Theory of Cohesion" M.A. Jaswon 1954 (结合力理论)

86. "Dynamics of Rigid Bodies"

87. "The Quantum Theory of Scattering" Ta-You Wu 1962.

88. "Thermal Power from Nuclear Reactors" A.S. Thompson 1956.
(核反应堆热功率)

89. "Quantum theory" D.R. Bate. (量子论(上卷))

90. "Thermodynamics of Alloys" J. Lumsden. 1952.

91. "Multipole Fields" 1955 M.E. Rose (多极场)

92. "Quantum Theory of Solids" R.E Peierls 1956.

93. "Field Theory & the Many-Body Problem" E.R. Caianiello.

94. "Quantum Theory" D.R. Bate (量子论(下卷))

95. "Non-Liner Wave Mechanics" L. Broglie 1960 (非线性波动力学)

96. "Quantum Scattering Theory" Mare Ross 1963. (量子散射理论)

97. "Symmetry Principles at High Energry" (高能对称原理)

98. "S=Matrix Theory of Strong Interactions" Geoffrey. F. Chew.
(强相互作用的S矩阵理论)

99. "Phase Transition" Robert Brout (相变)

100. "Eddington's Statistical Theory" C.W. Kilmister
(爱丁顿统计理论)

第 7 页

山西大學

101. "Intermediate Quantum Mechanics" Hans.A. Bethe (中级量子力学)

102. "The Optical Model of Elastic Scattering" P.E. Hodyson.
(弹性散射光学模型)

103. "Strange Particles (奇异粒子)

104. "An Introduction to Transport Theory" G.Milton Wing (迁移理论导论)

105. "Elementary Quantum Field Theory" Ernest M. Henley. (基本量子场论)

106. "Analysis & Sythesis of Linear Time-Variable Sytems"
Allen.R. Stubberud ((线性时变系统的分析综合)

107. "Augular Momentum" D.M. Brink. (角动量)

108. "The General Theory of Quantized Fields" Res Jost.
(量子化场论导论)

109. "Introduction to Elementary Particle Physics" R.E. Marshak.
(基本粒子物理学导论)

110. "Perturbation Theory & The Nuclear Many Body Problem"
K. Kumar. (微扰理论与核多体问题)

111. "Strange Particle & Strong Interactions" R.H. Dalitz 1962
(奇异粒子与强相互作用)

112. "Introduction to Quantum Field Theory" F.Mandl.
(量子场论导论)

113. "Complex Angular Momenta & Particle Physics" E.J. Squires 1963
(复角动量与粒子物理)

114. "Statistical Theorie of Spectra: Fluctuations" E. Porter.
(能谱的统计理论 1965.

115. "Introduction Mouvelle Theorie Des Particules" 1961
De M. Jean-Pierre. "让-彼尔·维吉埃及德布罗意的粒子新理论导论" B.

116. "The International Encyclopedia of Physical Chemistry & Chemical Physics" E. A. Guggenheim. 1960.（评介和选订物化论编）

117. "Lectures in Theoretical Physics" Volume VI. ~~1962~~ 1964.
（理论物理学讲义 第六卷）

118. "Nonequilibrium Thermodynamics" Donald D. Fitts. 1962
（非平衡热力学）

119. "Variational Principles in Dynamics & Quantum Theory"
Wolfgang Yourgrau.（动力学和量子论中的变分原理）

120. "(法) Le Champ Fondamental" Jean-Louis Destouches. 1961.
（基本场论讲义）

121. "Formal Theory of Scattering Phenomena" C. C. Grosjean.
（散射现象形式理论）

122. "Mandelstam Theory & Regge Poles" R. Omnès
（曼德尔斯塔姆理论及雷杰极点）

123. "Final-state Interactions" John Gillespie（终态相互作用）

124. "Collision Processes in Gases" F. L. Arnot.
（气体中的碰撞过程）

125. "Group Theory" Paul H. E. Meijer. 1962.（"群论及其在量子力学中的应用）

126. "Statistical Mechanics of Charged Particles" R. Balescu. 1963.
（带电粒子统计力学）

127. "Statistical Physics" K. W. Ford. 1962 / Vol. 3.（1962年理论物理讲习讲义）

128. "Order-Disorder Phenomena" H. S. Green. 1964.

129. "Werner Heisenberg und die Physik Unserer Zeit" Fritz Bopp. 1961.
海森堡与我们时代的物理学（德文）

130. "The Mechanics of Deformable Bodies" Vol. II. Max Planck.

131. "Band Spectra & Molecular Structure"

132. "Analytical Geometry of Three Dimensions" D. M. Y. Sommerville.

133. "Thermodynamics of Irreversible Processes." S. R. De Groot.

134. "Science & Information Theory" Leon Brillouin. 1956.

135. "Molecular Theory of Gases & Liquids" Byron Bird. 1954.
(气体与液体的分子理论)

136. "Nuovo Cimento" 1957. C. Fanzinetti. (新粒子物理学导论)
—Physics of the New Particles.

137. "Molecular Flow of Gases' G. N. Patterson

138. "Gas Dynamics of Cosmic Clouds" 1955. (宇宙云的气体动力学).

139. "Celestial Mechanics" W. M. Smart. (天体力学) 1953.

140. "Changes of State" (物态变化)

141. "(德) Topologie" H. Seifert.

142. "The International of Monographs on Physics". R. H. Fowler.

143. "Thermodynamics of Irreversible Processes" I. Prigogine, D.Sc.
(不可逆过程热力学导论)

144. "Statistical Mechanics of Irreversible Change". Richard T. Cox.
(不可逆变化的统计力学)

145. "The Mathematical Theory of Non-Uniform Gases"
Sydney Chapman. 1953. (不均匀气体的数学理论)

146. "Modern Physics" G. E. M. Jauncey.

147. "High-Temperature Technology" I. E. Campbell. 1956.
(高温工艺学)

148. "Theory of the Nuclear Many-Body Problem"

第 10 页

149. "Electricity & Magnetism" Ramsey. 1956.

150. "Light" for students by Edwin Edser.

151. "Modern Algebraic Theories" Leonard E. Dickson.

152. "Expanding Universes" ~~Ed~~ Erwin Schrodinger. 1956 (膨胀宇宙)

153. "Dynamic Meteorology" 1941. Bernhard Haurwitz.

154. "The Collected works of J. Willard Gibbs". Vol I ([illegible])

155. "Gruppentheorie"

156. "An Introduction to Differential Geometry" 1947.
Luther Pfahler Eisenhart.

157. "Modern Magnetism" Bates 1948

158. "Wave Mechanics"

159. "Advanced Vector Analysis" C.E. Weatherburn

160. "College Manual of Optics" by L.W. Taylor.

161. "The International Series of Monographs on Physics"
R.H. Fowler & Kapitza.

162. "Hydrodynamics" HORACE Lamb. 1951.

163. "Wave Mechanics & its Applications". Mott-Sneddon. 1950.

164. "Thermodynamics" Enrico Fermi 1937.

165. "The Principles of Quantum Mechanics" P.A. Dirac 1935.

166. "Statistical Mechanics" Joseph Edward Mayer. 1940

167. "An Advanced Treatise on Physical Chemistry" J.R. Partington.
Vol. 1. ([illegible] — [illegible])

168. "Modern Geometry" Godfrey & Siddons

169. "Statistical Thermodynamics" Erwin Schrödinger. ((统计热力学)

170. "Magnetohydrodynamics" T.G. Cowling (磁流体动力学)

171. "Spectrum of Atomic Hydrogen" C.W. Series. 1957. (氢原子光谱)

172. "Interplanetary Dynamical Processes" E.N. Parker. (行星际动力过程)

173. "Topics in Physics" Joseph Louis Finck. 1962 (物理学论题选)

174. "Strong-Interaction Physics." M. Jacob & G.F. Chew. 1964.
(强相互作用物理学)

175. "Pressure Measurement in Vacuum Systems" J.H. Leck. 1957.
(真空系统中的压力测量)

176. "Statistical Independence in Probability, Analysis & number Theory"
Mark Kac. 1959. (概率、分析与数论中的统计独立性)

177. "Interpolatory Function Theory" J.M. Whittaker.

178. "Lectures on Ergodic Theory" Paul R. Halmos 1956. (各态历经论讲义)

179. "Angular Momentum" M.E. Rose 1957. (角动量量子理论)

180. "Dispersion Relations & the Abstract Approach to Field Theory" Lewis Klein.
(色散关系与场论的抽象研究)

181. "Cryogenics" Marshall Sittig. (低温实验技术)

182. "Foundations of Nuclear Physics" Robert T. Beyer. (原子核物理学基础)

183. "General Physics for the Laboratory" Lloyd W. Taylor.

184. "Procedures in Experimental Physics" John Strong. 1939

185. "Stochastic Processes" Doob.

186. "The Dynamical Theory of Gases" J.H. Jeans. 1925.

187. "A survey of Modern Algebra" 1944.

188. "The Absolute Differential Calculus" Tullio Levi-civita. 1951.

189. "Supersonic Aerodynamics" Edward R.C. Miles 1950.

190. "Theory of Perfectly Plastic Solids" 1951.

191. "Integralgeometrie" Erstes Heft.

192. "Fluctuation Phenomena in Solids" R.E. Burgess. 1965. (固体中的涨落现象)

193. "Introduction to The Transfer of Heat & Mass" E.R.G. Eckert 1950.
(热传递与质传递概论)

194."J.A. Schouten · Ricci-Calculus · Second Edition" 1954. (Ricci 演算)
195."Statics & The Dynamics of a Particle"
196."Servomechanism Fundamentals" Henri Lauer. 1950.
197."Theory of Elementary Particles" J. Hamilton 1959. (基本粒子理论)
198."Physics & Chemistry of The Earth" I. L.H. Ahrens. 1956.
(地球物理和地球化学 卷一)
199."Elementary Pile Theory" H. Soodak. 1950.
200."Non-Equilibrium Statistical Mechanics" I. Prigogine 1962
(非平衡统计力学)
201."Principles of Modern Acoustics" Swenson. 1953. (现代声学原理)
202."Statistical Theory of liquids" I. Z. Fisher. 1964 (液体统计理论)
203."Small Particles Statistics" G. Herdan. 1953 (微粒统计学)
204."Weak Interactions" (弱相互作用及电磁物理学论集)
205."Statistical Mechanics" Volume III. J. de. Boer. 1965 (统计力学 第三卷)
206."The Quantum Theory of Many-Particle Systems." Harry L. Morrison. 1962
(多粒子系统量子论)
207."Lectures in Theoretical Physics" Vol. IV. 1962 (理论物理学讲座)
208."Textbook of Thermodynamics" Paul. S. Epstein. (热力学教科书)
209."Non-Equilibrium Thermodynamics" S.R. Groot. 1962. (非平衡热力学)
210."Theory of Interaction Fermi Systems" 1962. (相互作用费米系理论)
211."Thermodynamics & Physics of Matter" Vol. I. 1955.
212."Advanced Quantum Theory" Paul Roman. 1965 (高级量子理论)
213."The Many-Body Problem" David Pines 1962 (多体问题)
214."The Theory of Functions of a Real Variable & The Theory of Fourier's Series" Vol. I.
215."Lectures in Theoretical Physics" Vol. V. 1963.
216."Introduction to Abstract Algebra"
217."Light — Principles & Experiments" George S. Monk 1937. 页

江西大学

218. "The Dynamics of Real Gases" 1964. J.F. Clarke. (气体动力学)
219. "Physics Similarity & Dimensional Analysis" W.J. Duncan. 1953
220. "Heat Transfer" M. Fishenden 1950
221. "Group Theory in Quantum Mechanics" Volker Heine. 1960.
222. "The General Properties of Matter." F.H. Newman. 1933.
223. "Theory of Heat" Max Planck.
224. "The Collected Works of J. Willard Gibbs" Vol II (吉布斯著作全集)
225. "Statistical Mechanics — Principles & Selected Applications" Terrell L. Hill. 1956. (统计力学)
226. "Thermodynamics" 1949. E A. Guggenheim.
227. "The Modern Theory of Solids" Frederick Seitz. 1940
228. "Thermodynamics" 1949. J. Kestin
229. "Introduction to Higher Geometry" 1935.
230. "The Problem of Moments" J.A. Shohat.
231. "A Course of Modern Analysis" E.T. Whittaker. 1935
232. "Space-Time Structure" Schrödinger 1950 ("时.空结构")
233. "Monte Carlo Methods" J.M. Hammersley 1964. (蒙特卡罗方法)
234. "Theory of Gases" Loeb.
235. "Classical Thermodynamics of Non-Electrolyte Solutions" H.C. Van Ness 1964 (非电解质溶液的经典热力学)
236. "Nuclear Photo-Disintegration" J.S. Levingen. 1960 (核子光致蜕变)
237. "Heat Conduction" Leonard R. Ingersoll. 1954 (热传导.工程及[illegible]应用)
238. "Field Theory Handbook" Parry Moon. 1961. (场论手册)
239. "Principles & Problems in Energetics" J.N. Brønsted. 1955. ([illegible])
240. "Lectures on the Many-Electron Problem" R. Brout 1963. (多电子问题讲义)
241. "The Thermodynamics of the Steady State" K.G. Denbigh 1951. (稳态热力学)
242. "Statistical Mechanics of Equilibrium & Non-Equilibrium." J. Meixner. 1965. (平衡态与非平衡态的统计力学.)

第 14 页

243. "Ergodic Theory" Fred B. Wright. 1961.
244. "Heat Transfer Symposium" 1952. University of Michigan. (热传导论文集)

245. "Quantum Field Theory" (and the many-body problem) Vol. 1.
T. D. Schultz. (量子场论和多体问题.)

246. "Chemical Thermodynamics" J. G. Kirkwood. 1961. (化学热力学)

247. "Introductory Statistical Mechanics for Physicists" D. K. C. Macdonald.
(物理学家用的统计力学)

248. "Quantum Theory of Many-Particle Systems" L. Van Hove. 1961.
(多粒子系统的量子论问题)

249. "Approximation — Contributions to Theory" N. Fröman & P. O. Fröman. 1965.

250. "Weak Interactions & Higher Symmetries" Paul Urban 1964 (弱相互作用与高级对称性)

251. "International Series in Pure & Applied Physics. 1949. (统计力学导论)

252. "The Structure of Field Space" 1962. G. B. Edelen (场空间结构)

253. "Ergodic Theory in Statistical Mechanics" I. E. Farquhar.
((统计力学中的遍历理论.

254. "Introduction to Advanced Field Theory" G. Barton. (高等场论导引)

255. "Investigations on the Theory of the Browman Movement" A. Einstein.
(布朗运动论的研究)

256. "Notes on the Quantum Theory of Angular Momentum" 1953.
Feenberg E. (角动量的量子论)

257. "Low Temperature Physics" — Four Lectures 1952 (低温物理四讲)

258. "Quantum Statistical Mechanics" Leo P. Kadanoff. 1962. (量子统计力学)

259. "International Series in Pure & Applied Physics" 1958
(Kinetic Theory of Gases) R. D. Present. (气体分子运动论)

260. "Statistical Mechanics." A. I. Khinchin. 1949. ((统计力学的数学基础)

261. "Thermodynamics" A. W. Porter. 1951. (热力学)

262. "Differential Equations" Abraham Cohen.

263. "Elementary Vector Analysis" C. E. Weatherburn.

264. "Heat" James M. Cork.

265. "Thermodynamics" Joseph H. Keenan. 1951

266. "Strong Interactions & High Energy Physics" R. G. Moorhouse. 1963
(强相互作用与高能物理学)

267. "Lecture in Theoretical Physics" Vol. III. 1961.

~~268. "International Series in Physics" F.K. Richtmyer. 1934.~~

269. "Statistical Mechanics" R.H. Fowler. 1936.

270. "Introduction to Tensors, Spinors & Relativistic Wave Equations"
E.M. Corson. (张量、自旋量与相对论性波动方程)

271. "The Fundamental Principles of Quantum Mechanics" Edwin C. Kemble.

272. "Advanced Calculus" 1925. William F. Osgood.

273. "The Thermodynamics of Thermal Instability in Liquids" S. Chandrasekhar.
(液体中的热不稳定性的热力学)

274. "Theory of Equations" Florian Cajori. 1933.

275. "Nuclear Sizes" L.R.B. Elton 1960 (核子大小)

276. "Introduction to the Physics of Many-Body Systems"
D. Ter. Harr 1958. (多体系统物理学引论)

277. "The Theory of Functions of a Real Variable & The Theory of Fourier's Series"
E.W. Hobson.

278. "Fourier Series" G.H. Hardy 1946.

279. "Thermodynamik" Dr. Max Planck.

1. "Мезон" И.Е. Тамма. 1947. (介子)

2. "Ферромагнетизм" С.В. Вонсовский, Я.С. Шур 1948 (铁磁学)

3. "Солнце" Том I. 1957. (太阳系中一员太阳)

4. "Диаграммы Состояния Двойных и Тройных Металлических Систем" 1960. "二元和三元金属体系的状态图"

5. "Основы Геоэлектрики" ① А.П. Краев 1951. "地球电学原理(一)"

6. "Вопросы Космогонии" II. 1954. (宇宙起源问题)

7. "Исследование Физических Условий на Луне и Планетах" Н.П. Барабашев. 1952 (月球及行星中物理条件的研究)

8. "Солнечные Затмения. И. Их. Наблюдение" (日蚀及其观察)

9. "Некоторые Вопросы Теории Ядра" А. Ахиезер. И. Померанчук. 1950. (原子核理论的若干问题)

10. "Работы по Квантовой Теории Поля" В.А. Фок. 1957. (量子场论著作集)

11. "Физика Солнечных Корпускулярных Потоков и Их Воздействие на Верхнюю Атмосферу Земли" 1957. (太阳微粒流的物理学及其对地球上层大气的影响)

12. "Первичное Космическое Излучение" 1956 (原始宇宙线辐射)

13. "Философское Значение Пространственновременных Представлений в Физике" 1956. В.И. Свидерский. (物理学中空间时间观念的哲学意义)

14. "Движения Небесных Тел" Ю.А. Рябов. 1956. 天体的运行. 页17

14X2

15. "Магнитные Свойства Атомного Ядра" Я. Г. Дорфман. 1948.
(原子核的磁性)

16. "Тепловой Режим Атмосферы" Л. Р. Ракипова. 1957. (大气的热状态)

17. "Техническая Термодинамика и основы Теплопередачи." 1956. А. И. Вейник.
(工程热力学与热传导原理)

18. "Парамагнитная Релаксация" К. Гортер. 1949. (顺磁性的弛豫)

19. "Проблема Многих Частиц в Квантовой Механике"
П. Гомбаш. (量子力学中的多粒子问题)

20. "Принципы Звездной Динамики" С. Чандрасекар. (恒星动力学原理)

21. "Новые Свойства Симметрий Элементарных Частиц"
(基本粒子宇称的新性质)

22. "Методы Измерения Температуры" Часть II. (温度的测量 第二册)

23. "Ядерные Процессы в Звездах" 1957. А. Г. Масевич. (恒星中的核过程)

24. "Дороги к Звездам" М. Ивановский. 1950.

25. "Эволюция Звезд" О. Струве. 1954.

26. "Исследование Баланса Длинноволновой Радиаций в Тропосфере"
В. И. Шляхов. 1956. (对流层中长波辐射平衡的研究)

27. "Частицы Больших Энергий" Б. Росси. 1955.

28. "Теория Пульсаций Переменных Звезд" С. Россаланд. 1949.
(变星的脉动理论)

29. "Очерки Физико Географических Проявлений Солнечной Активности.
М. С. Эйгенсон. 1957. (太阳活动的物理地理现象概论)

30. "Лучистая Энергия Солнца" К. Я. Кондратьев. 1954.
(太阳的辐射能)

第 18 页

31. "Введение в теорию Квантованных Полей" Н.Н. Боголюбов. 1957.

32. "Методы Квантовой Теории Магнетизма" С.В. Тябликов. 1965.

33. "Теория Квантованных Полей" Ю. Швингер. 1956. (量子场论)

34. "Теория Пространства, Времени и Тяготения" В.А. Фок. 1955. (时间、空间和引力理论)

35. "Сборник Статей по Динамической Метеорологии" №37 (164). 1956.

36. "Термодинамический Свойства Воздуха и Продуктов Сгорания Топлив" 1955.

37. "Курс Астрофизики и Звёздной Астрономии" Том Первый А.А. Михайлов. 1951. (天文物理学与恒星天文学教程，卷一)

38. "Современные Проблемы Астрофизики и Физики Солнца". 1957. Н.Н. Парийского. (天文物理学和太阳物理学的现代问题)

39. "Астрофизический Сборник" Н.Н. Парийского. 1949. (天文物理文集)

40. "Теоретическая Ядерная Физика" Дж. Блатт. 1954 (理论原子核物理)

41. "Термоэлектрическое Охлаждение" А.Ф. Иоффе. 1956. (温差电致冷)

42. "Статистическая Теория Ядерных Реакций" В. Вайскопф. 1952

43. "Труды Морского Гидрофизического Института." 1956. Том VII. (海洋水文物理研究所著作 第七卷)

44. "Физическая Теория Метеоров и Метеорной Системе" Б.Ю. Левин. 1956. ("陨石的物理理论和太阳系中的陨星物质")页 19.

194X'4

45. "Вопросы Космогоний" Том III. 1954 (宇宙起源问题)

46. "Перенос Лучистой Энергий" 1953. Е.С. Кузнецова.

47. "Основы Теплопередачи" М.А. Михеяв. 1956. (传热原理)

48. "Правило Фаз" И.А. Каблуков. 1933. ([illegible]溶液中相律的应用)

49. "Квантовая Теория Поля" Л. Соколов. (场的量子化理论)

50. "Исследование Физических Условий На Луне и Планетах" Н.П. Барабашев. 1952. (月球与行星中物理条件的研究)

51. "~~Вор~~ Вопросы Космогонии" IV.

52. "О Строении Звезд" С Чандрасекар. 1950. (恒星构造学说概论)

53. "Проблемы Космической Аэродинамики" В.С. Бердичевской. 1953. (宇宙空间空气动力学问题)

54. "Горения Пламя и Взрывы в Газах" Б. Льюис. 1948

55. "Нейтронные Исследования на Ядерных Котлах" Д. Юз. 1954. (在反应堆的中子研究)

56. "Вопросы Космогонии" V. (宇宙起源问题 第五)

57. "Труды Второго Совещания По Вопросам Космогонии" 1953.

58. "Квантовая Теория Твердых тел" Р. Пайерлс. 1956.

59. "Механика Жидкости и Газа" Л.Г. Лойцянский 1957. (液体与气体力学)

60. "Термодинамика Растворов" 1956. В.А. Киреев. (溶液热力学)

61. "Теоретическая Астрофизика" 1952. В.А. Амбарцумян. (理论天体物理学)

62. "Спектроскопия Атомных Ядер" Л.В. Грошев. 1952. (原子核光谱学)

63. "Механика Сплошных Сред" Л.Д. Ландау. 1953. (连续介质力学)

64. "Квантовая Статистика" Л. Бриллюэн. 1934. (量子统计学)

65. "Вычисление Термодинамических Функций По Молекулярным Данным" И.Н Годнев. 1956 (关于分子材料的热力学函数计算)

~~66. "Астрофизика" I. 1955. Л.Х. Аллер. (天体物理学 第一册)~~

1955　　1955

67. "Термодинамика и Статистическая Физика." А.Г. Самойлович.
(热力学与统计物理学)

68. "Квантовая Механика" Л. Ландау. I. 1948. (量子力学 第一册)

69. "Теоретическая Физика" А.С. Компанеец 1957 (理论物理学)

70. "Лучистый Теплообмен в Атмосфере." 1956. К.Я. Кондратьев.

71. "Труды Четвертого Совещания По Вопросам Космогонии" 1955.

72. "Новейшее Развитие Квантовой Электродинамики."
Сборник Статей. 1954. (量子电动力学的最新发展论文集.)

73. "Антиферромагнетизм" Л.А. Шубиной 1956. (反铁磁性)

74. "Курс Магниторазведки" А.А. Логачев. 1951. (磁力勘探教程)

75. "Введение в Теорию Многократного Рассеяния Частиц"
Н.Ф. Нелипа. 1960. (粒子多次散射理论导论)

76. "~~Weak Interactions & Higher Symmetries" Paul Urban. 1964.~~
~~(弱相互作用与高级对称性)~~.

"Развитие Взглядов на Строение Солнечной Системы."
Г.В. Куницкий. 1952. (关于太阳系构造观点的发展)

77. "Квантовая Электродинамика" А.И. Ахиезер. 1953. (量子电动力学)

78. "~~Introduction to the Physics of Many-Body Systems" D. Ter Haar. 1958.~~
~~(多体系统物理学导论)~~

79. "~~The Theory of Functions~~ of a Real Variable and ~~The Theory of Fourier's~~
~~Series" E.W. Hobson. Vol.~~ II.

78. "Загадка Ионосферы" Ф.И. Честнов 1956. (电离层之谜)

79. "Вероятностные Процессы" Выпуск I. К. Ито (随机过程 第一册)

80. "Полупроводниковые Термоэлементы" А.Ф. Иоффе. (半导体热电元件)

81. "Труды" 1956. (A.i.约飞列宁格勒工学院物理化学研究所第58(120)期 ……电学)

82. "Труды Института Теоретической Астрономий" Выпуск VI.

83. "~~Лекций О π-Мезонах и Нуклонах" Э. Ферми 1956.~~
(π-介子与核子讲义)

4976

84. "Прямые Методы в Математической физике"

С. Г. Михлин 1950.

85. "Динамические и Статистические Законы Физики"

Я. П. Терлецкий. 1949.

地　址：南昌市南京东路17号　　1192210021　　电话总机：332349

22.

江西大學

1. "东洋天文学史论丛" 饭岛忠夫著.（昭和十八年出版） 续1

2. "Physik" Ein Lehrbuch. Wilhelm H. Westphal.

3. "Theoretische Physik" Dr. Clemens Schaefer. IV. 1937

4. "Mathematische Grundlagen Der Quantenstatistik" A.J. Chintschin. 1956

5. "Theoretische Physik" IV. Gustav Jäger.

6. "Methodes Mathematiques De La Mecanique Statistique" 1959.
（统计力学数学引论）

7. "Thermodynamik" 1963.

8. "Die Integralgleichungen" Adolf Kneser. 1922.

9. "Hydro- und Aeromechanik" phil. O. Tietjens 1951

10. " " " L. Prandtl. 1931.

11. "Theoretische Physik" III. Dr. Clemens Schaefer. 1932

12. "Einführung in die theoretische Physik". Dr Clemens Schaefer. 1929.

13. "Atombau und Spektrallinien" Arnold Sommerfeld 1957.

14. "Physikalische Abhandungen und Vorträge" III. Max Planck. 1958.

15 " " " II. " " "

15a " " " I " 1958

16. "Thermodynamik und Statistik" A. Sommerfeld.

17. "Relativite Generalisee Gravitation" Henri Arzelies. 1961

18. "Einführung in Die Höhere Mathematik" H.V. Mangoldt's 1931.

19. "Mathematischen und Technischen Chronologie" F.K. Ginzel. 1906

20. " —— " —— " " 1911.

21. " —— " —— " " 1914.

22. "Einführung in Die Hohere Mathematik" H.V. Mangoldt's.

23. "Traité D'Analyse" Tome I. Emile Picard. 1922

24. " —— " —— " Tome II. "

第 23 页

25. "Handbuch Der Physik" S. Flügge. 1959.

德2

26. "Étude Critique de la mecanique ondulatoire" L. de Broglie. 1963

27. "Neuere Methoden und Ergebnisse Der Ergodentheorie"
Konrad Jacobs. 1960 (这是遍历理论近15年的成果)

28. "Vorlesung Über Thermodynamik und Kinetiche Gastheorie"
2 Aufl. Wolfgang Pauli. 1962 (热力学与气体分子运动论讲义)

29. "Corpuscules Et Champs — En Theorie Fonctionnelle" IX.
J. L. Destouches 1958

30. "Der Ricci-kalkül" J. A. Schouten

31. "Die Physikalischen Grundlagen der Elektrischen Festigkeitslehre.
N. Semenoff. 1928.

32. "Éléments d'histoire des mathematiques" N. Bourbaki.

33. "Einführung in die theoretische Physik" Dr. Clemens Schaefer. 1929

34. "Führer durch die Strömungslehre" L. Prandtl. 1942.

地　址：南昌市南京东路17号　1192210021　电话总机：332349

24.

附录：2018 年 5 月刘小丽女士转交给义乌市博物馆有关刘朝阳先生论著资料清单

一、 完整手稿：

1. 有关相对论的一些根本问题
2. 恒星质量随其中心压力变化的几种特别情形
3. 太阳的温度
4. 殷历论补
5. 平衡热力学新理论
6. 物态
7. 用热力学的新观点来看宇宙膨胀
8. 统计力学的根本问题
9. 有关中国古代天文历法的几种基本观点
10. 对邵金山的答复
11. 六本学习笔记

二、 不完整手稿

1. 皮喇呢真空观的电位和压力的关系
2. 经典热力学的根本问题第二十二章“余论”
3. FEUSSNER 2301 型精密补偿计的度量指导
4. 英、美部分专业期刊内容摘录
5. 参考文献
6. 平衡热力学的新理论（目录与内容提要）
7. 新热力学

三、部分初版论著（原件）

1. 㓈（1928）
2. 电磁与引力（国立中山大学第十四卷 1929）
3. 安斯坦新场论之基本算理（民国十九年八月）
4. 波浪力学（民国十九年八月）
5. 台拉克关于电子之新理论（民国二十二年一月）
6. 方阵力学（民国二十二年十月）
7. 年代学（第一章至第十一章）
8. 28-A NEW PERIOD OF TERRESTRIAL MAGNETISM (THE UNIVERSITY OF TORONTO PRESS 1934)
9. 一九三六年六月十九日日全蚀时青岛之地磁（1936）
10. MAGNITIC STORMS RECORDED AT TSINGTAO OBSERVATORY SINCE 1924(1936)
11. CORRECTIONS PENDULAIRES DITERMINEES AI OBSERVATORIES DE TSINGTAO
12. 近十年来之时政
13. ON THE OBSERRVABILIBIES OF SCORPII IN THE DYNASTIES(1940)
14. FUNDAMENTAL QUESTIONS ABOUT THE YIN AND THE CHOU CALENDARS(1945)
15. 殷末周初日月食初考
16. 周初历法考（华西协合大学中国文化研究所专刊）
17. 晚殷长历
18. 华西协合大学中国文化研究所集刊第五卷（民国三十五国）
19. 中国古代天文历法研究的矛盾形势和今后的出路（天文学报第一卷第一期 1953 年 8 月）
20. 非厄密σ、ρ矩阵的狄拉克相对论波动方程（“科学”第三十四卷第三期 1958）
21. 经典热力学的根本问题（江西大学学报第一期 1963 年 9 月）
22. 热力学和统计物理学的导论第一册
23. 一些正反粒子的平衡温度（江西大学学报 1964）

24. 光的本质问题（江西大学学报 1964）

25. 量子力学的一些根本问题（江西大学学报 1965）

26. 洛伦兹变换（江西大学学报 1983）

27. 有关相对论的一些根本问题（江西大学学报 1982-1984 各期连载）

编后语：

刘朝阳先生从厦门大学毕业后，一生辗转各地，从事教学和科学研究。生前曾向其子女提出过建议：以后有机会一定要去厦门、青岛看看。

朝阳先生去世后，他的子女们曾先后去过青岛，也都回访了他们的父亲早年工作过的一个单位——青岛观象台。

这次，在讨论《纪念刘朝阳先生文集》赠书事宜时，朝阳先生的大女儿刘马力女士提出，她想去一趟厦门，立即得到弟弟妹妹的支持。2018 年 10 月，从惠州、长春、镇江等地会合起来的老人团队（刘马力 91 岁，刘雪莱 82 岁，刘粤丽 76 岁，刘蓉丽 74 岁，张淑媛 75 岁）在家人们陪伴下来到厦门，一起回访了刘朝阳先生的母校——厦门大学。

她（他）们还想借此机会，向中山大学、清华大学、燕京大学、北京大学、青岛观象台、山东大学、昆明物理所、贵州师范学院、四川华西协合大学、同济大学、大夏大学、国防医学院、南京大学、江西大学等曾为刘朝阳先生提供过教学及科学研究工作平台的上述单位，致以深深的谢意。

编者还要指出的是：

一、出于编排需要，对入选本“文集”的部分文章作了删略，个别措辞作了改动，特此向原作者表示诚挚的歉意。

二、受刘朝阳先生子女的共同委托，就本“文集”的编制，作如下表述：

1. 对入编本“文集”的所有作者们和参与评论的学者们表示衷心的感谢；

2. 本“文集”仅用于赠送友人、相关单位以及家族内部收藏，禁止他人复制或翻印。

编者 2018 年 12 月

自右至左为刘粤丽、刘蓉丽、刘马力、刘雪莱、张淑媛　　　　2018.10.21 摄于厦门大学